Peter von der Osten-Sacken,
Grundzüge einer Theologie im
christlich-jüdischen Gespräch

Abhandlungen zum christlich-jüdischen Dialog

Herausgegeben von Helmut Gollwitzer
unter Mitarbeit von Ulrike Berger, Michael Brocke,
Albert H. Friedlander und Martin Stöhr

BAND 12

PETER VON DER OSTEN-SACKEN

Grundzüge einer Theologie im christlich-jüdischen Gespräch

CHR. KAISER

CIP-Kurztitelaufnahme der Deutschen Bibliothek

Osten-Sacken, Peter von der:
Grundzüge einer Theologie im christlich-
jüdischen Gespräch / Peter von der Osten-Sacken
München: Kaiser, 1982.
(Abhandlungen zum christlich-jüdischen Dialog; Bd. 12)

ISBN 3-459-01377-x
© 1982 Chr. Kaiser Verlag München.
Umschlag: Christa Manner, München.
Gesamtherstellung: Buch- und Offsetdruckerei Sommer, Feuchtwangen.
Printed in Germany.

Für
A. Roy Eckardt, Pierre Lenhardt
und Martin Stöhr

Inhaltsverzeichnis

Vorwort

Horizont und Zielsetzung dieser Untersuchung sind in ihrem ersten Teil ausführlich bestimmt. Darum begrenzen sich die Hinweise des Vorworts auf Entstehungsgeschichte und einige Begleitumstände. Zentrale Gesichtspunkte aus den ersten fünf Teilen wurden zuerst im Februar 1978 in der Akademie auf dem Leuenberg bei Basel in einem Referat zum vorgegebenen Thema »Christliche Theologie des Judentums« vorgetragen. In modifizierter, erweiterter Gestalt sowie unter sachgemäßer erscheinendem Titel wurde dies Referat 1980 in der Evangelischen Akademie Herrenalb und im Juli desselben Jahres in der Theologischen Akademie Celle gehalten. Professor Rolf Rendtorff/Heidelberg, der die Tagung in Bad Herrenalb leitete, danke ich für die Bestärkung in der Erwägung, das komprimierte Referat in Richtung einer umfangreicheren Studie auszuarbeiten. Pfarrer Dr. Friedrich Duensing/Bremen hat in freundschaftlicher Anteilnahme den Vortrag gelesen und hier und da Einwände geltend gemacht, die zu weiterem Bedenken einluden, Dr. Dr. Günther Morawe/Berlin (Ost) hat in gleicher Weise die beiden alttestamentlichen Exkurse einer kritischen Durchsicht unterzogen.

Das teilweise mühsam zu entziffernde Manuskript des ersten Entwurfs ist von Ricklef Münnich einfühlsam Schritt für Schritt in ein leserliches Typoskript verwandelt worden. Durch sein anhaltendes Interesse am Fortgang der Sache hat er mit dazu beigetragen, daß die Ausarbeitung auch in Zeiten fortgesetzt wurde, als zunehmende akademische Verwaltungsarbeit die zeitliche Bewegungsfreiheit einzuengen begann. Eine dann doch unvermeidliche Unterbrechung der Endredaktion gab Gelegenheit, den fertigen Entwurf noch einmal um einige Passagen, vor allem auch um Auseinandersetzungen mit zwischenzeitlich erschienener Literatur, zu ergänzen. Lilo Grabau und besonders Karin Lange haben die maschinenschriftliche Fassung dieser Ergänzungen vorgenommen. Der nicht vorgesehenen Erweiterung des Umfangs der Arbeit hat der Verleger Manfred Weber großzügiges Verständnis entgegengebracht. Marion Gardei hat, teils von Katharina Plehn, teils von Eva Brüx unterstützt, unermüdlich beim Korrekturenlesen von Typoskript und Druckfahnen sowie bei der Erstellung der Register geholfen.

Allen Genannten danke ich herzlich.

Der Kategorie »Grundzüge« gemäß war bei der Abfassung der Untersuchung insgesamt das Bestreben leitend, einige fundamentale theologische Zusammenhänge zu erarbeiten, nicht jedoch, jeder vielleicht naheliegenden sachlichen Assoziation nachzugehen oder auch in der Aufnahme biblischer Zeugnisse bzw. von Sekundärliteratur Vollständigkeit anzustreben. Zumal angesichts der Fülle der allein in den letzten Jahren erschienenen Literatur empfahl sich vielfach die exemplarische Diskussion einer oder einiger weniger Arbeiten anstelle einer Häufung doch nur flüchtig berührbarer Beiträge. Um den Umfang der Arbeit in lesbaren Grenzen zu halten, wurde schließlich öfter von der Möglichkeit Gebrauch gemacht, auf eigene Vorarbeiten mit ihren dann jeweils breiteren Entfaltungen zu verweisen.

Die Widmung der Untersuchung gilt drei Christen, die an verschiedenen Orten und in verschiedenen Lebenszusammenhängen die Begründung eines neuen Verhältnisses von christlicher Gemeinde und jüdischem Volk nachhaltig gefördert haben – Professor A. Roy Ekkardt von der Lehigh University in Bethlehem/USA, Frère Pierre Lenhardt NdS am Institut Ratisbonne in Jerusalem und Pfarrer Martin Stöhr als Leiter der Evangelischen Akademie Arnoldshain. Alle drei sind bis heute hin maßgeblich am Bau eines neuen Miteinanders von Christen und Juden beteiligt, indem sie auf je eigene Weise von christlicher Seite aus die Aporie zu überwinden suchen, die das christlich-jüdische Verhältnis von seinen Anfängen an kennzeichnet: Während Juden darauf beharrten, die Kirche sei *noch keineswegs* das Phänomen, das sie zu sein beanspruchte, endzeitliche Gemeinde aus Juden und Heiden, erwiderten Christen, das jüdische Volk sei *nicht mehr*, was es zu sein behauptete, ungekündigtes Volk Gottes. Beiderlei Nein haben Geschichte gemacht. Die Kosten des wechselseitigen Neins hat nur am Anfang die christliche Gemeinde getragen, den weitaus überwiegenden Teil dieser Geschichte hingegen das jüdische Volk. Vor dem Hintergrund alles Geschehenen wahrgenommen zu haben, daß vom Evangelium her zwar das jüdische, nicht jedoch das christliche Nein legitim begründet werden kann, und Folgerungen aus dieser Erkenntnis gezogen zu haben, eint alle drei Genannten ungeachtet ihrer je spezifischen theologischen Position und Arbeit. In den Bahnen dieses Ansatzes bewegt sich auch die ihnen gewidmete Untersuchung.

Berlin, im Oktober 1981   *Peter von der Osten-Sacken*

I. Einführung: Hermeneutische Orientierungspunkte einer Theologie im christlich-jüdischen Gespräch

1. Zur literarisch-theologischen Situation

In jüngerer Zeit haben die beiden katholischen Autoren Clemens Thoma und Franz Mußner zwei Untersuchungen veröffentlicht, die der Aufgabe gewidmet sind, eine »Christliche Theologie des Judentums« zu entwerfen[1]. Mußner spielt zwar mit dem von ihm gewählten Titel »Traktat über die Juden« in bezeichnender Abweichung auf eine Gattung altkirchlicher Literatur an (»Traktat *gegen* die Juden«). Doch beginnt er seine Arbeit im ersten, grundlegenden Hauptteil mit einem »Entwurf einer christlichen Theologie des Judentums«, so daß auch sie zu einem wesentlichen Teil diesem Leitbegriff zugeordnet ist. Beide Entwürfe haben an eine Vielzahl vorangegangener Einzelstudien anknüpfen können. Unter dem von ihnen teils für das Ganze, teils für einen Hauptteil gewählten Titel stellen sie ein Novum dar[2]. Geht man nach der häufigen Aufnahme des Begriffs in Vorträgen und Diskussionen, so hat er sich in relativ kurzer Zeit bereits einzubürgern begonnen – wie im Vorwort angedeutet, ist auch die hier dargebotene Studie aus einem Referat erwachsen, dem das Thema »Christliche Theologie des Judentums« gestellt war. Wenn für sie trotzdem auf diesen Begriff verzichtet ist, so aus verschiedenen, auch verschiedenwertigen Gründen. Ihre Erläuterung soll in diesem Abschnitt der Einführung begonnen und in den folgenden dergestalt fortgeführt werden, daß die Struktur der hier versuchten »Grundzüge« transparent gemacht wird.

Bedenken erweckt als erstes die Abstraktheit des Begriffs »Judentum«. So hilfreich diese zusammenfassende Bezeichnung in bestimmten Zusammenhängen auch sein mag, läßt sie doch zu leicht außer acht geraten, daß sie für das Leben und die Lebensäußerungen von Menschen steht, die durch eine unverwechselbare Geschichte gekennzeichnet sind und deren Existenz heute nicht loslösbar ist von dem Faktum, daß es einen Staat des Namens gibt, der durch die Zeiten hin authentisch die Gemeinschaft des jüdischen Volkes bezeich-

---

1. C. Thoma, Christliche Theologie des Judentums, 1978; F. Mußner, Traktat über die Juden, 1979.
2. Zur Herkunft des Begriffs s. Thoma, Theologie, 35.

net – Israel. David Flusser redet denn auch in seiner Einleitung zur Untersuchung von Thoma häufig anstelle von »Judentum« von »Israel«[3], und wie wenig dies ein Zufall ist, veranschaulicht sein Postulat: »Die christlichen Theologen des Judentums haben zu akzeptieren, daß nach jüdischer Auffassung nicht eine Religion erwählt wurde, sondern eine Menschengruppe, nicht die jüdische Religion, sondern Israel«[4]. Zum Volk Israel aber »gehört auch sein Land«[5]. Folgerichtig scheint es Flusser »ausgeschlossen zu sein, daß eine christliche Theologie des Judentums, die nicht bejahen würde, daß es eine gottgewollte Verbindung zwischen Israel und seinem Land gibt, heute möglich ist«[6]. Es scheint fraglich, ob Thomas Untersuchung dem von Flusser in seiner Einleitung allem Anschein nach mit Bedacht entfalteten Kriterium standhält. Der Schlußparagraph, in dem er ausdrücklich als »christlicher Theologe des Judentums« auf die Existenz des Staates Israel zu sprechen kommt, ist zunächst durch eine Kette von Sätzen gekennzeichnet, die negativ abgrenzen, wie der Staat Israel in keinem Fall zu verstehen sei. Die dann folgende positive Feststellung, er sei »aus Mitmenschlichkeit im Interesse der jüdischen Menschen und aller Nichtjuden, die dort beheimatet sind, zu akzeptieren«[7], aber vermeidet eine theologische Aussage. Wenn auch in der angemessenen Behutsamkeit, so ist Mußner hier im Ansatz sehr viel weiter gegangen, indem er das Thema »Israel und sein Land« nicht nur breiter behandelt, sondern auch die Existenz des Staates Israel theologisch als ein Zeichen dafür deutet, daß Gott den Juden »nicht aus seiner Führung entlassen hat«, und in diesem Sinne als »ein Zeichen der Hoffnung, sowohl für Israel als auch die Kirche«[8].

Zwei Einwände gegen das Plädoyer zugunsten des Begriffes »Israel« statt »Judentum« scheinen naheliegend: einmal, ob denn das jüdische Volk nicht mehr umfasse als den Staat Israel, der heute als erstes mit dem Begriff »Israel« assoziiert wird, und zum anderen, ob denn christliche Theologie gut beraten sei, sich an einem so mehrdeutigen Phänomen zu orientieren. Die Antwort auf den ersten Einwand schließt bereits teilweise die auf den zweiten ein. Weder sieht sich der Staat Israel selber von der jüdischen Diaspora getrennt, insofern jeder Jude in der Welt potentiell Bürger Israels ist und das Recht auf Einwanderung hat, noch sehen sich – von Ausnahmen abgesehen –

3. Flusser, Bemerkungen, 10f. 17f. 31.
4. Ebd., 17.
5. Ebd.
6. Ebd., 18.
7. Thoma, Theologie, 268f.
8. Mußner, Traktat, 34f. (»ein Zeichen der Hoffnung« bei M. kursiv).

die Juden in der Diaspora ohne Bezug zum Land der Väter und dem dort neu gegründeten Staat. Vielmehr ist die Existenz der Juden in der Welt politisch zweidimensional. Sie sind Bürger ihrer jeweiligen Heimatländer und stehen zugleich in einem besonderen Verhältnis zum Staat Israel[9]. Eine christliche Theologie, die an dieser gegenwärtigen Struktur des jüdischen Volkes vorbeiginge – etwa in Gestalt des nicht hinreichend konkretisierten Begriffs »Judentum« –, stünde erneut in der alten Gefahr einer Geschichts- und Wirklichkeitsvergessenheit, obwohl doch das jüdische Volk der christlichen Gemeinde unter anderem den Dienst erweisen soll, sie in die Wirklichkeit hineinzuzerren[10]. Wie die Zusammenschau *und* Unterscheidung von Staat Israel und auf Israel bezogener Diaspora, so gehört zur Umschreibung des Begriffs »Israel« auch der Hinweis auf die mannigfachen Bewegungen oder Gruppierungen innerhalb des jüdischen Volkes, wie sie etwa durch die Prädikate »orthodox«, »konservativ«, »liberal« und »säkularisiert«[11] angezeigt werden können.

All dies ist Israel im Unterschied zu den Völkern – so läßt sich die jüdische Sicht zusammenfassen.

All dies ist Israel als Gemeinschaft, die die Bindung an Jesus Christus nicht teilt – so läßt sich die christliche Sicht bündeln.

Ihre Definition öffnet den Blick für zwei weitere Dimensionen des Begriffs »Israel«, die ins Auge zu fassen sind und die das jüdische Verständnis in gewissem Sinne verlassen. Zu Israel als jüdischem Volk gehören ihrem eigenen Selbstverständnis nach auch die sogenannten Judenchristen. Sodann existiert die christliche Tradition, nach der sich die Kirche insgesamt als »Israel nach dem Geist« versteht. Diese beiden Verständnisweisen gehören, obwohl dies im allgemeinen nicht beachtet wird, aufs engste zusammen. Sich als »Israel nach dem Geist« zu bezeichnen hat die christliche Kirche, auch wenn dieser Sachverhalt nur zu bald in Vergessenheit geraten ist, nur aufgrund der jüdischen Wurzeln in ihr vermocht, die durch niemand anders als die an Jesus gläubig gewordenen Juden in ihr repräsentiert werden. Sie sind ekklesiologisch bis heute hin die Brücke zwischen Is-

---

9. Zum Verhältnis der beiden Pole »Rückkehr in das Land« und »Exil und Diaspora«, s. S. Talmon, »Exil« und »Rückkehr« in der Ideenwelt des Alten Testaments, in: Mosis, Exil, 54: »Die Peripherie ist sich bewußt, daß sie mit dem Kern, mit dem Land, aufs Tiefste verbunden bleibt und zu ihm hinstreben muß.« Siehe ferner A. Altmann, »Exil« und »Rückkehr« in heutiger jüdischer Sicht, ebd., 95–110.
10. Vgl. Marquardt, Feinde, 331.334ff; Mußner, Traktat, 78ff; Kraus, Reich, 75f.
11. Das Adjektiv sucht abzukürzen, was Flusser (Bemerkungen, 17) präzise durch die Feststellung umschrieben hat: »Zu Israel gehören auch Juden, die sich von ihrer Religion entfernt haben und von ihr wenig wissen.«

rael und den Völkern, jüdischem Volk und christlicher Gemeinde. Gilt die Faustregel: Eine Kirche (und auch eine Theologie) ist so gut wie zu den Juden, so gilt – ohne daß hier eine Alternative bestünde – zugleich, wenn nicht vorher noch: Eine Kirche (bzw. eine Theologie) ist so gut wie zu ihren Judenchristen. Diese Hinweise sollen eine Spur legen, die später wieder aufgenommen werden soll, insofern den Hebräern oder Israeliten in der Kirche notwendig eine bedeutsame Stellung im Rahmen einer Theologie zukommt, die ihr Verhältnis zu Israel neu zu bestimmen sucht. Diese Seite unberücksichtigt, dh. die Judenchristen der Gegenwart im Schatten gelassen zu haben, ist ein Defizit der von Thoma und Mußner vorgelegten Theologien, das durch die Wahl von »Judentum« als Leitbegriff mitbedingt sein könnte. Gerechterweise ist freilich zu ergänzen, daß die Judenchristen ohnehin leider nur in solchen Kreisen besondere Aufmerksamkeit erfahren, die – und sei es auch nur ideologisch – nach wie vor an der begrifflich wie sachlich von Grund auf fragwürdigen »Judenmission« festhalten[12].

Von mindestens gleichem Gewicht wie die bisher aufgewiesenen Grenzen des Begriffs »Christliche Theologie des Judentums« ist ein weiterer Aspekt. Der Titel teilt die Schwäche, die bekanntlich allen Genetiv-Theologien eigen ist, indem sie einen bestimmten Zusammenhang oder Sachverhalt aus dem Gesamtbereich der Theologie zum Gegenstand einer eigenen Theologie erheben. Sehr viel angemessener würden die Zusammenhänge, die von Thoma und Mußner unter jenem Begriff entfaltet werden, deshalb durch einen Titel wie »Das Judentum in christlich-theologischer Sicht« bezeichnet werden[13]. So gesehen tritt das Verdienst der Arbeiten beider Autoren beträchtlich schärfer zutage. Es liegt vor allem in dem Ringen um die Gestaltung des Auftrags, der in der Erklärung »Nostra Aetate« des Vaticanum II gegeben ist, nämlich das »Judentum« bzw. das jüdische Volk theologisch als positive Größe zu verstehen. In Wahrnahme dieses Auftrags gelingt beiden eine wesentliche Korrektur des in der christlichen Theologie gängigen trüben Bildes des jüdischen Volkes, insbesondere des antiken. Und dies ist in der Tat viel[14].

12. Siehe hierzu unten, 108ff.
13. Vgl. etwa den Titel eines anderen Beitrags von Thoma selber: Jüdische und christliche Exilserfahrungen und Exilstheologien. Deutung des nachbiblischen Judentums aus christlich-theologischer Sicht, in: Mosis, Exil, 81–94.
14. Der Gewinn wird um so deutlicher, je mehr man Arbeiten anderer Exegeten der letzten Zeit heranzieht. Vgl. als ein Beispiel unten, 190f. Ungeachtet dessen greift theologisch in vieler Hinsicht tiefer als die Arbeiten von Thoma und Mußner die Untersuchung von Lenhardt, Auftrag. Eine detaillierte Diskussion dieser eben-

Von den bisher berührten Phänomenen abgesehen, werden die Grenzen beider Untersuchungen auf der theologischen Ebene erkennbar. Beide Arbeiten sind mehr oder weniger von der Auffassung geprägt, eine Neubestimmung des Ortes Israels im Rahmen christlicher Theologie sei möglich, ohne daß diese selbst insgesamt in einschneidendem Maße einer Wandlung unterworfen, neu bestimmt und strukturiert würde. Indiz dafür sind die relativ starken apologetischen Tendenzen, durch die beide Monographien an entscheidenden Stellen bestimmt sind. Ein Beispiel ist der Umgang mit der Frage nach dem sogenannten Antijudaismus, vor allem im Neuen Testament.

Thoma verniedlicht das Problem eines »eventuellen neutestamentlichen Antijudaismus«, wo er nur kann[15], und läßt seine Ausführungen in dem ebenso gereizten wie schwerwiegenden Kurzschluß gipfeln: »Wer das Neue Testament um jeden Preis als judenfeindliches Werk einstufen will, müßte das Alte Testament als noch antisemitischer abstempeln!«[16] So richtig dieser Satz nicht seiner sprachlichen Gestalt, wohl aber seiner Intention nach wäre, wenn es sich um Jesus von Nazareth statt um die neutestamentlichen Zeugnisse handelte[17], so falsch ist er aufgrund eines einfachen und historisch zweifelsfreien Tatbestandes: Keines der alttestamentlichen Zeugnisse hat eine Gemeinde aus Juden *und* Heiden zur Voraussetzung, aber *jedes* der zur Debatte stehenden neutestamentlichen. Diese fundamentale Verschiedenheit erweist einen bruchlosen Vergleich zwischen alttestamentlicher und neutestamentlicher Polemik als illegitim, von weiteren Gründen abgesehen. Die apologetischen Tendenzen setzen sich teilweise in Thomas »Bemerkungen zum christlichen Antijudaismus« in der Zeit der Kirchengeschichte fort, doch mag dies nur mehr berührt werden[18].

falls katholischen Studie würde den Rahmen sprengen. So wird sie im Verlaufe der weiteren Überlegungen von Mal zu Mal Berücksichtigung finden. Auf protestantischer Seite sind aus dem deutschsprachigen Raum vor allem die Arbeiten von F.-W. Marquardt zu nennen, die ebenfalls zu einzelnen Zusammenhängen zur Sprache kommen werden.

15. Vgl. etwa die Notiz zu 1 Thess 2,15b: Falls Paulus der Autor (dieses an Heiden gerichteten gravierenden antijüdischen Satzes) sei, »dann muß es wohl so gewesen sein, daß ihm bei der Verkündigung Christi *unversehens* und *unwillkürlich* ein unter Nichtjuden verbreiteter judenfeindlicher Ausdruck *in die Feder floß*« (Thoma, Theologie, 238; Hervorh. O.-S.).

16. Ebd., 240.

17. Vgl. unten, 81ff.

18. Vgl. die Entschuldigung antijüdischer Kirchenväter (244) sowie in ihrem Sinn un-

Bei Mußner treten die apologetischen Tendenzen eher in der Widersprüchlichkeit seiner Aussagen zutage. So kann er einerseits von »Antijudaismus« »in den Evangelien und im ganzen Neuen Testament«, von »Verzerrungen des Judentums« und »Feindbildern« »schon in der Zeit der Urkirche« sprechen[19] und einräumen, daß durch die paulinische Lehre von der Rechtfertigung aus dem Glauben an Jesus Christus »naturgemäß das gesetzliche Leben des Juden . . . *abgewertet*, wenn nicht gar häufig der *Verachtung preisgegeben*« würde[20]. Andererseits folgert er aus der Behauptung, daß bei Paulus das Gesetz »eine alle Welt angehende Größe« sei, »die Unsinnigkeit, die paulinische Gesetzes- und Rechtfertigungslehre als Ausdruck eines ›Antijudaismus‹ des Apostels zu betrachten«, vielmehr sei sie erst in der nachpaulinischen christlichen Theologie antijudaistisch mißbraucht worden[21]. Während in der zuerst zitierten Aussage die paulinischen Aussagen über das Gesetz richtig als Faktor von religiösem Antijudaismus gesehen sind[22], wird der Apostel in der zuletzt wiedergegebenen von dem damit gegebenen Problem entlastet, indem eine von niemandem vertretene »Unsinnigkeit« konstruiert wird, nämlich als habe Paulus jene Lehre vertreten, *weil* er Antijudaist gewesen sei[23].

Vielleicht am nachhaltigsten kommen die zur Debatte stehenden Tendenzen beider Autoren zum Ausdruck, wo Thoma und Mußner unmittelbar auf die theologischen Fragen antworten, die aus dem Holocaust gehört worden sind. Thoma schreibt mit nachdrücklicher Zustimmung Mußners:

klare, vage Sätze wie die folgenden: »Die meisten« Kirchenvertreter der Vor-Nazizeit »konnten die unheilvollen Folgen der antijüdischen Predigt nicht oder *nicht ganz* voraussehen« (244; Hervorh. O.-S.) Konnten es einige doch? Und was heißt »nicht ganz«, dazu im Hinblick auf »die meisten«?

19. Mußner, Traktat, 252f.

20. Ebd., 248.

21. Ebd., 227.

22. Vgl. hierzu Osten-Sacken, Verständnis. Siehe auch Mußner, Traktat, 218f. Am eindringlichsten hat Ruether (Nächstenliebe) nach dem Zusammenhang von Neuem Testament und Antijudaismus gefragt. Auch wenn der neutestamentliche Teil ihrer Untersuchung diskussionsbedürftig ist, trifft ihre nicht auf Absichten, sondern auf mitlaufende Faktoren zielende These, der religiöse Antijudaismus sei »die linke Hand der Christologie«, nach wie vor ins Zentrum. Vgl. das Vorwort von G. Baum (9ff) sowie mein Nachwort (244ff).

23. Von weiteren problematischen Zusammenhängen bei Mußner sei hier vor allem seine an J. Klausner angelehnte Rede vom »Unjudentum« bei Jesus genannt, die seine Sonderstellung umschreiben soll (Traktat, 336ff).

»Für einen gläubigen Christen ist der *Sinn* des Opfergangs der Juden unter dem Na-
zi-Terror . . . *nicht allzu schwer zu ergründen*«.

Man mag fragen, was nach einem solch unglaublich leicht dahinge-
sagten Satz noch folgen kann – Thoma und, ihn zitierend, Mußner
fahren fort:

»Die etwa 6 Millionen in Auschwitz und anderswo umgebrachten Juden lenken seine
Gedanken zunächst auf Christus, dem diese jüdischen Massen in Leid und Tod gleich
geworden sind. Auschwitz ist das *hochragendste moderne* Zeichen der innigsten Ver-
bundenheit und Einheit jüdischer Märtyrer – stellvertretend für das gesamte Judentum
– mit dem gekreuzigten Christus, obwohl dies den betroffenen Juden nicht bewußt
werden konnte. Das Holocaust ist für den gläubigen Christen also ein *wichtiges* Zeichen der unverbrüchlichen, im gekreuzigten Christus begründeten Einheit von Juden-
tum und Christen*tum* trotz aller *Spaltungen, Eigenwege* und *Unverständnisse*«[24].

Während Thoma anschließend »alle Glaubenszeugen aller Zeiten«, »Christen und Nichtchristen«, dem »Volk Christi« zuzählt,
fährt Mußner fort:

»Der Christ muß angesichts des ›Ganzopfers‹ der Juden in Auschwitz offen seine
Mitschuld am Antisemitismus bekennen, aber er kann den Sinn dieses Opfers nicht ohne den gekreuzigten Christus begreifen, der die Opfer von Auschwitz in seinen ver-
herrlichten Kreuzesleib aufnahm«[25].

Vorangegangen sind dieser Deutung Ausführungen über Israel als
für die Sünden der Welt leidenden Gottesknecht, christlich interpretiert als Ergänzung zum Sühneleiden Jesu Christi gemäß Kol 1,24. In
diesen Zusätzen Mußners ist zwar ein Anhaltspunkt für ein Verständnis gegeben, das den Mord am jüdischen Volk nicht in raschem christlichem Zugriff theologisch einordnet. Leider wird jedoch von Mußner nicht entfaltet, was es theologisch für Konsequenzen hat, wenn
bekannt wird, Juden seien sühnend für die ganze Welt, dh. auch für
Christen, gestorben, welche soteriologischen, welche christologischen Folgerungen diesem Verständnis innewohnen. Unklar bleibt
damit, in welchem Verhältnis diese Deutung zur von Mußner aufge-
nommenen Bekräftigung in »Nostra Aetate« steht, Christus sei »die
Quelle *aller* Gnaden« und somit, wie er erläutert, »auch für die Sünden der Juden« gestorben[26]. So bleibt der Eindruck, daß die betreffenden Ausführungen im wesentlichen zum Ziel haben, die unbeant-

24. Thoma, Theologie, 242f.; Mußner, Traktat, 77f. Die Hervorhebungen sind sekun-
    där und sollen andeuten, daß der hier dargestellte Zusammenhang wohl doch ei-
    ner anderen Sprache und damit einer anderen sachlichen Umschreibung bedürfte.
25. Mußner, Traktat, 78.
26. Ebd., 391.

wortbaren Fragen des Holocaust einer raschen christologischen Lösung zuzuführen (»nicht allzu schwer«). Die zweifelnde Frage des jüdischen Theologen Emil Fackenheim, ob es in der messianischen Zeit
auf den Tod auch nur eines einzigen Kindes eine Antwort geben werde[27], seine Ablehnung eines jeden Versuchs der religiösen Sinnge-
bung als Blasphemie[28] oder aber auch die Feststellung Amirs, die Frage, wo Gott in Auschwitz gewesen sei, gehe »über menschliche Kräf-
te«[29], zeigen demgegenüber, wie unüberwindlich die Grenze zu einem Versuch der Sinn*gebung* ist. Die einzige Möglichkeit scheint
vielmehr die zu sein, einen Sinn für die Nachlebenden *abzugewinnen*,
dh. nach Konsequenzen zu fragen, gerade auch für die christliche
Theologie, und zwar soweit wie möglich ohne apologetische Interessen und bis in ihr Zentrum hinein. So scheint es fraglich, ob Thoma
und Mußner *weit genug* dem von Johann Baptist Metz später formulierten, aber von beiden vorweg wahrgenommenen Kriterium entsprechen, »keine Theologie mehr zu treiben, die so angelegt ist, daß
sie von Auschwitz unberührt bleibt bzw. unberührt bleiben könnte«[30].

Forderungen solcher Art, die hierzulande vielfach Protest auslö-
sen, sind andernorts seit längerem erkannt und in verschiedenen Versuchen aufgenommen worden. Bereits vor knapp zwanzig Jahren hat
J. Coert Rylaarsdam in den USA in einem gewichtigen kleinen Beitrag auf einen wesentlichen Ortswechsel aufmerksam gemacht, von
dem die christlich-jüdische Begegnung bestimmt ist:

»Das geistige Zentrum der Diaspora war einst für fünfhundert Jahre in Babylonien;
dann war es für fünfhundert Jahre in Spanien, danach für vierhundert Jahre in Mitteleuropa. Nun hat es den Ozean überquert und ist hier in unserer Mitte. Die Tragödie
von Spanien und die Tragödie von Deutschland bestimmen das Ausmaß unserer (sc.
der amerikanischen Christen) Verantwortung«[31] – nämlich für eine Offenheit und Be-
weglichkeit im Dialog, wie sie zuletzt vor den Jahren 1933 bis 1945 auf jüdischer Seite
Franz Rosenzweig und Martin Buber zum Ausdruck gebracht hatten.

Diesem Faktum gemäß ist die Forderung nach einem einschnei-
denden Wandel der christlichen Theologie in ihrem Verhältnis zum
jüdischen Volk wenn vielleicht auch nicht früher, so doch eindringli-

---

27. Fackenheim, Presence, 40. Vgl. auch die Kritik Fackenheims an christologischen
    Assoziationen (ebd., 75).
28. Ebd., 40.
29. Amir, Positionen, 453.
30. Metz, Ökumene, 138 (bei M. kursiv).
31. J. C. Rylaarsdam, Common Ground and Difference, in: The Journal of Religion
    43 (1963), 264.

cher und nachhaltiger sowohl von jüdischer wie von christlicher Seite in den USA laut geworden. Für die jüdische Seite mag die Stimme Irving Greenbergs stehen, der angesichts dessen, was Juden unter Christen erlitten haben, fragt,»ob man nicht zu dem Urteil kommen muß, es wäre besser gewesen, Jesus wäre nicht gekommen«[32], und der mit der Überwindung der von ihr auf vielfältige Weise gelehrten Judenverachtung die Zukunft der Kirche auf dem Spiel stehen sieht:»Im Licht des Holocaust ›stirbt‹ das klassische Christentum, um zu neuem Leben geboren zu werden; oder es lebt unberührt weiter, um für Gott und Menschen zu sterben«[33].

Auf christlicher Seite haben vor allem A. Roy Eckardt mit seiner Arbeit »Elder and Younger Brothers. The Encounter of Jews and Christians« (1967) und Franklin H. Littell mit seiner Studie »The Crucifixion of the Jews. The Failure of Christians to Understand the Jewish Experience« (1975) Pionierarbeit geleistet, die in den nachfolgenden Jahren in vielen Beiträgen von ihnen selber und in jüngster Zeit mit dem ersten Teil einer mehrbändig geplanten Theologie von Paul van Buren weitergeführt worden ist:»Discerning the Way. A Theology of the Jewish Christian Reality« (1980). Die Bedeutung dieser und verwandter Arbeiten aus den USA liegt darin, daß sie nicht nur dem Postulat eines anderen, angemesseneren Bildes vom Judentum bzw. vom jüdischen Volk entsprechen, vielmehr – in je eigenen theologischen Konturen – jenes mit dem Zitat von Metz umschriebene Kriterium ihre theologische Arbeit entscheidend bestimmen lassen[34].

In der frühen Arbeit Eckardts kommt der eingetretene Wandel vielleicht am klarsten in den folgenden zusammenfassenden Sätzen zum Ausdruck, die wie eine frühe Vorwegnahme wesentlicher theologischer Grundlinien des Synodalbeschlusses der Evangelischen Kirche im Rheinland »Zur Erneuerung des Verhältnisses von Christen und Juden« (1980) klingen:

»Eine christliche Theologie des jüdisch-christlichen Verhältnisses ist aufgerufen, von christlicher Seite auszusprechen, was Franz Rosenzweig von jüdischer Seite zum Ausdruck gebracht hat: Das Judentum ist der ›Stern der Erlösung‹, das Christentum die Strahlen dieses Sterns. Die Kirche ist ›Nachfolgerin‹ Israels *allein in einer Hinsicht*

32. Greenberg, Cloud, 13.
33. Ebd., 36.
34. Zur Orientierung über neuere Literatur s. H. H. Henrix, In der Entdeckung von Zeitgenossenschaft. Ein Literaturbericht zum christlich-jüdischen Gespräch der letzten Jahre, in: ThJb 22 (1980), 177–192; A. R. Eckardt, Recent Literature on Christian-Jewish Relations, in: The Journal of the American Academy of Religion 49 (1981), 99–111.

und keiner anderen: Kraft des christlichen Evangeliums ist die trennende Mauer zwischen Jude und Heide ein für allemal zerstört. Der bleibende Bund mit Israel ist entscheidend und definitiv in einer Weise für die Welt geöffnet, die jüdischer Glaube nicht vorsieht.

Selbst bei Aufbietung aller Phantasie werden keineswegs jemals alle Juden Rosenzweigs Behauptung beipflichten, daß die heidnische Welt allein durch Jesus Christus zu Gott zu kommen vermag. Doch die christliche Kirche kann bezeugen, daß Rosenzweig recht hat, obwohl sie dies natürlich nur vom Standpunkt ihrer eigenen christologischen Überzeugungen tun wird. Hier ist die begrenzte Gültigkeit der Betonung der Diskontinuität. Doch ist es das Faktum der Kontinuität, das in erster Linie hervorzuheben ist. Indem sie Israels heilige Rolle vorwärtsträgt, annulliert die Kirche weder die Rolle des ursprünglichen Israel noch kann sie jemals in der menschlichen Geschichte den Platz Israels einnehmen. Das ursprüngliche Israel lebt weiter als das Volk, das ›bei Gott bleibt‹, dessen fortdauernde Aufgabe darin besteht, den Namen Gottes zu heiligen, dem Gott jenseits all der hohlen Götter der Menschen zu huldigen, sich der Weisungen der Tora zu freuen und sie zu bewahren sowie das Kommen der messianischen Königsherrschaft Gottes zu erwarten«[35].

Das intensive Hören auf die Fragen, die der Massenmord am jüdischen Volk in unserem Jahrhundert aufdrängt, hat zu weiteren Transformationen in Eckardts theologischem Bedenken des Verhältnisses Gott-Mensch geführt, bewegt durch jüdisches Ringen um den religiösen Umgang mit dem Geschehenen: Zvi Kolitz läßt in seiner aufrührenden Erzählung Jossel Rackower im Angesicht der ermordeten Familie und des eigenen bevorstehenden Todes Gott wissen, nun sei sein Verhältnis zu ihm nicht mehr wie das eines Knechtes zu seinem Herrn, sondern wie das eines Schülers zu seinem Lehrer, ja wie eines, der nicht nur schulde, sondern dem auch etwas geschuldet werde[36]. Irving Greenberg erwägt, daß Zorn und Streit zu diesem Zeitpunkt »die einzig mögliche Beziehung zu Gott« sein könnten[37]. Eliezer Berkovits resümiert, nichts könne Gott für das Leiden Unschuldiger in der Geschichte entschuldigen, da er verantwortlich sei, eine Welt geschaffen zu haben, in der der Mensch frei sei, Geschichte zu machen[38]. Eckardt hat diese Stimmen zur Gottesfrage theologisch aufgenommen, nach- und weiterbuchstabiert, lehrhaft *und* betend.

---

35. Eckardt, Brothers, 160 (zitiert nach dem Nachdr. von 1973).
36. Kolitz, Rackower, 21.25.
37. Greenberg, Cloud, 40.
38. Berkovits, Faith, 99.131. Zu anderen Stimmen zum Holocaust s. Alice und A. R. Eckardt, Christentum und Judentum: Die theologische und moralische Problematik der Vernichtung des europäischen Judentums, in: EvTh 36 (1976), 406–426; Greenberg, Cloud, passim; Amir, Positionen; Edna Brocke, Der Holocaust als Wendepunkt?, in: Klappert/Starck, Umkehr, 101–110.

»Können wir in dieser Zeit nach der ›Endlösung‹ an Gott glauben? Nein, zweifellos nicht. Es ist zu spät für ein solches Unternehmen. Die Todeslager sind dazwischengekommen. *Können* wir in dieser Zeit an Gott glauben? Vielleicht – an irgendeinem unmöglichen Ort, unten in irgendeiner abgelegenen Straße. Leben kann selbst aus dem Tod entstehen. Können wir beten? Nein. Da ist jetzt niemand übrig, zu dem sich beten ließe. *Können* wir beten? Vielleicht – in irgendeinem flüchtigen Augenblick, vielleicht ein- oder zweimal im Leben. Gott muß abwesend sein, damit der Mensch sein kann; Gott muß gegenwärtig sein, damit der Mensch nicht zugrunde geht«[39].

»*Laßt uns beten*: Ist dort jemand im Dunkel, im Dunkel der Verlassenheit? So du noch dort bist, verbirg dein Gesicht nicht von neuem. Wir können es nicht tragen. Wir sind hier vor dir. Schau auf uns! Wir sprechen zu dir. Höre uns! Wir, die wir dein Feind sind. Bist du unser Feind? Du bist es nicht. Wir brauchen dich. Brauchst du uns? Ja, du brauchst uns. Wir vergeben dir. Vergibst du uns? Ja, du vergibst uns. Wir lieben dich. Liebst du uns? Ja, du liebst uns.

Verbrauche uns, wie du es mußt. Doch dann erlöse uns. Erwecke uns auf, um mit dir zu leben. Und um miteinander zu leben. Ohne Ende. Durch Jesus Christus, unseren Herrn«[40].

Wie sich im Werk Eckardts ein neues, die gegenwärtige Geschichte einbeziehendes Verständnis von Offenbarung abzeichnet, so in den Arbeiten von Littell und van Buren. Littell fragt nach der Bedeutung der Vernichtung des jüdischen Volkes in Europa und seiner Wiedergeburt in Gestalt des Staates Israel für die christliche Theologie. Er sieht in den theologischen Begriffen »Kreuzigung« und »Auferstehung« die einzig angemessenen Kategorien, um die theologischen Dimensionen dieser Geschehnisse zu kennzeichnen. Von besonderem Gewicht sind dabei einerseits seine Analysen des christlichen und kirchlichen Anteils an Möglichkeit und Realität des Vernichtungsgeschehens sowie seine Entfaltung der darin begründeten Notwendigkeit einer christlichen, nur in der Bindung an das jüdische Volk zu erlernenden »Gegenkultur« gegen totalitäre Systeme und pseudowertfreie Bestrebungen der modernen Gesellschaften und ihrer Institutionen, die ihnen in die Hand arbeiten[41].

»Wenn wir, wie wir bekennen, durch die Generationen hin in der ›Gemeinschaft der Heiligen‹ mit denen verbunden sind, die im Glauben gestorben sind, sind wir ebenfalls mit denen in einer Solidarität der Schuld verbunden, die falsch gelehrt haben, und mit denen, die die logischen Konsequenzen falschen Lehrens zogen. Jene falsche Lehre hat in unserer Zeit zur Massenrebellion der Getauften gegen den Gott Abrahams, Isaaks und Jakobs geführt und zu massenhafter Apostasie«[42].

39. A. R. Eckardt, Christians and Jews: Along a Theological Frontier, in: Encounter 40 (1979), 116.
40. Ebd., 127 (Hervorh. E.).
41. Littell, Crucifixion, 15ff. Vgl. Greenberg, Cloud, 36ff.
42. Ebd., 1.

»Die Bedeutung des Holocaust für Christen besteht zumindest darin: Wenn die Getauften Verrat an ihrer Taufe begehen, wenn die, die in die Geschichte eingepfropft sind, aus der Geschichte zurückfliehen, wenn die ›neuen Männer‹ und ›neuen Frauen‹ in Christus das neue Leben wegwerfen und von neuem Teil der sterbenden Weltzeit werden, bleibt das ›alte Israel‹ allein zurück als das Zeichen, daß der Gott, der Gott ist, noch herrscht und daß – trotz aller Welteroberer und aller sich posierenden falschen Propheten – seine Königsherrschaft am Ende triumphieren wird. *Für Christen allein:* Wir müssen unsere schmerzliche Selbstprüfung und Einschätzung angesichts des Faktums beginnen, daß in einer Zeit des Verrats und der Glaubenslosigkeit die große Mehrheit der Märtyrer für den Herrn der Geschichte Juden waren. Das jüdische Volk trug die Last der Geschichte, während die Christen kopfüber vor ihrer im Bekenntnis bekannten Berufung flohen«[43].

»Die Wiederherstellung Israels ist das Ereignis, das Christen herausfordert, Ereignisse, Geschichte und Welt von neuem ernst zu nehmen. Die Sterilität einer ›Spiritualität‹, in der nichts Nennenswertes zwischen Himmelfahrt und Wiederkunft geschieht, ist zu Gesicht gebracht«[44].

Kennzeichen und Stärke des Entwurfs van Burens liegen in der Wahl des biblischen Begriffs des »Weges« und seiner dynamischen Entfaltung zur Beschreibung der Realität des christlich-jüdischen Verhältnisses. »Der Weg« ist nach van Buren jene Schneise durch die Geschichte, die vom Gott Abrahams, Isaaks und Jakobs für die Völker eröffnet ist durch seinen Sohn Jesus Christus, der in diesem Geschehen die spezifische Offenbarung des Gottes Israel für die Völker darstellt. Der neue Schritt Gottes auf dem Weg mit seiner Schöpfung, der sich darin kundtut, setzt seinen Weg mit dem Gottesvolk Israel deshalb nicht außer Kraft, weil es sich um einen speziell den Völkern geltenden Akt handelt. In diesem Rahmen vermag van Buren die vom trinitarischen Gottesbegriff bestimmte traditionelle kirchliche Christologie zu würdigen und von ihr her einen theologischen Zugang zum Gottesvolk zu gewinnen, der Israel in der Authentizität seines Gottesverhältnisses nicht antastet. Ohne daß Gott und Jesus Christus identifiziert würden, offenbart doch der Sohn, »wie Gott wirkt und was er für uns will«:

»Gott tritt zurück, um uns frei sein zu lassen, Seinen Willen zu tun, wenn wir wollen, und leidet mit uns in all unserem Versagen. Darin liegt die Macht und Größe Seiner unbegrenzten Freiheit, daß Er in der ganzen Macht personaler Liebe frei ist, an sich zu halten, still zu sitzen und Qualen darüber zu leiden, wie Seine Kinder sich so langsam voranbewegen, um in einer personalen und liebenden Weise die Freiheit auszuüben, die sie nach Seinem Willen haben und ausüben sollen«[45].

43. Ebd., 79f.
44. Ebd., 96.
45. van Buren, Way, 116.

»Diese Perspektive ist, glaube ich, dieselbe, zu der Dietrich Bonhoeffer am Ende seines Lebens gekommen ist: Es ist Gottes Wille, daß wir *vor Ihm* leben, als wenn Er nicht wäre. In voller Verantwortung in der Welt zu leben heißt genau so zu leben, wie Gott es von uns will, ob er nun im Moment anwesend oder abwesend ist«[46].

»Wir kennen keinen anderen Gott als den einen, den wir im Angesicht jenes leidenden Mannes gesehen haben. Es ist deshalb nicht ohne Anhalt, wenn auch äußerst schwer zu sagen, daß Gott in den Öfen der Todeslager und in den Massengräbern von Osteuropa gegenwärtig gewesen sein muß. Wo anders sollte er gewesen sein als genau dort, wo Seine geliebten Söhne und Töchter gemartert und abgeschlachtet wurden? Der Gott der Philosophen mag sich zurückgezogen haben. Zum Gott von Golgatha – der kein anderer ist als der Gott Abrahams, Isaaks und Jakobs – gehört es, dort gewesen zu sein. Einige mögen Seiner dort gewahr geworden sein. Die meisten wurden es vielleicht nicht. So ist es immer gewesen. Doch zu sagen, Er sei nicht dort gewesen, weil er nicht eingriff – gleichsam unabhängig, jenseits menschlichen Handelns, in der Wegnahme der Verantwortung von uns, das Unrecht, das wir heraufgeführt hatten, gutzumachen – setzt voraus, daß Gott hätte tun sollen, was er nicht hätte tun können, ohne aufzuhören, der Gott der Liebe und Freiheit zu sein, der Seinen Geschöpfen in Seiner Liebe Verantwortung und freie schöpferische Macht übertragen hat«[47].

Die Frage, ob der Holocaust aufgrund der ihm eigenen Einzigkeit[48] theologisch im Sinne einer den biblischen Zeugnissen vergleichbaren »Offenbarungsquelle« zu verstehen ist, mag dahingestellt bleiben. Wichtiger und angemessener, als das Inferno jenes Geschehens theologisch auf den Begriff zu bringen, ist es, den Anruf zu hören, der aus ihm heraus an Theologie und Kirche bzw. Theologen und Christen insgesamt laut wird, und im Vernehmen dieses Anrufs in neuem Hören und Sehen auf das Leben der Kirche und ihre biblische wie nachbiblische Überlieferung zuzugehen. Dieser Anruf, der in den Arbeiten von Eckardt, Littell und van Buren gleichermaßen aufgenommen ist, läßt sich vielleicht am ehesten mit der von Abraham Joshua Heschel mit Recht unermüdlich eingeprägten Botschaft umschreiben, daß nicht nur der Mensch Gott, sondern auch Gott den Menschen brauche auf dem Weg, den er mit seiner Schöpfung geht[49]. Diese Erkenntnis mag auch ohne das Geschehen des Holocaust möglich sein.

46. Ebd., 117.
47. Ebd., 119.
48. Siehe dazu U. Tal, On the Study of the Holocaust and Genocide, in: Yad Vashem Studies 13 (1979), 7–52; Alice L. und A. R. Eckardt, The Holocaust and the Enigma of Uniqueness: A Philosophical Effort at Practical Clarification, in: American Academy of Political and Social Science Nr. 450 (1980), 165–178.
49. Heschel, Gott, 55.119.151.225. Vgl. auch Amir, Positionen, 454: »Was heißt es, auf Auschwitz zu antworten? Welches Tun kann eine solche Antwort bilden? . . . Ich meine . . ., es könne wohl sein, daß Gott uns dazu braucht, daß Gott uns dazu bestimmt hat, das Leben wieder glaubensmöglicher zu machen.«

Durch das in unserem Jahrhundert dem jüdischen Volk zugefügte unendliche Leid scheint sie jedoch *unausweichlich*.

Die teils unzureichende, teils fehlende Berücksichtigung der Arbeiten aus dem Bereich der sogenannten Theologie nach dem Holocaust[50] dürfte deshalb die Grenzen der Untersuchungen von Thoma und Mußner am schärfsten markieren. Bezeichnenderweise hat keine der zitierten amerikanischen Untersuchungen den eher distanzierenden Titel »Christliche Theologie des Judentums« gewählt oder aufgenommen, vielmehr deuten sie alle mehr oder weniger bereits in der thematischen Formulierung die Notwendigkeit einer anderen Gestalt der christlichen Theologie in ihrem Verhältnis zum jüdischen Volk und aufgrund dieses spezifischen Verhältnisses an. Ohne daß damit die wirklichen Verdienste Thomas und Mußners berührt würden, stehen die hier vorgelegten Studien, indem sie auf einen tiefergehenden Wandel christlicher Theologie zielen, deshalb den herangezogenen englischsprachigen Untersuchungen mit ihrer Absage an jede Form eines christologischen Absolutismus vom Titel wie von der Sache her sehr viel näher. Sie unterscheiden sich von ihnen in zweifacher Hinsicht. Von einem Exegeten geschrieben, sind sie zum einen in breiterem Maße im Gespräch mit der neutestamentlichen Überlieferung und auf der Suche nach Wegen oder auch nur Spuren im Neuen Testament verfaßt, die theologisch in ein heilsameres, von zerstörerischen Absolutismen freies Verhältnis von Christen zu Juden einzuweisen vermögen. Der hier einleitend beschriebene Horizont ist dabei überall vorausgesetzt, dürfte auch in seiner Bedeutung als hermeneutische Hilfe schwerlich zu überschätzen sein. Obwohl zB. Eckardt recht hat, wenn er bezweifelt, Röm 11 sei, traditionell oder fundamentalistisch gelesen, eine Hilfe für die Gewinnung eines anderen christlichen Verhältnisses zum jüdischen Volk[51], so stellen sich die Dinge doch noch einmal anders dar, wenn das Lesen tiefer dringt und im Bewußtsein der Differenz der Zeiten verborgener Inklusionen des Textes gewärtig wird. In diesem Sinne geht es in den vorliegenden Grundzügen um den Versuch, den angedeuteten notwendigen Wandel christlicher Theologie im Horizont ihres Verhältnisses zum jüdischen Volk in stärkerer Rückbindung an biblisch-neutestamentliche Zusammenhänge zu begründen und grundrißhaft darzulegen. Zum anderen – und zu einem nennenswerten Teil ist dies gewiß nur eine Konsequenz der neutestamentlichen Orientierung – suchen die Stu-

---

50. Der von Thoma (Theologie, 232ff) und anderen verwendete Begriff »Holocaust-Theologie« stellt eine Verzerrung dar.

51. Vgl. Eckardt, Brothers, 56. u.ö.

dien, wie bereits angedeutet, der Gruppe der Judenchristen theologisch gerechter zu werden, als dies auch in den genannten englischsprachigen Arbeiten geschieht. Denn zwar dürfte es angesichts der großen Belastungen, die das konkrete Auftreten von Judenchristen in der Geschichte der Kirche mit sich gebracht hat[52] und – wie teilweise durch die Bewegung der »Jews for Jesus« in den USA – mit sich bringt, schwer sein, für sie in der christlich-jüdischen Begegnung einen angemessenen Platz zu finden. Sie jedoch deshalb oder überhaupt von vornherein in der theologischen Reflexion am Rande zu lassen, scheint gleichermaßen von der Vergangenheit wie von der Gegenwart her schwerlich vertretbar[53].

Um den zuletzt in einem ersten Zugang angedeuteten Zusammenhang zwischen dem Geschehen des Holocaust und den Anforderungen an heutige christliche Theologie weiter zu verdeutlichen, ist genauer nach dem geschichtlichen Ort von Theologie und Kirche in ihrer Begegnung mit dem jüdischen Volk heute zu fragen.

2. Zum geschichtlichen Ort

Unter nationalsozialistischer Herrschaft wurde in Deutschland und in den von ihm okkupierten Ländern von kirchenzugehörigen Deutschen ein Verbrechen am jüdischen Volk begangen, das in seiner Entsetzlichkeit nicht vorstellbar, allenfalls ausschnitthaft erahnbar ist. In der Zeit der Entrechtung und Verfolgung wurde Juden von einzelnen Christen und christlichen Gruppen Hilfe geleistet. Die Kirchen schwiegen, ließen die staatliche Gewalt gewähren, zollten Beifall im Kampf gegen »den Juden«. Die zwölf Jahre des Schreckens und Grauens prägen das Leben im Staat Israel wie jüdisches Leben generell und wie auch das Leben der Kirchen, vor allem in ihrem Verhältnis zum jüdischen Volk. Die heute in, für und von Theologie und Kirche Lebenden sind noch überlebende oder nachgeborene – nicht zum Richten, aber auch nicht zum Verharmlosen bestimmte – Zeitge-

---

52. ZB. im Rahmen der mittelalterlichen Religionsdispute. Vgl. ferner unten, 188.
53. van Buren (Way, 64f) widmet ihnen einen kurzen Abschnitt, findet jedoch im Rahmen seines Entwurfs vom Ansatz her keinen rechten Platz für sie, insofern er in seinen theologischen Überlegungen durchweg von einer Völkerkirche ausgeht. Exemplarisch dafür sind die stillschweigende Auslegung des Apg 2 erzählten Pfingstgeschehens als Geburtstag der *Heidenkirche* (72), seine Behauptung, für die Christen sei nur *ein* Jude unentbehrlich, Jesus selber (155), und seine These, mit dem Ende des Judenchristentums sei das »wahrhaft Neue gekommen« (142).

nossen jener Täter und Opfer, die überlebt haben. Die Frage, was den Abgrund der Jahre 1933 bis 1945 ermöglichte, schließt die nach dem kirchlichen Anteil an der hier aufgehäuften Schuld ein, die mit dem teils freiwilligen, teils oktroyierten Verrat an den jüdischen Mitbürgern begann. Was war falsch, was war unverantwortlich an der theologischen Lehre, an der kirchlichen Verkündigung, an der kirchlichen Erziehung und vielem anderen mehr in jenen Jahren, aber auch bereits lange zuvor? Und welche Folgerungen sind daraus zu ziehen? Hinter diese Fragen können Theologie und Kirche nur um den Preis ihrer Selbstaufgabe zurück. Und auch wenn die Generation der Überlebenden einmal nicht mehr sein wird, werden sich Christen dieser Geschichte nicht entziehen können, zumal hierzulande, es sei denn auch dann um den Preis ihrer selbst.

Es ist, um die konstitutive Bindung von Theologie und Kirche an die Bibel aufzunehmen, gewiß mehr als problematisch zu behaupten, es führe ein direkter Weg vom Neuen Testament zum Holocaust. Ebensowenig kann Christen vor Hitler unterstellt werden, sie hätten das gewollt, was von den Nazis teuflisch ins Werk gesetzt wurde. Umgekehrt haben Kirchen und Theologien jedoch unbestreitbar durch die Jahrhunderte hin unter Berufung auf das Neue Testament immer wieder in niederdrückendem Maße judenfeindliche, judenverachtende Einstellungen erzeugt und gefördert, oft mit tödlichen Folgen. Und selbst dort, wo kirchlicherseits Leib und Leben von Juden nicht angetastet wurden, haben sie in schwerlich überschätzbarem Ausmaß dazu beigetragen, Widerstandskraft und Bereitschaft zum Protest bei Angriffen auf die Existenz von Juden gar nicht erst entstehen zu lassen oder auszuhöhlen. Der Boden, auf dem die für alles weitere folgenschwere Bereitschaft zum teils aktiven, teils passiven Verrat an den Juden in den Jahren vor und nach 1933 gedieh, war durch Jahrhunderte theologisch und kirchlich bestellt[54]. Die Hauptquelle jener

54. Vgl. Parkes, Conflict; J. Isaac, Die Genesis des Antisemitismus. Vor und nach Christus, 1969; ders., Jesus; ders., Antisemitismus; L. Poliakov, Geschichte des Antisemitismus I/II, Nachdr. 1979^2/1978; Ruether, Nächstenliebe, 113ff. 169ff; Gutteridge, Mouth, 1ff. 35ff; S. Lehr, Antisemitismus – religiöse Motive im sozialen Vorurteil. Aus der Frühgeschichte des Antisemitismus in Deutschland 1870–1914, 1974; H. Küng, Christ sein, München/Zürich 1974, 160ff; F. Hasselhoff, Die geschichtliche Notwendigkeit der Erneuerung des Verhältnisses von Christen und Juden, in: Klappert/Starck, Umkehr, 215–229; Artik. Anti-Semitism, in: Encyclopaedia Judaica Jerusalem IX (1978^4), 87–160 (Lit. 160); Artik. Antisemitismus, in: Theologische Realenzyklopädie III (1978), 111–168 (Lit. passim). Die Art und Weise, in der die Kirche den Boden für den neuzeitlichen Antisemitismus mit seinen zerstörerischen Folgen bereitet hat, ist präzise von Isaac (Antisemitismus,

von Kirchen und Theologien bewirkten judenfeindlichen Einstellungen aber ist deren mehr oder weniger stark ausgeprägter prinzipieller Antijudaismus gewesen, der mit der Zeit der Naziherrschaft keineswegs sein Ende gefunden hat. Seinem entscheidenden, in vielen Variationen begegnenden Kennzeichen nach besteht er in der – christologisch begründeten – theologischen Bestreitung des Existenzrechts Israels bzw. des jüdischen Volkes als Volk Gottes auf seinem Weg des Lebens mit der Tora.

Bereits vor nahezu zwanzig Jahren hat ein bedachtsamer Forscher wie Heiko Miskotte den angedeuteten Zusammenhang unmißverständlich gekennzeichnet:

Die Kirche »hat verkündet, an die *Stelle* des Gottesvolkes sei *sie* getreten; sie hat die Völker erzogen in einer fast grenzenlosen Verachtung der Juden und sie nicht selten zum Pogrom aufgestachelt. Das ›corpus christianum‹ war vom äußersten Westen (Spanien) bis zum äußersten Osten (Polen) das Feld einer einzigen großen Jagd. Am Rhein und an der Rhône wurde für die Kreuzzüge geübt: im Niederbrennen der Ghettos und in einem schrecklichen Gemetzel – im Namen Christi.

Vergessen wir nicht – denn darauf kommt es an –: dies alles ist *mitbedingt durch die Predigt*«[55].

Das Zitat Miskottes läßt nicht erkennen, ob die Geschichte, die er vor Augen hat, über die Zeit des Judenpogroms im 17. Jahrhundert in Polen hinausreicht. Daß – und in welchem Sinne – der Zusammenhang zwischen prinzipiellem Antijudaismus und tödlicher Bedrohung der Juden auch für die Zeit des ausgehenden 19. und des beginnenden 20. Jahrhunderts gilt, hat der jüdische Historiker Uriel Tal herausgearbeitet und wie folgt resümiert:

»Es hat allen Anschein, daß der rassistische Antisemitismus und das traditionelle Christentum, obwohl sie von entgegengesetzten Polen ausgingen und kein erkennbares versöhnendes Prinzip hatten, von einem gemeinsamen Impuls bewegt wurden, der entweder auf die Bekehrung oder auf die Auslöschung von Juden gerichtet war . . .
Wenn wir das traditionelle christliche Vorurteil gegen die Juden in Erinnerung rufen – die Kollektivschuld des Gottesmordes und der ewige Fluch der Welt, der aufgrund ihrer unvergebbaren Verfehlung (Matthäus 27,22.25; 1.Thessalonicher 2,15) auf ihnen ruhe, die offizielle Kirchenpolitik, wie sie auf solchen Konzilien wie der Synode von Elvira 306, von Clairmont 535, von Toledo 681 oder dem Dritten und Vierten Laterankonzil 1179 und 1215 formuliert wurde, die Sermone Luthers gegen die Juden und seine Aufstachelung zur Gewalt, besonders nach 1543, als er in seinen Anstrengungen, sie zu bekehren, desillusioniert war, die Blutbeschuldigungen und Anklagen, in denen der

---

345ff u.ö.) auf die Begriffe »Unterweisung in der Verachtung der Juden« und »System der Herabwürdigung der Juden« gebracht worden.
55. Miskotte, Götter, 318 (Hervorh. M.).

verfolgte wandernde Jude das Symbol von Sünde und Abscheu wurde – wenn wir all
dies in Erinnerung rufen, dann sehen wir, wie das Christentum die Prägestücke des
Vorurteils, des Hasses und der Verleumdung geschaffen hat, die leicht einen vermeint-
lichen Grund liefern konnten, um organisierte Gewalt zu rechtfertigen. Die antichristlichen Elemente des rassistischen Antisemitismus wurden auf solche Weise interpretiert, daß die traditionellen theologischen Konzeptionen des Christentums nicht völlig
verworfen wurden; nur ihre Bedeutungen wurden verändert, indem ein pseudowissen-
schaftlicher Jargon benutzt und auf die historischen Realitäten jener Zeit angewendet
wurde, ohne die heilsame Korrektur christlicher Disziplin und christlichen Glaubens.
      Rassistischer Antisemitismus und die nachfolgende Nazibewegung waren nicht das
Ergebnis einer Massenhysterie oder das Werk einzelner Propagandisten. Die rassistischen Antisemiten lernten trotz ihrer Feindschaft gegen das traditionelle Christentum
viel von ihm und schufen erfolgreich eine wohlvorbereitete, systematische Ideologie
mit einer eigenen Logik, die ihren Höhepunkt im Dritten Reich erreichte«[56].

      Die von Tal genannten kirchenpolitischen Entscheidungen wie
auch die verbalen Exzesse Luthers mögen um die Wende vom 19.
zum 20. Jahrhundert weit zurückgelegen haben. Vorurteil, Haß und
Verleumdung waren es nicht, ebensowenig auch die Beschuldigung
des Gottesmordes und der Irrglaube, die Juden stünden unter dem
Fluch Gottes. Beide stellten ihrerseits nur die Spitzen einer in Jahrhunderten lebendigen theologischen Position dar, die Tal selber präzise wie folgt umschreibt: »Judentum war ein Anachronismus, denn
die Neue Fügung und die Inkarnation hatten es als überflüssig erwiesen und es seines Existenzgrundes beraubt«[57].
      Dieser Existenzgrund aber besteht in eben der am Sinai gegebenen
Tora. Als ein Beispiel dafür, welche Auffassungen vom jüdischen
Volk die *prinzipielle* Bestreitung seines Lebens mit der Tora (statt der
möglichen Kritik im einzelnen) zur Folge hat, kann eine Bibelillustra-
tion aus dem 15. Jahrhundert dienen. Das Bild stellt das Begräbnis
der Synagoge dar. Ihre Gestalt liegt tot in einem Sarg, die Gesetzestafeln in ihren Händen, die gekrönte Ecclesia zu ihrem Haupte, Jesus
Christus – mit erhobenem Finger: segnend, mahnend? – zu ihren Füßen[58]. Das Bild ist um so bedeutsamer, als es den Horizont anzeigt, in

56. Tal, Christians, 304. Zur ebenfalls durch Jahrhunderte hin – vor allem in Deutsch-
      land – eingefleischten Gehorsamsbereitschaft als Grund dafür, daß dem rassisti-
      schen Antisemitismus, als er staatlich etabliert war, kaum Widerstand entgegenge-
      setzt wurde, s. ebd., 292.
57. Ebd., 292f.
58. Bible moralisée, Paris, Bibliotheque Nationale, Cod fr 166, fol 40v, Paris (um
      1410), in: Katalog für die Ausstellung »Judentum im Mittelalter« im Schloß Halb-
      turn, hg. v. der Kulturabteilung des Amtes der Burgenländischen Landesregie-
      rung, Burgenland 1978, Abb. 26. Wie ein Kommentar zu diesem Bild lesen sich

dem sich nach wie vor gängige Auslegungen bewegen. Denn hier ist ins Bild gesetzt, was bis heute mit dem Schlagwort »Christus – des Gesetzes Ende« abstrakt und deshalb mit weniger offenkundigen Konsequenzen unermüdlich wiederholt wird[59]. Selbst für die Schwierigkeiten, in die eine damit im wörtlichen Sinne gesetzlose Kirche und ihre Theologie geraten, stehen damals wie heute antijüdische Lösungen bereit. So hat man im Mittelalter behauptet, auf den von Mose empfangenen Gesetzestafeln hätten nicht die Zehn Gebote, vielmehr das von Jesus (Mk 12,28–34 Parr.) hervorgehobene sogenannte Doppelgebot der Gottes- und Nächstenliebe gestanden[60]. Sowenig heute jemand diese These in ihrer äußeren Gestalt teilen würde, beherrscht sie ihrer Intention nach unverändert in bemerkenswertem Ausmaß christliche Theologie. Ernst Käsemanns endlose Wiederholungen zB., durch Jesus Christus sei die »Tora als solche abgeschafft«, bzw. es werde durch ihn der wahre Sinn der von den Juden pervertierten Mosetora restituiert, laufen sachlich auf dasselbe Verhältnis zur Tora hinaus[61]. Von der zumindest indirekten Weisung des Paulus, auf den

Luthers Sätze zu Gen 35,16ff, der Erzählung von der Geburt Benjamins und Rahels Tod: »Wenn sich das Evangelium durch Christus und die Apostel anhebt, so legt sich Rahel und stirbt; das ist die Synagoge oder das Judentum. Das Kind kommt hervor, aber die Mutter muß darüber bleiben« (zit. nach Schmid, Auseinandersetzung, 37).

59. Dabei ist die Formel noch nicht einmal nach der Stelle Röm 10,4, auf die man sich beruft, richtig übersetzt. Siehe unten, 56 mit A. 42. Die ganze Problematik ließe sich auch am Gebrauch des Begriffs »Spätjudentum« aufweisen. Bereits Guttmann (Umwelt, 128) hat darauf aufmerksam gemacht, daß diese Bezeichnung das antike Judentum für eine Größe erklärt, die »sich schon auf dem Sterbebett befindet«.

60. Vgl. F. Ohly, Synagoge und Ecclesia. Typologisches in mittelalterlicher Dichtung (1966), in: ders., Schriften zur mittelalterlichen Bedeutungsforschung, 1977, 318f.

61. E. Käsemann, An die Römer, 1974³, 96.200.205 (vgl. ders., Geist und Buchstabe, in: ders., Perspektiven, 252.260.264f; ähnlich ausdauernd im Gebrauch des Begriffs »pervertieren« ist H. Hübner, Das Gesetz bei Paulus, 1978, 115.124.126.128 u.ö.), und dazu Osten-Sacken, Römer 8,219f. Zu den tendenziellen Folgen des Verständnisses Jesu Christi als »Ende des Gesetzes« s. auch M. Barth, Das Volk Gottes. Juden und Christen in der Botschaft des Paulus, in: Barth, Paulus, 133; Lenhardt, Auftrag, 41f. Die Folgen werden dort mehr oder weniger im Zaum gehalten, wo im Gegengewicht dann doch noch Positiveres als nur die Rede vom »Ende« aufgenommen wird, wie zB. bei Mußner, Traktat, 219; Blank, Paulus 147ff; Luz, Geschichtsverständnis, passim u.a. Trotzdem bleibt das Problem und zeigt sich zu gegebener Zeit – so zB., wenn Blank die Torakritik des irdischen Jesus von Röm 10,4 her »der Sache nach« als »Ende des Gesetzes« deutet und das »Gesetz« nur negativ als »absolute Herrschaftsstruktur« in den Blick bekommt (Jesus, 1980⁶, 115f). Dem korrespondieren die »alttestamentlich-jüdische Gesetzesfröm-

man sich doch in diesen Zusammenhängen gern beruft,»den Juden
wie ein Jude« zu werden (1Kor 9,20), ist im Rahmen solcher Auslegungen aber auch nichts mehr zu spüren[62].

Antijüdisch oder judenfeindlich ist deshalb, so läßt sich die vorgetragene Definition von Antijudaismus in Anknüpfung an das mittel-
alterliche Bild von der toten Synagoge variieren, eine Theologie oder
Verkündigung, in der das Leben des jüdischen Volkes in seinem Verhältnis zu Gott in der Gegenwart allein im Zeichen von Gericht und
Tod (oder auch von beidem) und einer gegenwärtig nicht wirkkräftigen Verheißung interpretiert wird. Es bedarf schwerlich weiterer als
der bereits vorliegenden Nachweise dafür, wie breit sich theologisches Denken dieser Art durch die Geschichte von Kirche und Theologie hinzieht[63]. Ansatz und – seien es theoretische, seien es unter gegebenen Umständen praktische – Konsequenzen dieses Denkens und
der Zwang, der von den entsprechend geprägten Traditionen ausgeht, dürften deshalb im Horizont des geschichtlichen Ortes ein,
wenn nicht *das* Hauptproblem sein, mit dem es eine Theologie im
christlich-jüdischen Gespräch zu tun hat[64]. Soll hier nicht weiteres Öl

migkeit« (53), die »gesetzeseifrigen Frommen« (114), und wie die Schablonen
mehr lauten. Dies alles ist um so bedauerlicher, als Blanks Jesus-Buch manch
schöne und treffende Passage enthält. Vgl. zum Ganzen auch die Kritik unten,
190f, sowie Kraus, Reich, 75.

62. Von diesem Motiv ist die Arbeit Lenhardts (Auftrag) bestimmt, die eine enge Bindung an das Inkarnationsdogma mit einem Durchbrechen zahlreicher antijüdischer Schemata vereint.

63. Vgl. die Arbeiten von Parkes, Ruether, Lenhardt u.a. Siehe weiter vor allem zur
exegetischen Literatur Charlotte Klein, Theologie und Anti-Judaismus. Eine
Studie zur deutschen theologischen Literatur der Gegenwart, 1974; H. Gollwitzer/
M. Palmer/V. Schliski, Der Jude Paulus und die neutestamentliche Wissenschaft,
in: EvTh 34 (1974), 276–304; Osten-Sacken, Anstöße, 111ff; Stegemann, Paulus,
122ff. Zur Katechese und ihrem traditionellen Schema s. T. Filthaut, Israel in der
christlichen Unterweisung, 1963; H. Jochum, Jesusgestalt und Judentum in Lehr-
plänen, Rahmenrichtlinien und Büchern für den Religionsunterricht, in: Eckert/
Henrix, Jude-Sein, 114–139, bes. 115f (ebd., 115, A.2 weitere analytische Lit. zu
diesem Bereich); H. Kremers, Die Juden im Religionsunterricht in der Bundesrepublik Deutschland nach 1945, in: Müller, Israel, 158–182; P. Fiedler, Das Judentum im katholischen Religionsunterricht, 1980. Zur kirchlichen Publizistik s. H.
Müntinga, Das Bild vom Judentum im deutschen Protestantismus. Dargestellt an
den Äußerungen der Allgemeinen Evangelisch-Lutherischen Kirchenzeitung
(AELKZ) zwischen 1870–1880, in: K. Kupisch (u.a.), Judenfeindschaft im 19.
Jahrhundert. Ursachen, Formen und Folgen, 1977, 21–49.

64. Vgl. Marquardt, Hermeneutik, 145 – mit bezeichnendem Bezug auf den behandel-
ten Topos.

ins Feuer gegossen werden, so kann eine christliche Theologie, deren Vertreter sich des destruktiven Charakters von theologischem oder religiösem Antijudaismus bewußt sind, selbst nur als Beitrag zur Überwindung von Antijudaismus in Theologie und Kirche entworfen werden. Und das heißt eben, daß nicht allein genauer, umfassender und angemessener über das jüdische Volk informiert wird, vielmehr nach weitergreifenden notwendigen Wandlungen in der christlichen Theologie, gerade auch in ihrer Berufung auf das Neue Testament, gefragt und um sie gerungen wird. In diesem Sinne hilft die Erinnerung an den geschichtlichen Ort zur Bestimmung einer oder überhaupt der zentralen Aufgabe einer Theologie, deren Träger aufgrund alles Geschehenen den Ruf nach »Umkehr und Erneuerung«[65] theologisch aufzunehmen suchen.

Der umrißhaft beschriebene geschichtliche Ort findet noch einmal spezifischen Ausdruck in einem sozialen Zusammenhang, der für sämtliche Erwägungen zum Thema von besonderer Bedeutung ist.

3. Sitz im Leben und Aufgabe

Sämtliche Autoren, die in den letzten Jahren und teils auch Jahrzehnten Arbeiten zu einer neuen Bestimmung des Verhältnisses von Kirche und Israel beigesteuert haben – von Alice und Roy Eckardt, Hans-Joachim Kraus, Helmut Gollwitzer und Günther Harder über Franklin Littell, Friedrich-Wilhelm Marquardt, Martin Stöhr bis hin zu Franz Mußner, Clemens Thoma, Paul van Buren, Johann Baptist Metz und den Promotoren der Rheinischen Synodalerklärung, um nur einige Namen zu nennen –, standen oder stehen im sogenannten christlich-jüdischen Dialog, der sich von ihrem Denken schwerlich abziehen läßt, es vielmehr wesentlich mitgeprägt hat. Die Begegnung von Juden und Christen läßt sich deshalb, sosehr sie sich auch in allerersten Anfängen bewegt, unschwer als Sitz im Leben der neueren theologischen Zugänge auf das jüdische Volk christlicherseits ausmachen. Der Sachverhalt ist zum einen der ausschlaggebende Grund für den hier gewählten Titel einer »Theologie im christlich-jüdischen Gespräch«. Er benennt zum anderen ein weiteres Kennzeichen einer solchen Theologie, dem sie zu entsprechen hat, bleibt sie dieses Sitzes im Leben eingedenk. Selbst im Gespräch verwurzelt, wieweit auch immer es gediehen und möglich sein mag[66], ist sie soweit wie möglich

---

65. So der Titel des von Klappert und Starck herausgegebenen Bandes.
66. Zu den Schwierigkeiten, die im christlich-jüdischen Verhältnis mit einem echten Dialog verbunden sind, s. Lenhardt, Auftrag, 16ff. u.ö.

hörend und fragend zu entwerfen. Es läßt sich deshalb nicht so verfahren, daß aus dem scheinbar sicheren Hort dogmatischer Tradition
heraus definiert wird, was Israel oder jüdisches Volk bzw. was Evangelium und Kirche sind oder zu sein haben. Vielmehr sind, in Erkenntnis der stets naheliegenden Tendenz zum Antijudaismus in dieser Tradition, von vornherein und in möglichst umfassendem Sinne in
Verständnis und Entfaltung christlicher Theologie wesentliche
Aspekte des Selbstverständnisses des jüdischen Volkes aufzunehmen
und einzubringen. Das theologische Nachdenken über jüdisches
Volk und Kirche in ihrer jeweiligen Bindung an Tora bzw. Evangelium sowie über das Verhältnis beider impliziert deshalb auf christlicher Seite von vornherein einen zweifachen Lernprozeß. Es schließt
den Gewinn und die Aufnahme neuer Erkenntnis zum einen über das
Volk Israel und zum anderen über das Leben der christlichen Gemeinde vor Gott ein, insbesondere in ihrem Verhältnis zum Gottesvolk vom Sinai.

An dieser Stelle ist einem Mißverständnis zu wehren, zu dem der
hier gewählte Titel verleiten könnte. Auch wenn christliche Theologie, die sich auf ein neues Verhältnis zum jüdischen Volk einläßt, ihren spezifischen Sitz im Leben in der christlich-jüdischen Begegnung
hat, bedeutet dies ungeachtet aller notwendigen Schwerpunktset-
zung gerade nicht, daß sie eine Theologie speziell für das christlich-
jüdische Verhältnis wäre. Die prinzipielle Unmöglichkeit einer solchen Isolierung ist gleichermaßen im biblischen Zeugnis wie in seiner
Aufnahme heute begründet. Zu den gemeinsamen Kennzeichen der
neutestamentlichen Zeugnisse gehört, daß sie durchweg oder fast
ganz von – jesusgläubigen – Juden redigiert oder verfaßt sind und insgesamt, wenn auch in unterschiedlichen Stadien, den Prozeß der Ab-
lösung der christlichen Gemeinden vom jüdischen Volk widerspiegeln. Die Auseinandersetzung zunächst mit anderen Gruppen im jüdischen Volk, dann mit »den Juden«, ist deshalb teils implizit, teils
explizit die Struktur, die die im Neuen Testament zusammengefaßten
Schriften wesentlich geprägt hat. Wer auch immer sich mit dem Neu-
en Testament befaßt, reproduziert sie ebenso wie die dem zweiten
Teil des Kanons überall inhärente Beziehung auf den ersten, und
zwar auch dann, wenn es sich keineswegs um einschlägige Themen
des christlich-jüdischen Verhältnisses oder auch um eine Diskussion
des Verhältnisses »Neues-Altes Testament« handelt. Die unkriti-
sche, paraphrasierende Wiederholung jener urchristlichen Auseinandersetzungen mit ihrer überwiegenden Antihaltung gegen das jüdische Volk in späteren Zeiten und unter völlig anderen Verhältnissen
ist der vielleicht festeste Bestandteil des unseligen christlichen Anti-

judaismus. Überwinden läßt er sich nicht, indem er ignoriert, geleugnet oder verharmlost wird, sondern indem im Umgang mit der Schrift hermeneutisch die angebahnte Begegnung von Kirche und Israel Geltung gewinnt. Tritt sie aber an die Stelle der den Texten selbst oft bis in kleinste Verästelungen innewohnenden Antistruktur, dann umfaßt sie wie von selbst ebenso viele Bereiche der Theologie wie jene Zeugnisse. In diesem Sinne kann christliche Theologie grundsätzlich *nur* Theologie im christlich-jüdischen Gespräch sein, wie begrenzt auch immer, zumal in Deutschland, die Möglichkeiten eines solchen Gesprächs aktuell sein mögen. So hat die jüdisch-christliche Begegnung, erfolge sie direkt oder indirekt, als Sitz im Leben für lange Zeit in erster Linie die heuristische Funktion, Christen zu helfen, sich dem fraglos langwierigen Wandel ihrer in erheblichem Maße antijüdisch geprägten Theologie, Verkündigung und Unterweisung zu unterziehen[67]. Vorgehen und Beschluß der Synode der Evangelischen Kirche im Rheinland vom Januar 1980[68] sowie nachfolgend auch die Arbeit der Badischen Religionalsynode[69] dürften dies auf der kirchlichen Ebene nachhaltig bekräftigt und hierin wegweisende Zeichen gesetzt haben.

Steht im Vordergrund der Untersuchung die Frage, welche Konturen eine Theologie gewinnt, die die traditionellen, oft sehr sublimen antijüdischen Geleise verläßt und den bisher skizzierten Faktoren Rechnung trägt, so kommt angesichts der zentralen Bedeutung der Christologie das Hauptgewicht der Aufgabe zu, Grundzüge eines Verständnisses Jesu Christi zu erarbeiten, das nicht *per se* antijüdisch strukturiert ist, vielmehr unter der Voraussetzung der theologisch be-

---

67. Was die Begegnung für Juden bedeutet, kann nur von ihnen selber gesagt werden. Zur Frage, was die Kirche gegebenenfalls in christlicher Sicht für Juden bedeuten könnte, s. unten, 168ff.

68. Siehe hierzu Immer, Erneuerung; Klappert/Starck, Umkehr, und zur Würdigung F. H. Littell, A Milestone in Post-Holocaust Church-Thinking. Reflection on the Declaration by the Protestant Church of the Rhineland Regarding Christian – Jewish Relations, in: CNI 27 (1980), 113–116, sowie den »Beitrag von Mitgliedern der Theologischen Fakultät Heidelberg zur Diskussion über den Beschluß der rheinischen Synode zum Verhältnis von Christen und Juden« (abgedruckt in dem in der nächsten Anm. genannten Berichtsheft, 184f).

69. Vgl. das Berichtsheft: Christen und Juden. Eine Schwerpunkt-Tagung der Landessynode der Evangelischen Landeskirche in Baden. 10.–11. November 1980 in Bad Herrenalb. Referate, Diskussionen, Bekenntnisse, Konsequenzen, 1981. Ermutigend ist ebenfalls der Abschnitt »Kirche und Israel«, in: A. Burgsmüller (Hg.), Kirche als »Gemeinde von Brüdern« (Barmen III) II. Votum des Theologischen Ausschusses der Evangelischen Kirche der Union, 1981, 98–103.

gründeten Bejahung Israels als Volk Gottes gewonnen wird. Bevor diese Aufgabe in Angriff genommen werden kann, ist im Sinne der bisherigen Darlegungen – nach ersten, überleitenden Erläuterungen zum Schriftbezug – zunächst als Teil christlicher Theologie der Versuch zu unternehmen, die Identität Israels als Volk Gottes zu umschreiben. Entsprechende Bedeutung ist im Anschluß an den christologischen Grundriß der Frage nach der Definition von Kirche und nach ihrem Verhältnis zum jüdischen Volk im Horizont des christologischen Entwurfs zu widmen. Daß diese Frage nach dem Verhalten der christlichen Gemeinde bereits zuvor immer wieder in den christologischen Teil hereinspielt, ist in der Struktur der neutestamentlichen Christologie selber mit ihrer unlöslichen Korrespondenz von Handeln Jesu Christi und Handeln der Gemeinde begründet.

4. Der Schriftbezug

Für christliche Theologie generell ist der Bezug auf die Schrift im Sinne der christlichen Bibel konstitutiv, dh. auf das sogenannte Alte und Neue Testament, deren Zeugnis zusammen christliche Gemeinde begründet hat. Die zuletzt vorgetragenen Überlegungen haben die Voraussetzungen umschrieben, die sich aus dem Sitz im Leben für die Rückfrage in die Schrift ergeben. Sie haben ferner in Erinnerung gerufen, daß die Wege von Juden und – späteren – Christen bereits nach wenigen Jahrzehnten sehr rasch auseinandergegangen sind. Vor allem deshalb legt sich der Rekurs auf möglichst frühe Zeugnisse des Neuen Testaments als Gesprächspartner für den Gewinn von biblischen Eckdaten einer Israel als Volk Gottes bejahenden Theologie nahe. Von grundlegender Bedeutung sind darum die Kapitel 9–11 des Römerbriefes, wie bereits früher zB. Karl Ludwig Schmidt[70] und Karl Barth[71] erkannt haben und zuletzt Franz Mußner[72] mit Blick auf Röm 11 unterstrichen hat. Es kann freilich, wie angedeutet, aus mehreren Gründen nicht um ein einfaches Nacherzählen des Inhalts dieser Kapitel, auch nicht um eine einfache Wiederholung der in ihnen dargelegten oder enthaltenen Konzeption gehen.

70. K. L. Schmidt, Die Judenfrage im Lichte der Kapitel 9–11 des Römerbriefes, Zürich 1943.
71. K. Barth, Kirchliche Dogmatik II/2, Zürich 1959⁴, §34. Zu Barth s. F.-W. Marquardt, Die Wiederentdeckung des Judentums für die christliche Theologie, 1967; Klappert, Israel; L. Steiger, Die Theologie vor der »Judenfrage« – Karl Barth als Beispiel, in: Rendtorff/Stegemann, Auschwitz, 82–98.
72. Mußner, Traktat, 64.

1. Paulus hat Israels Stellung vor Gott christologisch, dh. dogmatisch definiert, dabei das Selbstverständnis Israels teils getroffen, teils verzeichnet. Letzteres gilt insbesondere von Israels Umgang mit der Tora. Wird demgegenüber neu auf das gehört, was Israel von sich selbst bekennt, so kann solches zur Sachkritik befähigende Hören nicht bei der Aufnahme biblischer Überlieferung vergessen gemacht werden.

2. Das jüdische Volk hat Paulus überlebt und ist nach dem Jahre 70 in eine dem Apostel unbekannte Phase seiner Geschichte eingetreten. Die stillschweigende Annahme, Paulus hätte in Kenntnis dieser Phase seine eigene Theologie unverwandelt rezipiert, ist eine historisch unvertretbare und theologisch höchst problematische Unterstellung. Haben sich doch im Verlauf dieser Kirche und jüdischem Volk gemeinsamen Phase wesentliche Voraussetzungen der paulinischen Theologie geändert – zB. als eine unter mehreren die chronologische. Die paulinische Theologie mit ihrer Naherwartung ist zwar offen für eine Verzögerung um absehbare Zeit, nicht aber um zwei Jahrtausende. Man kann dies bereits an der Nachgeschichte der paulinischen Theologie im Neuen Testament selbst beobachten[73].

3. Zu den wichtigsten Sätzen in Röm 9–11 im Hinblick auf Israel gehört die Zusage: Sie finden *jetzt* Erbarmen, ohne Zutun der Kirche(n), nämlich bei der unmittelbar bevorstehenden Vollendung der Welt. Wenn denn der Kirche das *euangelizesthai* in diesem Sinne aufgetragen ist, dh. das Zeugnis von Gottes hautnahem und – was das Verhältnis zum Evangelium betrifft – bedingungslosem Erbarmen über sein Volk, so haben Theologie und Kirche zu fragen, wie ihnen dies Zeugnis möglich ist ohne die ja keineswegs vorhandene tagtägliche Erwartung des von Gott heraufgeführten Endes. Die damit aufgetragene Suche führt zum einen erneut zurück auf Israels eigenes Zeugnis von Gottes liebender Zuwendung als gegenwärtigem Geschehen, und dies um so mehr, als die glaubwürdigsten Worte der Vergebung nach 1945 aus jüdischem Munde gekommen sind[74]. Und sie führt zum anderen tiefer in Röm 9–11 selbst hinein.

Es geht deshalb, wie freilich erst im einzelnen zu zeigen ist, mit all dem nicht um eine Absage an Jesus Christus, sondern um die Aufhebung der Absage an Israel als Volk Gottes. Es ließe sich auch sagen: Es geht um mehr Menschlichkeit in der Theologie, um intensiveres

---

73. Vgl. zB. A. Lindemann, Paulus im ältesten Christentum, 1979; Stegemann, Alt, bes. 528ff, sowie Osten-Sacken, theologia, bes. 493ff.
74. Vgl. zB. H. Adler, Vater . . . vergib! Gedichte aus dem Ghetto, hg. v. K. Thieme, 1950.

Verstehen, das die religiösen Traditionen, das Leben und das Selbstverständnis der anderen einschließt. In den fünfziger und sechziger
Jahren hat eine schier endlose Hermeneutik-Debatte die Gemüter
bewegt, mit vielen hochfliegenden Beiträgen. Was an dieser Debatte
rückblickend vor allem auffällt, ist eine Selbstbezogenheit auf die eigene Tradition, die auf ein Defizit an biblischer Orientierung hindeutet. Denn wenn, wie allenthalben hervorgehoben, aus dem Evangelium gelebte christliche Existenz durch das Gebot der Nächsten-, ja
der Feindesliebe bestimmt wird oder sein soll, ist mit dieser Weisung
zugleich die Richtschnur für eine christliche Hermeneutik gegeben[75].
Auch wenn dies wohl an Grenzen stößt, haben deshalb die christliche
Gemeinde und ihre Schriftgelehrten die Überlieferungen und Zeugnisse der anderen, hier des jüdischen Volkes, mit derselben Liebe zu
verstehen und auszulegen wie die eigenen und solches Verstehen bis
in die Deutung der Schrift hinein durchzuhalten.

75. Vgl. auch die Folgerung von Maier, Jesus, 112: »Der christliche Anspruch wird un-
    glaubwürdig, wenn er mit einer mehr oder minder weitgehenden polemischen
    Verzerrung und Diffamierung des Judentums und dadurch mit einer Selbstkor-
    rumpierung des christlichen Ethos verbunden dargelegt wird.« Zur hermeneuti-
    schen Bedeutung der Agape s. ferner die Andeutungen bei Heschel, Gott, 196;
    Aschkenasy, Mensch, 193; H. Stroh, Gibt es eine Verständigung zwischen Juden
    und Christen?, in: ZThK 71 (1974), 227–238, bes. 237.

II. »Sie sind Israeliten . . .«: Zur Identität des jüdischen Volkes

Wer ist das jüdische Volk? In Anknüpfung an die Erwägungen der Einführung zielt die Frage auf eine Antwort, die zum einen in der christlichen Tradition gründet und zum anderen jüdischem Selbstverständnis in größtmöglichem Maße Raum gibt. Die darin angelegte dialogische Struktur soll dadurch intensiviert werden, daß gelegentlich jüdisches und christliches Verständnis bestimmter Sachverhalte miteinander ins Gespräch gebracht werden. Angesichts des Reichtums der jüdischen Überlieferung werden sämtliche Zusammenhänge nur mehr oder weniger fragmentarisch zur Sprache kommen können. Manches wird in späteren Teilen der Untersuchung weiter zu entfalten, manches dort auch zusätzlich einzubringen sein. Indem die Ausführungen die bloße Information überschreiten und als Teil einer christlichen Theologie verstanden werden, zeigen sie für Christen auf, wer Israel, sofern es das Evangelium ablehnt, in christlicher Perspektive ist, und geben damit zugleich Juden zu erkennen, wer sie als Teil des jüdischen Volkes in dieser Perspektive sind. Ohne hinlängliche Klarheit hierüber dürfte weder ein Gespräch geführt oder fortgesetzt noch auch das Verhältnis von Kirche und Israel angemessen bedacht werden können. Das christliche Zeugnis, das in diesem Zusammenhang vor allem zu hören ist, ist ebenfalls bereits in der Einführung berührt worden. Auch wenn es nicht um eine Exegese von Röm 9–11 gehen kann, scheint doch zumindest eine exegetische Skizze einiger wesentlicher Aspekte als Einstieg in die weitere Erörterung unerläßlich.

1. Röm 9,1–5 als biblischer Leitfaden

Paulus macht als Apostel Jesu Christi die Erfahrung, daß nur ein kleiner Teil Israels das Evangelium annimmt. Die Mehrheit – Paulus erweckt hier allerdings tendenziös den Eindruck, es handele sich um einige (Röm 11,17) – verschließt sich der Kunde von Jesus Christus, obwohl doch ganz Israel die Verheißung gilt. Hat etwa Gott sein Volk verstoßen? (Röm 11,1f). Ist etwa das Wort Gottes hinfällig geworden? (Röm 9,6). In jenen drei langen Kapiteln beantwortet der Apostel diese Fragen mit einem unmißverständlichen Nein. Zuvor hat er jedoch bereits ganz zu Beginn in Röm 9,1–5 den Rahmen seiner Ausführungen abgesteckt, den er im folgenden nicht mehr überschreiten, sondern nur noch ausfüllen kann.

Drei bedeutsame Aspekte geben diese wenigen Verse zu erkennen:

1. Vertrauen zugunsten seines Volkes, Liebe zu seinem Volk und Hoffnung für sein Volk sind konstitutive Merkmale der Existenz des Paulus als Apostel. Mit dem Geschick Israels steht sein eigenes Wort als Diener Jesu Christi auf dem Spiel (Röm 9,1–3. 6ff).

2. Diejenigen, von denen er spricht, die nicht an Jesus Christus glaubenden Juden, *»sind* Israeliten«[1]. Diese entscheidende paulinische Antwort auf die Frage, wer das jüdische Volk sei, kann nicht nachhaltig genug bedacht werden. Sie *sind* Israeliten – nicht wie im Bild vom Begräbnis der Synagoge: sie waren, und nicht, wie oft in der Kirche einseitig ausgelegt: sie werden es sein, sondern unumstößlich: *hoitines eisin Israēlitai.* Unverändert *sind* sie *bne Jisrael*, Volk Gottes. Das ist das Erste, was Paulus in einem ganzen Katalog von Begriffen von seinem Volk zu sagen hat, und es liegt nahe, in den nachfolgenden Termini eine nähere Definition dessen zu sehen, was es heißt, (nach wie vor) Israeliten zu sein, Träger dieses Namens. Entsprechend ist wie folgt anzuschließen:

»Sie *sind* Israeliten (und das heißt):
Ihnen gehören die Sohnschaft *(hē hyiothesia)*
der Glanz der göttlichen Gegenwart *(hē doxa)*
die Bundeszusagen und -verfügungen *(hē diathēkai)*
die Gesetzgebung *(hē nomothesia)*
der Kult *(hē latreia)*
die Verheißungen *(hai epangeliai)*;
ihnen gehören die Väter *(hoi pateres)*;
und aus ihnen kommt der Messias *(ho christos)* seiner irdischen Herkunft nach.«

All dies sind keine Zusätze zu den Juden als Israeliten, sondern all dies konstituiert sie als Volk Gottes, macht sie zu Israel. Und man kann fragen, ob denn wohl umfassender, mächtiger, verheißungsvoller von Israel geredet werden kann[2].

3. Paulus schließt jene Kette nicht mit den Worten: »Und aus ihnen kommt (oder ihnen gehört) Gott.« Vielmehr rundet er die Aufzählung mit einer Benediktion, einer Beracha, ab: »Der Gott, der über allen ist, sei gepriesen in Ewigkeit. Amen.« Nichts anderes als die ge-

---

1. Zur Unterstreichung des Präsens s. Mußner, Traktat, 46.
2. Vgl. Luz, Geschichtsverständnis, 274.

nannten Gaben sind der Grund dieser Preisung. Paulus vermag so zu schließen, weil er gewiß ist: Alles, was hier von Gott gegeben ist, kommt zum Ziel. Am Ende des 11. Kapitels umschreibt er diese Gewißheit mit den Worten: Wie und wielange und ob auch Israel sich dem Evangelium versagt, von diesem – dem Evangelium – selbst her gilt: »Die Gnadengaben und die Berufung Gottes sind irreversibel« (Röm 11,29). Aufgrund dieser Gewißheit vermag Paulus – ähnlich wie in der kleinen Einheit Röm 9,1–5 – am Ende des ganzen Zusammenhangs Röm 9–11 mit einem überschwenglichen Lobpreis Gottes zu schließen. Denn die Gewißheit umfaßt das Wissen: »Am Ende wird ganz Israel gerettet werden«, dh. in den Schalom Gottes gelangen (Röm 11,26). Der jetzige sogenannte Ungehorsam der Mehrheit Israels ist selbst Heilsverhalten, weil durch ihr Nein das Evangelium zu den Völkern gelangt ist (Röm 11,11ff).

Mit der Aussage der Rettung ganz Israels enthüllt Paulus ein Mysterium. Er gibt der Christusgemeinde in Rom kraft göttlicher Offenbarung so viel vom Weg und Geschick Israels zu erkennen, daß die Gemeinde im Verhältnis zu Israel nicht in der Schwäche des Hochmuts, sondern in der Kraft des Glaubens leben kann. Nachweislich der langen Geschichte der Kirche hat es das von Paulus aufgedeckte Geheimnis nicht vermocht, die Einstellung zu verhindern, um deren Verwandlung es (bereits) dem Apostel ging, das Nein zu Israel. Um so mehr bedürfen Christen des Hörens auf das »unbekannte Judentum« (R. R. Geis), auf die Geheimnisse der Geschichte Israels, des jüdischen Volkes, des Gottesvolkes, bewegt von dem vom Evangelium her bekräftigten Ja Gottes zu seinem Volk. Noch einmal ist zu unterstreichen, daß es hierbei um keine willkürliche Setzung geht. Vielmehr wachsen an dieser Stelle Erkenntnisse der Gegenwart und das, was der paulinische Text – in einer anderen als seiner eigenen Zeit gehört – an Transformationen bedarf, wie die zwei Enden einer Brücke aufeinander zu. Denn die Kette der Charismen, die Paulus in Röm 9,4f bei der Definition Israels nennt, wird von ihm nicht in der Weise entfaltet, daß er benennt, was sie positiv besagen, ausgenommen den Begriff der Verheißung. Sie werden vielmehr lediglich als Unterpfand der kommenden Rettung ins Blickfeld gerückt, eine Begrenzung, die bei Paulus im Unterschied zu allen nachfolgenden Zeiten bis heute hin angesichts der in jener Zeit geglaubten unvorstellbaren Nähe dieser Rettung nicht oder weniger ins Gewicht fällt.

So gilt es, im folgenden mit Hilfe der paulinischen Israel-Definition von Röm 9,4f und mit Hilfe jüdischer Überlieferungen und Zeugnisse der schriftlichen und mündlichen Tradition näher auf die Frage zuzugehen: Wer ist Israel, das jüdische Volk?

2. Der Gott Israels

Paulus hat, wie bereits der erste Zugang auf den Text zeigte, die beiden Schlußverse der Einleitung Röm. 9,1–5 mit äußerster Sorgsamkeit gestaltet. Auffälliges Kennzeichen ist nicht zuletzt die deutlich steigernde Tendenz. Der Apostel reiht eine Kette von Gnadengaben an Israel auf, hebt anschließend in einem gesonderten Satz den Messias hervor und mündet dann in eine Gottesaussage ein. Während er jedoch von den Gaben bekennen kann, sie gehörten den Kindern Israel, und vom Messias, er stamme aus ihnen, würde eine verwandte Aussage über Gott die Verhältnisse auf den Kopf stellen. Nicht er, der »über allen« ist, gehört Israel, vielmehr gerade Israel ihm. In Röm 11,1 bringt Paulus dies Verhältnis auf den Begriff, indem er die Kinder Israel »sein Volk« nennt. So besteht die grundlegende *nota* Israels darin, daß es von dem Moment an, da es in der biblischen Geschichte erscheint, eingebunden ist in das besondere Verhältnis Gottes zu ihm. Deshalb ist die theologische Frage nach der Identität Israels zuallererst die Frage nach seinem Eigner. Dessen Kennzeichen wiederum lassen sich zu anderen Realitäten, etwa der Schöpfung insgesamt, in Beziehung setzen, jedoch nicht von jenem Grundverhältnis Gottes zu seinem Volk ablösen. Der *nota* Israels als Volk Gottes korrespondiert auf seiten Gottes dessen unverbrüchliche Treue, wie die Zeugnisse des Tenach nahezu auf jeder Seite, aber gerade auch die Ausführungen in Röm 9–11 bekunden.

Es ist ein Reflex dieser von Israel erfahrenen und geglaubten Treue, wenn nach der Sintflut der ganzen Schöpfung der Zuspruch gilt: »Solange die Erde steht, soll nicht aufhören Saat und Ernte, Frost und Hitze, Sommer und Winter, Tag und Nacht« (Gen 8,22). Und es ist dieselbe Treue, deren Gewißheit die nachfolgenden Erzählungen vom Gott der Väter und seinem Weg mit Abraham, Isaak und Jakob bestimmt. Das Geheimnis ihrer Unverbrüchlichkeit aber liegt im Namen Gottes selbst verborgen: »Ich werde dasein, als der ich dasein werde (Ex 3,14)«[3]. Die Offenbarung des Namens tastet nicht die Treue selbst an – sie wird gerade als Realität, als »Wesen« des göttlichen Namens offenbar gemacht –, sondern hebt allein die Freiheit dieser Treue hervor. Sie fordert Israel heraus zum vertrauenden Bekenntnis zu seinem Gott: »Höre, Israel, Jhwh, unser Gott, Jhwh ist

---

3. Zur Übersetzung s. F. Rosenzweig, »Der Ewige«. Mendelssohn und der Gottesname, in: ders., Die Schrift. Aufsätze, Übertragungen und Briefe, hg. v. K. Thieme, o.J., 37. Zur theologischen Bedeutung des »Namens des Gottes Israels« s. Kraus, Reich, 101ff.

einzig«, und zum vertrauenden Gehorsam mit ganzem Herzen, mit ganzer Seele und mit allem Vermögen (Dtn 6,4f). Im *kiddush hashem*, der Heiligung des göttlichen Namens im Martyrium, findet die antwortende Treue Israels ihren unüberbietbaren Ausdruck. Das alltägliche wechselseitige Treueverhältnis aber ist vielleicht selten treffender und schöner umschrieben worden als von Joseph Roth in seinem Bericht über das Ostjudentum:

»Sie sind bei Gott nicht seltene Gäste, sondern zu Hause. Sie statten ihm nicht einen Staatsbesuch ab, sondern versammeln sich täglich dreimal an seinen reichen, armen, heiligen Tischen. Im Gebet empören sie sich gegen ihn, schreien zum Himmel, klagen über seine Strenge und führen bei Gott Prozeß gegen Gott, um dann einzugestehn, daß sie gesündigt haben, daß alle Strafen gerecht waren und daß sie besser sein wollen. Es gibt kein Volk, das dieses Verhältnis zu Gott hätte. Es ist ein altes Volk und es kennt ihn schon lange! Es hat seine große Güte erlebt und seine kalte Gerechtigkeit, es hat oft gesündigt und bitter gebüßt und es weiß, daß es gestraft werden kann, aber niemals verlassen«[4].

Es ist zwar ohnehin grundsätzlich etwas anderes, ob ein einzelner oder eine Gemeinschaft *von sich bekennt*, seine oder ihre Leiden seien Strafe für Sünden, oder ob dies Urteil *von außen* gefällt wird. Trotzdem zerschellt die Möglichkeit der Anwendung dieses Deutungszusammenhangs auf den Massenmord in den Konzentrationslagern auch von jüdischer Seite aus gesehen. Nicht eines der Millionen Opfer ist deshalb ermordet worden, weil es sich am Bund mit Gott vergangen hätte[5], vielmehr wurde die mörderische Verfolgung der Juden grund- und wahllos deshalb betrieben, weil sie Juden waren. Ebenso hat der Aufstand im Warschauer Ghetto eine völlig neue Dimension in das Verständnis des *kiddush ha-shem* gebracht[6]. Aber damit ist die Realität, die mit dem Stichwort des wechselseitigen Treueverhältnisses zwischen dem Gott Israels und seinem Volk umschrieben wurde, nicht beendet. Die Worte Emil Fackenheims, mit denen er die – den Zehn Geboten vom Sinai gleiche, sie ergänzende – »gebietende Stimme von Auschwitz« sprechen läßt, sind Ausdruck des Ringens um ein Verständnis eben dieser Realität nach dem Holocaust:

---

4. J. Roth, Juden auf Wanderschaft, in: ders., Romane, Erzählungen, Aufsätze, 1964², 571.
5. Fackenheim, Presence, 73. Vgl. auch Kolitz, Rackower, 22, und Berkovits, Faith, 76ff.
6. Vgl. Fackenheim, Presence, 87, ferner 73ff, sowie Kolitz, Rackower, 19ff, bes. 28; A. H. Friedlander, Jüdischer Glaube nach Auschwitz, in: Marquardt/Friedlander, Schweigen, 37–52.

»Juden ist es verboten, Hitler postume Siege zu verschaffen. Ihnen ist geboten, als Juden zu überleben, damit das jüdische Volk nicht zugrunde geht. Ihnen ist geboten, der Opfer von Auschwitz zu gedenken, damit die Erinnerung an sie nicht erlischt. Ihnen ist verboten, am Menschen und seiner Welt zu verzweifeln und entweder in Zynismus oder in Jenseitigkeit zu flüchten, damit sie nicht mithelfen, die Welt an die Mächte von Auschwitz auszuliefern. Schließlich ist ihnen verboten, am Gott Israels zu verzweifeln, damit das Judentum nicht zugrunde geht. Ein säkularisierter Jude kann sich nicht durch einen bloßen Willensakt zum Glaubenden machen, noch kann ihm ein solcher Akt geboten werden . . . Und ein religiöser Jude, der bei seinem Gott geblieben ist, mag zu neuen, vielleicht revolutionären Beziehungen zu Ihm gezwungen sein. Eine Möglichkeit ist jedoch völlig undenkbar. Ein Jude darf nicht auf Hitlers Versuch, das Judentum zu zerstören, antworten, indem er selbst an seiner Zerstörung mitarbeitet. In der Antike war die schlechthin undenkbare Sünde Götzendienst. Heute besteht sie darin, Hitler zu antworten, indem man sein Werk tut«[7].

Christen haben vom jüdischen Volk die Zehn Worte vom Sinai entgegengenommen. Ähnlich enthält auch dies zusätzliche Wort eine Weisung für sie, die aus ihrem Evangelium schon immer hätte gehört werden können[8], manchmal auch gehört worden ist[9]: Solange diese Welt besteht, ist das jüdische Volk in Israel und in der Diaspora in immer neu zu bedenkendem Sinne für Christen unantastbar[10]. Dies ist es, was es im Verhältnis der christlichen Gemeinde zum jüdischen Volk vor allem anderen heißt, »die Art des Gottes Israels zu ehren und seinen Namen zu heiligen«[11].

---

7. Fackenheim, Presence, 84. (Die Auslassung stammt von Fackenheim selber, der hier einen eigenen älteren Beitrag zitiert.) Vgl. zum Ganzen auch die verwandte Auffassung von Amir, Positionen, 451ff.
8. Siehe hierzu die Ausführungen unten, 106ff.
9. Vgl. die Beispiele bei Gutteridge, Mouth, 57ff.
10. Dies schließt die Kritik an einzelnen Juden oder auch an israelischen Regierungen und ihren Aktionen nicht aus, macht jedoch zB. allein schon die Erwägung der Lieferung von Waffen an einen der Feinde Israels durch eine deutsche Regierung zu einem *non liquet* (vgl. Osten-Sacken, Jesus, 25). Die Einschränkung »in immer neu zu bedenkendem Sinne« trägt der Warnung Greenbergs vor neuen Absolutismen Rechnung (Cloud, 26f).
11. Diese Wendung ist Miskotte (Götter, 313) entlehnt, der mit ihr »ein Anliegen . . ., das uns (sc. als Christen) angeht« umschreibt.

3. Israel als Volk Gottes

3.1 Träger der Verheißungen

Innerhalb der gesamten Aufzählung Röm 9,4f bildet die Begriffsreihe in V.4b noch einmal einen überlegt geformten Teil[12]. (Ihnen gehören)
hē hyiothesia kai hē doxa kai hē diathēkai
kai hē nomothesia kai hē latreia kai hē epangeliai.
Das Achtergewicht trägt als letzter Begriff der der Verheißungen. Zwei Beobachtungen bekräftigen, daß er für Paulus den klaren Zielpunkt der Reihe bildet. Zum einen nimmt der Apostel den Begriff indirekt gleich mit der Fortsetzung »Ihnen gehören die Väter« auf, die die anfänglichen Träger der Verheißungen sind. Und zum anderen wird in 9,6ff alsbald die den Vätern zugesprochene Verheißung ausdrücklich als der Anfang des Redens und Handelns Gottes mit Israel thematisiert. Weitere Zeugnisse dieser Vorordnung der Verheißung vor das Gesetz sind bei Paulus etwa die Zusammenhänge Röm 4 und Gal 3.

Nimmt man diese paulinisch-theologische Richtungsanzeige auf, so ist damit bereits entschieden, daß zum Zentrum einer christlichen Israel-Definition die göttliche Verheißung über und für das Volk Gottes gehört. Wer ist Israel? Eine Gemeinschaft, die aus dem Empfang des verheißenden göttlichen Wortes lebt, in ihm ihren Grund und Bestand hat. Dem Reden und Handeln Gottes kommt das Prae zu, das Tun des Volkes ist Antwort auf seine Anrede, Hören und Gehorchen oder Nichtgehorchen.

Dieser Umschreibung scheint freilich eine oft zitierte jüdische Tradition zu widerstreiten, die sich aus der auffälligen Abfolge in dem Versprechen Ex 24,7 herleitet: »Wir wollen tun und hören« – zuerst tun, dann hören (Mechilta z. St.). Ihre Spuren reichen möglicherweise bis in die Bergpredigt hinein, wenn Jesus dort das Tun dem Lehren voranstellt (Mt 5,19). Doch dürfte dieser Überlieferung eher die Funktion eines Korrektivs zukommen, das mit demselben Recht aufgerichtet wird, mit dem der Jakobusbrief in seiner Zeit einer einseitig ausgelegten paulinischen Tradition entgegenhält: »Der Glaube, so er

---

12. Zu beachten ist zB. nur die Entsprechung der Endungen in den zweimal drei Begriffen (-ia -a -ai). Vgl. O. Michel, Der Römerbrief, 1966[4], 227, A.2. Zur historischen Exegese des Katalogs s. bes. M. Rese, Die Vorzüge Israels in Röm 9,4f und Eph 2,12. Exegetische Bemerkungen zum Thema Kirche und Israel, in: ThZ 31 (1975), 211–222.

nicht Werke hat, ist tot« (2,17). Gewichtige Traditionen Israels weisen jedenfalls in die Richtung dieses Verständnisses. So lautet das allererste Wort, das Israel in seinem Grundbekenntnis Schma Jisrael
gesagt bekommt und sagt:»Höre«. Und die Abfolge des ersten und
des zweiten Abschnittes des ganzen Schma (Dtn 6,4–9; 11,13–21)[13]
wird in der Tradition mit der Begründung erläutert:»Man soll zuerst
das Joch der Himmelsherrschaft auf sich nehmen (also Gott als
Herrn, als Einzigen anerkennen) und dann erst das Joch der Gebote«
(Berachot II,2). Erzählerisch veranschaulicht wird dieser Zusammenhang durch das folgende Gleichnis, das die Aussage Ex 20,1 »Ich
bin der Herr, dein Gott« auslegt (Mechilta z. St.):

> »Warum sind die zehn Worte (sc. Gebote) nicht am Anfang der Tora (sc. Gen 1) ge-
> sagt? Man bildete einen Maschal. Wem gleicht die Sache? Einem, der in eine Provinz
> ging. Er sagte zu ihnen: Ich will über euch König sein. Da sagten sie zu ihm: Hast du uns
> irgendetwas (Gutes) getan, daß du über uns herrschen willst? Was tat er? Er baute ih-
> nen eine Mauer, führte ihnen einen Wasser(kanal) zu, unternahm für sie Kriege. Dann
> sprach er zu ihnen: Jetzt will ich über euch herrschen. Da sagten sie zu ihm: Ja, ja. So
> führte ›der Ort‹ (sc. Gott) die Israeliten aus Ägypten, spaltete ihnen das Meer, sandte
> ihnen das Manna herab, ließ für sie emporsprudeln den Brunnen, ließ heranziehen für
> sie die Wachteln, unternahm für sie den Krieg mit Amalek. Dann sagte er zu ihnen: Ich
> will über euch herrschen (sc. durch die Gebote bzw. Verfügungen). Da sagten sie zu
> ihm: Ja, ja«[14].

Damit jedoch der Versuch des Mitdenkens mit jüdischer Tradition
nicht zu leicht ausfällt, soll ein weiterer erschwerender Zusammenhang herangezogen werden. Leben aus der Verheißung heißt im jüdischen Volk wie in der christlichen Gemeinde Rückbeugung auf die
Väter, allen voran Abraham. Den Anfang des Weges Gottes mit ihm
bildet das Wort:»Gehe hinweg aus deinem Vaterlande und aus deiner Verwandtschaft und aus deines Vaters Hause in das Land, das ich
dir zeigen werde, so will ich dich zu einem großen Volke machen und
dich segnen und deinen Namen berühmt machen, daß er zum Segens-
worte wird« (Gen 12,1f.). Abraham kommt zwischen die aktuelle
Anrede Gottes, in der er zu hören hat, und eine Zukunft zu stehen,
für die es in der Gegenwart keinen Anhaltspunkt gibt außer der puren
Zusage Gottes:»Dann will ich dich zu einem großen Volke machen.«
Freilich, ist er damit auch umschlossen von der ihn im wörtlichen Sinne motivierenden Verheißung göttlichen Handelns, so heißt es im
Rahmen dessen nun doch als erstes:»Geh, *lech* . . .«

13. Der dritte Abschnitt umfaßt Num 15,37–41.
14. Übersetzung nach Fiebig, Gleichnisse, 48. Zur Bedeutung der Übernahme des
»Jochs der Himmelsherrschaft« s. vor allem Urbach, Sages, 400ff.

Das erste Wort Gottes an Abraham ist ein Befehl, ein Gebot. An dem Verständnis dieses »Geh« – mag es sich auch jeweils konkret um andere Texte handeln – scheinen sich in jüdischer und christlicher Tradition die Wege zu trennen. Christliche Überlieferung betont: Weil Abraham auf die Verheißung hin geht, darum handelt er aus Glauben oder Vertrauen, darum ist Glaube oder Vertrauen das dem göttlichen Wort gemäße Verhalten. Und weil dies Vertrauen eben durch die Verheißung bewirkt wird, darum ist es nicht im Menschen begründet, sondern in Gott selbst. Jüdische Tradition hingegen hebt hervor, daß die Verheißung gar nicht in Erfüllung gehen kann, wenn Abraham nicht das *tut,* was ihm geboten wird. Abraham ist Partner Gottes bei der Einlösung seiner Verheißung. Den Hintergrund bildet jeweils ein verschiedenes Verständnis des Menschen in seinem Verhältnis zu Gott. In jüdischer Überlieferung ist es wohl am klarsten ausgesprochen in dem Satz: »Alles liegt in der Hand des Himmels, ausgenommen die Himmelsfurcht« (bBerachot 33b). In christlicher Überlieferung hat Paulus das davon abweichende Verständnis am bündigsten in 1Kor 4,7 formuliert: »Was hast du, das du nicht empfangen hast? Wenn du es aber empfangen hast, was rühmst du dich, als hättest du es nicht empfangen?« Im ersten Fall liegt die Verantwortung des Menschen stets als seine Möglichkeit vor ihm, im zweiten kommt er je aus ihrer Verfehlung her und vermag sie nur auf Grund erbarmenden göttlichen Handelns zu gewinnen. Der begrenzten Eigenständigkeit im Verhältnis zu Gott auf der einen Seite entspricht die grenzenlose Abhängigkeit auf der anderen.

Diese verschiedene Deutung des Verhältnisses des Menschen zu Gott tritt erneut in dem jeweils anderen Verständnis von Erlösung zutage. Nach jüdischer Anschauung ist der Mensch Partner Gottes bei der Erlösung der Welt[15], nach christlicher ist die – anfangsweise begonnene – Erlösung allein Werk Gottes, der sich dabei des Menschen bedient[16].

Es dürften insbesondere Zusammenhänge dieser Art sein, bei denen der Versuch, den gordischen Knoten zu zerhauen, aufzugeben und zu fragen ist, inwieweit Juden und Christen eine Hilfe füreinander sein können. Denn jüdischer Mitarbeit an der Erlösung der Welt setzt der Tod eine unüberschreitbare Grenze. Sie ist jedoch als Gehorsam gegenüber der Tora leibhaftiges Zeugnis dafür, daß Gott

---

15. Heschel, Gott, 53.
16. Vgl. zB. Phil 1,6, vor allem auch die bekannte paradoxe Aufforderung Phil 2,12: »Wirkt eure Rettung mit Furcht und Zittern. Denn Gott ist es, der in euch das Wollen und Vollbringen schafft über euren guten Willen hinaus.«

über das Hören und Tun seines Gebotes in dieser Welt zur Herrschaft kommen will. Christlicher Erlösungsgewißheit setzt das Elend dieser Welt eine nicht minder klare Grenze. Sie bezeugt jedoch als Protest gegen die Gesetze dieser Welt, daß Gott größer ist als menschliches Wollen und Vollbringen. Der Stärke des jüdischen Volkes, seiner Treue zur Tora, wohnt als wohl unvermeidbare Schwäche dieser Stärke ein Hang dazu inne, das Gebot um des Gebotes willen zu tun, ungeachtet der Frage, ob es denn noch zum Leben gereiche. Mit der Stärke der christlichen Gemeinde, ihrer Gewißheit endzeitlicher Geistteilhabe, geht als Schwäche dieser Stärke ein nicht weniger bedenklicher Hang zum Enthusiasmus einher. Beide können je auf ihre Weise der Herrschaft Gottes im Wege stehen. Während Christen deshalb von Juden angeregt werden und lernen können, Gebote zu ersinnen, die im Dienst der Herrschaft Gottes und also auch des Evangeliums stehen, können Juden vielleicht durch Christen erfahren, daß Gottes Handeln je und je das von ihm erlassene Gebot übersteigt.

Vielleicht – denn ungeachtet der hervorgehobenen Differenzen drängt sich die Frage auf, ob sich jüdische und christliche Überlieferung in dem erörterten Zusammenhang nicht doch noch einmal näherstehen, als es traditionell und vielleicht in noch zu großer Bestimmtheit von überlieferten Fragestellungen nach den bisherigen Erwägungen den Anschein hat. Das jüdische Verständnis von »Alles ist in die Hand des Himmels gegeben . . .« lehrt, daß zum Leben Israels als Volk Gottes die Verheißung und der Ruf zur Umkehr gehören. Bereits jene Aufforderung an Abraham erscheint ja – im Sinne einer von Jürgen Moltmann geprägten Wendung – wie ein Ruf der »Umkehr zur Zukunft«. Daß der Mensch der göttlichen Verheißung trauen und der göttlichen Weisung, die im Dienst der Verheißung steht, folgen, also auch umkehren darf und kann, eben dies läßt sich als die ständig neu betonte Grundgewißheit der biblischen und der nachbiblischen jüdischen Überlieferung bezeichnen, gewissermaßen als die von Gott selbst dem Menschen gewährte unantastbare Würde. Aus dem Bereich des Neuen Testaments mag hierfür an das Gleichnis vom verlorenen Sohn erinnert werden (Lk 15,11–32)[17]. Die Möglichkeit der Umkehr unterscheidet den Menschen von Schaf und Groschen, die *nur* gefunden werden können. Gehen hier jüdische Bibel und Jesus zusammen, so stellt jene paulinische Frage nach dem, was man etwa nicht empfangen habe, sicher: Umkehr ist nichts von Gott Ablösbares, vielmehr Hinkehr zu seiner Verheißung und seinem sich

17. Vgl. hierzu Osten-Sacken, Anstöße, 53ff. Zur Bedeutung der Umkehr im rabbinischen Judentum s. Schechter, Aspects, 313ff; Urbach, Sages, 462ff.

in ihr bekundenden Willen. Sie ist deshalb überhaupt nur unter der Voraussetzung seiner Zuwendung zum Menschen aussagbar. Dies Verständnis aber entspricht wiederum der Bitte des Achtzehngebets: »Laß *du* uns umkehren zu deiner Weisung *(torah)*«.

So scheint es, als könne das, was zuvor als mögliche Hilfe von Juden für Christen und von Christen für Juden angedeutet wurde, hier wie da durchaus auch aus der je eigenen Geschichte und Überlieferung erfahren werden. Aber daß dies mit Hilfe des anderen aufgrund der je verschiedenen Akzentsetzung in der Beziehung zu Gott jeweils leichter sein könnte, ist wohl doch nicht von der Hand zu weisen[18]. Mag nun die Differenz zwischen jüdischem und christlichem Verständnis des Gottesverhältnisses geringer oder größer sein, auf die Leitfrage – Wer ist Israel, das jüdische Volk? – geben die bisherigen Erwägungen die Antwort: eine Gemeinschaft, die von Zuspruch und Verheißung lebt und darum ständig auf den Weg der Umkehr gewiesen ist.

3.2 Erstgeborener Gottes

An den Anfang des Katalogs in Röm 9,4f, der den Ausgangspunkt bildete, hat Paulus die Israel geschenkte Gnadengabe der Sohnschaft gestellt. Dieser Begriff führt in die mit dem zitierten rabbinischen Gleichnis bereits berührte Exodustradition. Denn im Auszug aus Ägypten, mit der Befreiung aus dem Sklavenhause, ist Israel zum Sohn Gottes, zum Erstgeborenen, geworden (*bekhor/prōtotokos;* Ex 4,22; Hos 11,1), dem stets die besondere Liebe des Vaters gilt[19]. Die Erstlingschaft Israels wird von Paulus von Anfang bis Ende durchgehalten. So wird das Evangelium zuerst *(prōton)* den Juden verkündigt (Röm 1,16f). Und ebenso heißt das Ende Israels Einsetzung in die volle Erbschaft, umschrieben durch die Gewißheit: »Ganz Israel wird gerettet werden« (Röm 11,26). Die Erwählung Israels, die im Begriff der Sohnschaft anklingt, ist ein Stück Erfüllung der an Abraham ergangenen Verheißung, Urdatum Israels auf dem Weg Gottes mit seinem Volk. Sie wird auch dadurch nicht außer Kraft gesetzt, daß der Titel »Erstgeborener« auf Jesus angewandt wird, insofern er mit Blick auf ihn in streng endzeitlichem Kontext gebraucht wird. Jesus ist Erstgeborener aus den Toten, kraft seiner geglaubten Auferweckung (Röm 8,29; Kol 1,18).

Die Erwählung Israels im Exodus, in den Begriff der Sohnschaft gefaßt, ist zugleich Heilserinnerung und Hoffnungsgrund. Jeder Jude

18. Vgl. hierzu auch unten, 184ff.
19. Vgl. W. Michaelis, Artik. *prōtotokos*, in: ThWBNT VI (1959), 875.

soll sich nach rabbinischer Überlieferung (Pesachim X, 5) ansehen, als sei er selbst aus Ägypten geführt worden, sich mithin als Befreiten verstehen. Die Erinnerung entläßt je und je die Hoffnung auf Befreiung aus neu sich einstellender Knechtschaft und damit auf das Leben in dem den Vätern verheißenen Land[20]. Die Heilserinnerung »Exodus« hat nicht zuletzt tiefgreifende Konsequenzen für das Israel gebotene Verhalten zu seiner Umwelt. Das Gedenken an das eigene Sklavendasein in Ägypten bezieht die Beisassen im Lande und die Sklaven ein. Von der Erinnerung an die eigene Herkunft soll das Verhalten zu ihnen bestimmt sein (Lev 19,33f). Gedenkend führt auch hier der Weg vom Exodus zum Sinai, von der befreienden Tat zum Gehorsam gegenüber dem Gebot, das das Verhältnis zum Fremden einschließt.

Der letzte in diesem Zusammenhang zu nennende Gesichtspunkt betrifft unmittelbar das Gottesverständnis. Der befreiende Gott nimmt am Exodus teil nicht als Beobachter, sondern als der, der voranzieht, mitgeht, mitleidet, miterlebt. In dieser Teilnahme erweist er sich als Vater seines Erstgeborenen Israel. Dem Exodusvolk entspricht der Exodusgott, der im Auszug gegenwärtig ist und mit dem Volk mitzieht wie einst als Gott der Väter mit Abraham, Isaak und Jakob.

3.3 Im Glanz der göttlichen Gegenwart

Die letzten Beobachtungen weisen bereits hinüber in den Bereich einer weiteren der von Paulus genannten Gaben: Ihnen gehört die Doxa, die (sich manifestierende) göttliche Gegenwart, die *shekhinah*[21]. Die Prophetie Deuterojesajas ist ein einziges Zeugnis dieser Gewißheit: Gott ist gegenwärtig in der Fremde, nach dem Exodus aus dem eigenen Land, und er wird gegenwärtig sein in der erwarteten zweiten Führung in das Land der Väter. Demgemäß sieht bereits zuvor Ezechiel die *doxa*, den *kavod* des Herrn, den Tempel in Richtung Osten verlassen (Ez 12,22ff). Die rabbinische Überlieferung weiß später die Umstände zu präzisieren: Nicht als die Priester und nicht als die Standmannschaften den Tempel bzw. Jerusalem verließen, sondern

---

20. Zur hier erkennbaren sachlichen Nähe von Exodusüberlieferung und Kreuzesdeutung s. Henrix/Stöhr, Exodus.
21. Zum Verhältnis des rabbinischen Begriffs der *shekhinah* zum biblischen des *kavod* s. die grundlegende Studie von Goldberg, Schekhinah, 32.33f.44ff.60ff.125ff. 206f.265f.322f.328.329f.468ff. Vgl. zum Verständnis der *shekhinah* als Ausdruck der Gegenwart Gottes ferner Heschel, Gott, 62f; Urbach, Sages, 37ff.

erst als die Kinder auszogen, sei die göttliche Gegenwart mit ihnen gegangen[22].

In dieser wie in vielen anderen Überlieferungen spiegelt sich die Gewißheit, daß Gottes Gegenwart wie in den Tagen der Fremdlingschaft Israels in Ägypten so auch im babylonischen Exil Dasein und Dabeisein in Niedrigkeit und Schwachheit, ja selbst in Leiden und Unreinheit heißt[23]. Doch bleibt die Überzeugung von Gottes Gegenwart in der Fremde nicht auf die biblische Zeit beschränkt. »Gott steigt mit Israel in *alle* Exile hinab, . . . er ist auch in der Jetztzeit mit Israel im Leid des Exils«[24]. Bis zu ihrer eigenen Gegenwart weiten die Rabbinen die Vorstellung vom Hinabsteigen Gottes in die Exile Ägyptens und Babyloniens aus und erblicken, indem sie »das Leiden Gottes im Exil ganz ernst« nehmen, »in der Erlösung Israels aus dem Exil folgerichtig auch eine Erlösung Gottes selbst«[25], der seine Gegenwart in der kommenden Befreiung machtvoll offenbaren wird. Dies ist die Gestalt, in der fortan Juden für Jahrhunderte in der Diaspora die Gewißheit leben, die Paulus mit den Worten umschreibt: »Ihnen gehört die göttliche Gegenwart«.

3.4 Partner der Bündnisse

Vielleicht mehr als alle anderen Begriffe schwingt der der Bundesschlüsse in den übrigen der Reihe Röm 9,4f mit. Besonders eng ist die Verbindung mit der eingangs erörterten Gabe der Verheißungen sowie mit dem in Röm 9,4f anschließend genannten Geschenk der Gesetzgebung. Die den Vätern gegebenen Zusagen sind jeweils der entscheidende Teil einer *berit*, die Gott mit ihnen aus freier Güte schließt und in der er sich selbst verpflichtet, bestimmte Zusagen zu erfüllen[26]. Wenn auch die Schrift vor allem die Patriarchen als Empfänger solcher Selbstverpflichtungen Gottes nennt, sind sie doch nicht auf die Frühzeit beschränkt, sondern ergehen je neu in der Geschichte des Gottesvolkes und umfassen zB. den Bestand der Erde (Gen 9,8–17) und des Thrones Davids (2Sam 23,5) oder das Priesteramt Levis (Mal 2,4f.8)[27]. Wesentliches Kennzeichen dieser Selbstverpflichtun-

---

22. Midrasch Echa Rabbati I,32. Vgl. P. Kuhn, Gottes Selbsterniedrigung in der Theologie der Rabbinen, 1968, 89.

23. Ebd., 82ff.

24. Ebd., 89 (Hervorh. K.).

25. Ebd. Vgl. Goldberg, Schekhinah, 494f. 522ff.

26. Vgl. Kutsch, b^{e}rit, 347.

27. Ebd., 348. Vgl. Jepsen, Berith, 201.

gen Gottes ist die unverbrüchliche Verbindlichkeit ihrer Geltung[28]. Sie tritt in Röm 9–11 am klarsten in der bereits berührten Beteuerung des Apostels zutage, die Gnadengaben und Berufung Gottes seien irreversibel (Röm 11,29). Sie begründet jene Gewißheit, daß ganz Israel – in Einlösung eben der Bundesverpflichtung Gottes (Röm 11,26f) – gerettet werden wird. Hat damit die Einhaltung der göttlichen Zusagen »allein darin ihre Garantie, daß Gott zu seinem Wort steht«[29], so kann er dem Volk im Rahmen des gestifteten Bündnisses Verpflichtungen auferlegen. Diesen Setzungen hat es unter Strafandrohung im Falle des Ungehorsams nachzukommen, ohne dadurch einen Anspruch auf Einhaltung der Zusagen begründen zu können[30]. In diesem Sinne kann *berit*, parallel zu *torah* (Weisung) und *choq* (Satzung), »jegliche Setzung des göttlichen Willens gegenüber den Menschen« bezeichnen[31]. Besonderen Ausdruck hat der Zusammenhang von göttlicher Zusage und menschlicher Verpflichtung in der Auslegung der *berit* am Sinai als »Verheißung *und* Geheiß« gefunden[32]. Es ist dieser Zusammenhang, der die Nähe von *diathēkē* zum nachfolgenden Begriff *nomothesia* bekundet.

Dies biblische Verständnis der Bündnisse Gottes als Ausdruck seiner liebenden, unverbrüchlichen Zuwendung zu seinem Volk ist, wie angedeutet, von Paulus in Röm 9–11 aufgenommen, aber auch etwa von Lukas, wenn er mit dem Benediktus des Zacharias die beginnende Erlösung Israels als Ausdruck göttlichen Bundesgedenkens preist (Lk 1,72–74). Ebenso hält sich die skizzierte Auffassung der Bündnisse Gottes im nachbiblischen, rabbinischen Judentum durch, wie bereits ein Rückblick auf die Beobachtungen zu Israel als Träger der Verheißungen zu lehren vermag. Besonderes Gewicht gewinnt in dieser späteren Zeit die Deutung nicht nur der Selbstverpflichtung Gottes, sondern ebenso der Tora, der dem Volk auferlegten Verpflichtung, als Ausdruck der göttlichen Liebe. Beispielhaft geht dies aus der Benediktion hervor, die das »Höre, Israel« einleitet:

»Mit großer Liebe hast du uns geliebt, Ewiger, unser Gott, großes reiches Erbarmen hast du uns erwiesen. Unser Vater, unser König, um unserer Väter willen, die auf dich vertraut und welchen du Satzungen des Lebens gelehrt, begnadige uns und belehre uns! Unser Vater, barmherziger, allerbarmender Vater, erbarme dich über uns und gib in unser Herz, zu begreifen und zu verstehen, zu hören, zu lernen und zu lehren, zu hü-

28. Hegermann, *diathēkē*, 720.
29. Kutsch, *b^erit*, 350.
30. Ebd., 347.350.
31. Ebd., 349.
32. Vgl. Jepsen, Berith, 202ff.

ten, zu erfüllen und zu erhalten alle Worte des Forschens in deiner Lehre *(torah)* in Liebe. Erleuchte unsere Augen in deiner Lehre, verknüpfe unser Herz mit deinen Geboten, weihe unser Herz, deinen Namen zu lieben und zu fürchten, auf daß wir nie und nimmer zuschanden werden . . .«[33].

Es kommt deshalb, um den Bogen bis in die Gegenwart zu spannen, urbiblische, durch das Neue Testament und die Zeugnisse des rabbinischen Judentums bekräftigte Gewißheit zu Wort, wenn Martin Buber in der bekannten, bewegenden Szene auf dem Friedhof der Jüdischen Gemeinde in Worms das Erleben seines Judeseins schildert:

»Ich lebe nicht fern von der Stadt Worms, an die mich auch eine Tradition meiner Ahnen bindet; und ich fahre von Zeit zu Zeit hinüber. Wenn ich hinüberfahre, gehe ich immer zuerst zum Dom. Das ist eine sichtbar gewordene Harmonie der Glieder, eine Ganzheit, in der kein Teil aus der Vollkommenheit wankt. Ich umwandle schauend den Dom mit einer vollkommenen Freude. Dann gehe ich zum jüdischen Friedhof hinüber. Der besteht aus schiefen, zerspellten, formlosen, richtungslosen Steinen. Ich stelle mich darein, blicke von diesem Friedhofgewirr zu der herrlichen Harmonie empor, und mir ist, als sähe ich von Israel zur Kirche auf. Da unten hat man nicht ein Quentchen Gestalt; man hat nur die Steine und die Asche unter den Steinen. Man hat die Asche, wenn sie sich auch noch so verflüchtigt hat. Man hat die Leiblichkeit der Menschen, die dazu geworden sind. Man hat sie. Ich habe sie. Ich habe sie nicht als Leiblichkeit im Raum dieses Planeten, aber als Leiblichkeit meiner eigenen Erinnerung bis in die Tiefe der Geschichte, bis an den Sinai hin.

Ich habe dagestanden, war verbunden mit der Asche und quer durch sie mit den Urvätern. Das ist Erinnerung an das Geschehen mit Gott, die allen Juden gegeben ist. Davon kann mich die Vollkommenheit des christlichen Gottesraums nicht abbringen, nichts kann mich abbringen von der Gotteszeit Israels.

Ich habe dagestanden und habe alles selber erfahren, mir ist all der Tod widerfahren: all die Asche, all die Zerspelltheit, all der lautlose Jammer ist mein; aber der Bund ist mir nicht aufgekündigt worden. Ich liege am Boden, hingestürzt wie diese Steine. Aber aufgekündigt ist mir nicht.

Der Dom ist, wie er ist. Der Friedhof ist, wie er ist. Aber aufgekündigt ist uns nicht worden«[34].

---

33. Sidur, 35f. Vgl. zur Sache auch Werblowsky, Tora; A. Wittstock, Toraliebe im jüdischen Volk, 1981, 21ff; E. P. Sanders, Paul and Palestinian Judaism, Philadelphia 1977. Zum grundsätzlich gleich orientierten Toraverständnis in der vorangehenden nachexilischen Zeit s. Kraus, Freude; M. Limbeck, Die Ordnung des Heils. Untersuchungen zum Gesetzesverständnis des Frühjudentums, 1971. Das zitierte Verständnis der Tora bedingt es, daß Israel einen Kontrast von »Abraham-Verheißungsbund und Sinai-Verpflichtungsbund«, wie er von Paulus in Gal 3–4 herausgearbeitet wird (vgl. Hegermann, *diathēkē*, 721), nicht als Spiegelung seines eigenen Verhältnisses zur Tora zu verstehen vermag.
34. Buber, Kirche, 569. Zur Interpretation als »Satz des Glaubens und der Hoffnung, nicht der Selbstverständlichkeit«, s. Gollwitzer, Judentum, 169f (Zitat 169).

Es gibt schwerlich ein Wort, das von Röm 9–11 her nachdrücklicher unterstrichen werden könnte. Und es ist auch kein Antasten der von Buber bezeugten Gewißheit, wenn etwa Heschel angesichts der in unserem Jahrhundert wie nie zuvor bedrohten Welt fragt, »ob wir den Bund mit Gott erneuern sollen«[35]. Denn so zu fragen vermag nur, für wen der Bund von seiten Gottes eine zwar anfechtungsvolle, aber dennoch bleibende Realität ist.

3.5 Empfänger der Tora

Die Fülle der Bezüge, in denen die vom Apostel als nächste genannte Gabe der *nomothesia*, der Gesetzgebung, der Tora, steht, läßt sich nur ausschnittweise andeuten. Sie ist die Weisung, die es dem Volk ermöglicht, der Erwählung durch Gott und dem von ihm dargebotenen Bund zu entsprechen und dergestalt Erweis seiner Liebe. Wie sich für Christen von der Gegenwart Gottes nicht sprechen läßt ohne Bindung an das Evangelium, so für Juden nicht ohne das Medium der Tora. Noch vor dem Betreten des verheißenen Landes gegeben, ermöglicht sie dem Volk, auch außerhalb des Landes zu leben, vor allem aber, dort zu überleben. Besonders eindrückliche Deutungen dieses Zusammenhangs von Exil und Tora sind in einem Zeugnis niedergelegt, das noch vor der Zerstörung des Zweiten Tempels abgefaßt ist, in der Damaskusschrift aus dem Umkreis der Gemeinde vom Toten Meer. Die Gemeinschaft, die dort von sich Kunde gibt, lebt selbst im Exil bzw. versteht sich als Exilsgemeinde. In einer freien Auslegung von Amos 5,26f und 9,11 bestimmt sie die Bücher der Tora als Hütte, als Heimat der Gemeinde Israels, als Raum ihrer Bewahrung (CD VII,15ff)[36]. In einem anderen Midrasch zu Num 21,18 wiederum deutet sie das »Gesetz« als Wasserspender, als Lebenselexier der Gemeinde in der Fremde, das ihre Existenz gewährleistet (CD VI,2f). Während die erste Deutung ein Spezifikum der Damas-

---

35. A. J. Heschel, The Ecumenical Movement, in: ders., The Insecurity of Freedom, Nachdr. New York 1972, 179.
36. Vgl. hierzu Osten-Sacken, Die Bücher der Tora als Hütte der Gemeinde. Amos 5,26f in der Damaskusschrift, in: ZAW 91 (1979), 423–435. Zur Tora als Hort Israels s. ferner N. P. Levinson, »Wäre deine Weisung nicht meine Freude . . .« Bewahrung durch die Thora, in: Osten-Sacken, Treue, 118–123; Marquardt, Hermeneutik, 147. Zur Offenheit der Tora auf die Zukunft hin auch nach je und je erfolgter Einkehr bzw. Rückkehr ins Land s. J. van Goudoever, Tora und Galut, in: W. Eckert/N.P. Levinson/M. Stöhr (Hg.), Jüdisches Volk – gelobtes Land. Die biblischen Landverheißungen als Problem des jüdischen Selbstverständnisses und der christlichen Theologie, 1970, 197–202, bes. 202: »Die Tora lehrt uns den Weg von Oase zu Oase; denn das Endziel ist noch nicht erreicht.«

kusschrift ist, teilt sie die sachlich verwandte zweite mit der rabbinischen Überlieferung[37]. Wenn Paulus von der Tora sagt, sie sei »zum Guten« und »zum Leben« gegeben (Röm 7,10.12), so dürften diese Bestimmungen nach jüdischem Verständnis am ehesten durch Deutungen wie die beiden erwähnten gefüllt werden: Durch die Gabe der Tora bewahrt Gott Israel als sein Volk. Die Kraft der Bewahrung aber entfaltet die Tora in jüdischer Sicht in der zweifachen Gestalt der schriftlichen und der mündlichen Tora, die beide »Tora an Mose vom Sinai« sind (Abot I,1) und je beides umfassen: Haggada und Halacha, den weiten parakletischen Bereich der Erzählung und den der verbindlichen Weisung für das tägliche Handeln[38].

Die Ausrichtung der Tora »zum Guten« und »zum Leben« in Gestalt der Bewahrung durch sie liegt einerseits offen zutage und hat doch andererseits gleichsam paradoxe Gestalt. Läßt sich die Bewahrung durch die Tora an dem Faktum der Existenz des jüdischen Volkes durch die Jahrtausende hin geradezu ablesen, so hat die darin erkennbare Tendenz »zum Leben« fast stets die Signatur des Leidens gehabt: Das »Mysterium des jüdischen Leidens« ist »von der Erfahrung der Tora, der Erfahrung der Auserwähltheit und der Erfahrung der Gnade – sozusagen als deren Kehrseite – unabtrennbar«[39]. In 2Kor 4,7f hat Paulus *seine* Erfahrung von Bewahrung und Leiden in die Worte gefaßt: »Wir haben aber diesen Schatz in irdenen Gefäßen, damit (offenbar wird, daß) die überschwengliche Kraft von Gott kommt und nicht von uns. Wir sind von allen Seiten bedrängt, aber wir ängstigen uns nicht. Wir sind ratlos, aber wir verzagen nicht. Wir leiden Verfolgung, aber wir werden nicht verlassen.« Bezieht man diese Sätze nicht wie der Apostel auf Jesus Christus bzw. das Pneuma, sondern in heuristischem Sinne auf die Tora als den »Schatz in irdenen Gefäßen«, so dürften sie die skizzierte Bedeutung des Gesetzes für Israel als Volk Gottes sehr genau zusammenfassen.

In den Mordlagern der Nazis ist dieser Schatz der Tora vielen Juden verlorengegangen. Andere haben ihn so gelebt, wie man es mit den Worten des Apostels umschreiben kann[40]. Welchen Sinn gibt es,

---

37. Vgl. hierzu L. Ginzberg, Eine unbekannte jüdische Sekte, New York 1922, 289f.
38. Vgl. Heschel, Gott, 258ff; Lenhardt, Auftrag, 66ff.
39. Werblowsky, Tora, 162.
40. Vgl. unter vielen Zeugnissen und Darlegungen J. Glattstein/I. Knox/ S. Margoshes (Hg.), Anthology of Holocaust Literature, Philadelphia 1973; A. H. Friedlander (Hg.), Out of the Whirlwind. A Reader of Holocaust Literature (1968), Nachdr. New York 1976; H. J. Zimmels, The Echo of the Nazi Holocaust in Rabbinic Literature, New York 1975; R. Bryks, Kiddush Hashem, New York 1977; I. J. Rosenbaum, The Holocaust and Halakhah, New York 1976.

angesichts solchen Lebens in der Kraft der Tora als Gabe Gottes weiter mit Blick auf jüdisches Leben mit dem Gesetz von Jesus Christus als sogenanntem Ende des Gesetzes zu reden?

Obwohl sich die »Binsenwahrheiten des Judentums« in Sachen Tora »nicht aus einer Lektüre des Römer- und Korintherbriefes gewinnen lassen«[41], ist doch die Brüchigkeit der Rede vom »Ende des Gesetzes« bereits von Paulus selbst bezeugt, indem er an der in Frage stehenden Stelle Röm 10,4 tatsächlich von Jesus Christus als »*Erfüllung* des Gesetzes für jeden Glaubenden« spricht. Denn nur unter dieser Voraussetzung kann er in demselben Brief sinnvoll behaupten: »Wir richten das Gesetz auf durch den Glauben« (Röm 3,31), und die Liebe, durch die sich für ihn der Glaube als wirksam erweist (Gal 5,7), als »Erfüllung des Gesetzes« bezeichnen (Röm 13,8)[42].

Paulus bringt diese Positivität der Tora auf der Basis seines Glaubens an Jesus Christus zur Geltung, der den Gott Israels, den Einen, als Gott »auch der Völker« erschließt (Röm 3,29), ohne sie auf den spezifischen Weg Israels zu verpflichten. Die oben anhand von 2Kor 4,7f verdeutlichte Beobachtung, daß Israel sein Verhältnis zu Gott mit Hilfe der Tora lebt wie die christliche Gemeinde das ihre mit Hilfe Jesu Christi, sowie die zuletzt skizzierte Positivität der Tora bei Paulus ermutigen dazu, Israels Umgang mit dem »Gesetz« in anderer Perspektive als der traditionellen abwertenden zu sehen und an die Stelle der Polemik erste Schritte des gemeinsamen Lernens in Sachen Tora anzustreben.

3.6 Arbeiter im Gottesdienst

Das Leben mit der Tora ist wie im alten Israel so im Exil zu einem wesentlichen Teil das, was in dem paulinischen *latreia (avodah)* zusammengefaßt ist. Es handelt sich um den Kult bzw. dann nach der Zerstörung des Zweiten Tempels um den Bereich der synagogalen Tefilla, des Gebetes oder »Gottesdienstes«. Der Reichtum, den allein schon die – im Kult beheimateten – biblischen Psalmen für Juden und Christen bedeuten, die prägende Kraft, die der jüdische Gottesdienst

41. Werblowsky, Tora, 162.
42. Vgl. ausführlicher zur Darlegung und Würdigung der skizzierten positiven Aspekte des paulinischen Gesetzesverständnisses Osten-Sacken, Römer 8,245ff.250ff. 256ff; ders., Befreiung 353ff; ders. Anstöße, 11ff. Vgl. ferner die weitergehende, offene Frage Lenhardts (Auftrag, 128), welchen positiven Wert für Christen möglicherweise die jüdischen Lebensformen (*observances juives*, 127) haben könnten.

für den entstehenden christlichen gehabt hat, die zahlreichen, bis heute gegebenen liturgischen Gemeinsamkeiten hier und da, all dies wäre einer breiteren, hier jedoch nicht möglichen Entfaltung wert[43].

Besonderes Augenmerk soll deshalb einem einzigen Zusammenhang gelten, der Verbindung zwischen Tora als Halacha, religiöser Weisung, und diesem Bereich des Gottesdienstes, da vor allem hier wesentliche Momente der Funktion der Tora als Halacha erkennbar werden.

Einen breiten Raum nimmt in deren Rahmen die Sabbatgesetzgebung ein, die von christlicher Seite oft als besonders »gesetzlich« empfunden wird. Jüdischerseits steht sie im Zeichen der Heiligung, der Ausgrenzung dieses Tages für Gott. Deren existentiellen Sinn haben die verschiedensten jüdischen Autoren bewegend geschildert. Stellvertretend mögen Sätze von Erich Fromm stehen:

> »Am Sabbat lebt der Mensch als *hätte* er nichts, als verfolge er kein Ziel außer zu *sein*, dh. seine essentiellen Kräfte auszuüben – beten, studieren, essen, trinken, singen, lieben.
>
> Der Sabbat ist ein Tag der Freude, weil der Mensch an diesem Tag ganz er selbst ist. Das ist der Grund, warum der Talmud den Sabbat die Vorwegnahme der Messianischen Zeit nennt, und die Messianische Zeit den nie endenden Sabbat: der Tag, an dem Besitz und Geld ebenso tabu sind wie Kummer und Traurigkeit; ein Tag, an dem die Zeit besiegt ist und das Sein herrscht«[44].

Von Interesse dürfte gerade im Zusammenhang der christlich-jüdischen Begegnung vornehmlich die ins antike Judentum zurückreichende Auffassung sein, nach der der Sabbat ein Stück Antizipation der messianischen Zeit ist (Mechilta zu Ex 31,13), ferner der Tatbestand, daß die Tora bzw. die Halacha im Dienst der Heraufführung dieser Antizipation steht. Es könnte wohl christlicherseits gerade aus diesem Verständnis des Gesetzes wesentlich gelernt werden[45]. Die Halacha reflektiert zum einen Möglichkeiten, was es jeweils heißt, in Treue zu Gott zu leben. In diesem Sinne sucht sie ständig die Bahnen der Umkehr zu ebnen, ist sie Einweisung in konkreten Gehorsam. Zum anderen dient sie dazu, etwas vom Vorschein der verheißenen endzeitlichen Herrschaft Gottes aufleuchten zu lassen.

---

43. Siehe hierzu E. Werner, The Sacred Bridge. Liturgical Parallels in Synagogue and Early Church (1959), Nachdr. New York 1970; H. H. Henrix (Hg.), Jüdische Liturgie. Geschichte – Wesen – Struktur, 1979.
44. E. Fromm, Haben oder Sein, 1976, 57f. Vgl. ferner Heschel, Gott, 201; J. König, Den Netzen entronnen, 1967, 18ff, sowie die weiteren Zeugnisse bei Annette Bygott, Wege Israels, 1981, 19.23.
45. Vgl. Osten-Sacken, Befreiung.

Wenn umgekehrt von jüdischer Seite im Rahmen des jüdisch-christlichen Dialogs mit einer gewissen Regelmäßigkeit dem Evangelium gegenüber eingewendet wird, man sähe noch nichts von geschehener oder geschehender Erlösung, so dürfte das angedeutete Sabbatverständnis doch noch einmal zu einer Differenzierung nötigen. Zusätzliche Aktualität hat diese Frage, inwieweit sich bereits in der Gegenwart von messianischen Zeichen reden läßt, darüber hinaus durch die Gründung des Staates Israel und die mit ihr verbundene Rückkehr ins Land der Väter gewonnen. Israel als Staat versteht sich selbst im Zeichen der biblisch-messianischen Verheißungen. Es bekommt damit unmittelbar mit dem Problem zu tun, beginnende Erlösung zu bekennen und doch mit Faktizitäten konfrontiert zu sein, die ganz gegen einen solchen Beginn sprechen. Vielleicht könnte sich von hier aus eine Nähe zum Verstehen christlicher Überlieferung ergeben. Äußerst prägnant ist das Problem von Gershom Scholem formuliert worden:

>»Es ist kein Wunder, daß die Bereitschaft zum unwiderruflichen Einsatz aufs Konkrete, das sich nicht mehr vertrösten will, eine aus Grauen und Untergang geborene Bereitschaft, die die jüdische Geschichte erst in unserer Generation gefunden hat, als sie den utopischen Rückzug auf Zion antrat, von Obertönen des Messianismus begleitet ist, ohne doch – der Geschichte selber und nicht einer Metageschichte verschworen – sich ihm verschreiben zu können. Ob sie diesen Einsatz aushält, ohne in der Krise des messianischen Anspruchs, den sie damit mindestens virtuell heraufbeschwört, unterzugehen – das ist die Frage, die aus der großen und gefährlichen Vergangenheit heraus der Jude dieser Zeit an seine Gegenwart und seine Zukunft hat«[46].

3.7 Erben des Landes

Die letzten Überlegungen haben eine Größe zu berühren begonnen, die auffälligerweise in dem Katalog Röm 9,4f nicht ausdrücklich vertreten ist, obwohl sie vielleicht doch zu erwarten wäre: Das Land Israel *(eretz Jisrael)* als Gabe Gottes. Freilich dürfte sie in den Begriffen *diathēkai* oder *epangeliai* mit enthalten sein. Nicht zuletzt wird, von Röm 9–11 abgesehen, die zentrale Ausrichtung des Paulus auf Jerusalem hin, wie sie etwa in seiner Kollekte für die dortige Gemeinde zum Ausdruck kommt, als Zeichen für die Bedeutung zu verstehen sein, die das Land stillschweigend für den Apostel hat[47]. Wie bereits

---

46. G. Scholem, Zur Geschichte der messianischen Idee im Judentum, in: ders., Über einige Grundbegriffe des Judentums, 1970, 167.

47. Siehe hierzu Marquardt, Land, 91ff; G. Eichholz, Der ökumenische und missionarische Horizont der Kirche, in: EvTh 21 (1961), 19; O. Cullmann, Ökumenische Kollekte und Gütergemeinschaft im Urchristentum, in: ders., Vorträge

hervorgehoben, haben die Zerstörung des Zweiten Tempels und ihre politischen Folgen für die jüdische Gemeinschaft im Lande Israel außerhalb des paulinischen Blickfeldes gelegen. Für den Apostel waren vielmehr der Tempel und die jüdische Besiedlung der nördlichen und südlichen Gebiete des Landes Israel, Galiläas und Judäas, selbstverständliche Gegebenheiten. Die Geschichte Israels seit 70 nChr. hat hingegen, wiewohl es stets jüdische Gemeinden im Land gegeben hat, ihre Schwerpunkte in der Diaspora gehabt. Erst in unserem Jahrhundert ist mit der sukzessiven Rückkehr ins Land und der durch die Greuel der Nazizeit beschleunigten Gründung des Staates Israel ein Wendepunkt eingetreten. Er stellt nicht zuletzt deshalb, weil christliche Theologie durch Jahrhunderte hin beflissen das geschichtliche Ereignis der Zerstörung des Tempels und Jerusalems theologisch gedeutet hat, nun seinerseits klare Anfragen an sie. Christliche Theologie vermag in diesem Zusammenhang einerseits schwerlich der Deutung Israels als messianischen oder gewissermaßen messianisch getönten Ereignisses zu folgen. Mit dem Verständnis Jesu Christi als Bekräftigung aller Verheißungen Gottes (2Kor 1,20) und mit der Verheißung der Rettung ganz Israels (Röm 11,26) ebnet ihr jedoch andererseits gerade Paulus den Weg, Israel in seiner staatlichen Existenz als Ort der Bewahrung des Gottesvolkes im Zeichen der Verheißung und in diesem Sinne als Zeichen für die Treue Gottes zu verstehen[48].

3.8 Teilhaber des Geistes

Der Apostel zählt in seinem Katalog eine Reihe leuchtender Gaben auf. Er erwähnt den Messias seiner irdischen Herkunft nach. Er vermeidet es jedoch, die für die Gemeinden Jesu Christi entscheidende Macht des Geistes, des Pneuma, in diesem Zusammenhang zu nennen. Die hier vorgetragenen Ausführungen sind demgegenüber von dem Verständnis geprägt, daß Israel, das jüdische Volk, keineswegs seit bald zwei Jahrtausenden geist-verlassen, »geist-los« ist, vielmehr,

und Aufsätze 1925–1962,1966,601f. In diese Richtung deuten auch die Erkenntnisse von K. Berger, Almosen für Israel. Zum historischen Kontext der paulinischen Kollekte, in: NTS 23 (1977), 188–204.
48. Vgl. Osten-Sacken, Anstöße, 111ff; Klappert, Israel, 66ff; ders., Zeichen der Treue Gottes, in: Klappert/Starck, Umkehr, 73–78; Immer, Erneuerung, 9, sowie zur Thematik des Landes Israel generell Marquardt, Land; R. Rendtorff, Israel und sein Land, 1975; W. D. Davies, The Gospel and the Land. Early Christianity and Jewish Territorial Doctrine, Berkeley 1974, und dazu die Rezension von S. Talmon, in: CNI 25 (1975), 132–135.

um eine paulinische Wendung zu gebrauchen, voll von Beweisen des Geistes und der Kraft (1Kor 2,4). Gerade die Wirklichkeit, mit Blick auf die Paulus diese Wendung gebraucht, die Realität des Leidens, bietet dafür unzählige Beispiele seit den Tagen der Makkabäer und bis in unsere Zeit.

Freilich, obwohl es so scheint, als könne und wolle Paulus die Gabe des Pneuma nicht als eines der sogenannten Privilegien Israels nennen, ist die Voraussetzung der Gegenwart des Geistes im jüdischen Volk nicht ohne Anhaltspunkt an den Aussagen des Apostels. Hier ist zum einen die Nähe der Begriffe *doxa* und *pneuma* hervorzuheben, zum anderen vor allem der Tatbestand, daß Paulus das, was nach Röm 9,4f den Israeliten gehört, in Röm 11,29 *charismata*, Manifestationen der Gnade, nennt. Wie 1Kor 12 zeigt, sind Charismen aber für den Apostel stets Wirkungen des Geistes Gottes.

Ungeachtet dessen besteht in der Auffassung von der Gegenwart des Geistes eine bedeutsame Differenz zwischen Juden und Christen, die aufs engste mit dem Nein zu Jesus als Messias dort, dem Ja hier zusammenhängt. Nach verbreitetem jüdisch-rabbinischem Verständnis ist zwar die Zeit des Geistes Gottes als einer Macht, die auf das ganze Volk bezogen ist, seit der Zerstörung des Ersten Tempels zu Ende[49]. Daneben findet sich jedoch die Auffassung, daß einzelne mit ihm als Lohn begabt werden können; ja, es begegnen Traditionen, die möglicherweise auf eine Überschreitung dieser individuellen Bindung hindeuten[50]. Trotzdem steht nach jüdischem Verständnis zweifelsfrei fest, daß die Ausgießung des Geistes auf alles Fleisch, wie sie in Joel 3,1–5 für die Endzeit verheißen wird, in jedem Fall ein erst zukünftiges Ereignis ist[51]. Demgegenüber lebt die christliche Gemeinde von der Gewißheit, daß ihr der Geist Gottes als endzeitliche Gabe im Sinne eines »Angelds« auf Zukünftiges zuteil geworden und in ihr als sie erhaltende Kraft lebendig ist. Wie bereits die Qualifikation als *endzeitliche* Gabe andeutet, hat die geglaubte Ausgießung des Geistes ihren Grund in Auferweckung und Erhöhung Jesu Christi, dessen Gegenwart bei den Seinen das Pneuma nach urchristlichem Verständnis verbürgt.

Dieser Zusammenhang von Jesus Christus und Geist bedingt es, daß die pneumatologische Differenz zwischen Juden und Christen eine Variante der christologischen ist. Wiederum wäre es jedoch ein

49. Vgl. P. Schäfer, Die Vorstellung vom heiligen Geist in der rabbinischen Literatur, 1972, 135ff.
50. Ebd., 148f.
51. Ebd., 112ff.

Mißverständnis, wollte man aus dem Tatbestand, daß die jüdische Gemeinde auf den endzeitlichen Geist Gottes wartet, schließen, sie entbehre der Manifestationen der Gegenwart Gottes. Vor allem die Erinnerung an die Aussagen über die *shekhinah* vermag vor solchem Schluß zu bewahren.

3.9 Brüder und Schwestern Jesu

».. . und aus denen der Messias *(christos)* seiner irdischen Herkunft nach kommt«. Mit dieser Aussage schließt Paulus die ganze Aufzählung in Röm 9,4f, bevor er den Segensspruch anfügt. Ihrer Entfaltung und damit besonders der Frage, wer Jesus Christus aus christlicher Perspektive für das jüdische Volk ist oder sein kann, dient der nachfolgende Hauptteil der Untersuchung. Es hieße Jesus jedoch unzulässig vom jüdischen Volk distanzieren, würde nicht den übrigen Gaben entsprechend zunächst gefragt, wer er für Juden ihrem eigenen Verständnis nach ist. Zwar liegt in der Einbeziehung dieser Fragestellung in den Versuch, die Identität Israels zu beschreiben, zugleich ein Problem. Denn aus jüdischer Sicht verhält es sich keineswegs so, daß die – wie auch immer näher bestimmte – Beziehung zu Jesus ein Moment des Selbstverständnisses Israels als Volk Gottes darstellte[52]. Das Desinteresse breiter orthodoxer Kreise an Jesus und Kirche ist dafür ein sprechendes Beispiel. Trotzdem lohnt es, an dieser Stelle weiterzufragen, scheint es möglich, ohne die Identität Israels zu verletzen, und notwendig um Israels und der Kirche willen. Denn zum einen hat das jüdische Volk *post Christum natum* stets *de facto* – sei es durch ein stillschweigendes Nein, sei es durch ein ausdrückliches, sei es durch ein krasses, sei es durch ein differenzierteres – zu Jesus und Kirche Stellung genommen, so daß dies Nein zumindest indirekt zu einem Teil seiner Selbstauslegung als Volk Gottes geworden ist. Und zum anderen wohnt ihm die Frage nach Jesus deshalb latent inne, weil er Jude, dh. Glied am Leibe »ganz Israels«, war und sein Leben wie das eines jeden anderen umstrittenen Juden das Problem seiner Teilhaberschaft am jüdischen Volk aufwirft. Und sei es auch nur so, daß Jesus in jüdischer Perspektive »ein verlorenes Schaf des Hauses Israel«

52. Vgl. Lenhardt, Auftrag, *passim*, und zur Verortung der Frage nach Jesus im Judentum die Situationsbeschreibung durch Maier, Jesus, 79: ».. . man sollte sich darüber im klaren sein, daß angesichts der fehlenden innerjüdischen Nachwirkung Jesu das Interesse an seiner Person unter Juden nie so intensiv sein kann wie unter Christen, angesichts der wenig erfreulichen Geschichte des christlich-jüdischen Verhältnisses ›Jesus‹ aber für den Juden gleichwohl kein Thema ist wie jedes andere auch«.

wäre, so läge selbst hier noch eine stille Beziehung zu seinen jüdischen Brüdern und Schwestern, vielleicht auch eine Anfrage an sie. Wiederum kann es bei den weiteren Überlegungen nur um einige Grundlinien gehen, auch wenn sie etwas weiter auszuziehen sind als in den vorangegangen Teilen.

Die einen haben ihn für den wiederkehrenden Elia gehalten, andere für einen Propheten, denen der Schrift gleich, wieder andere für den auferweckten Täufer (Mk 6,14–16; 8,28). Jedoch haben sich nicht diese Stimmen seiner Zeitgenossen in der nachfolgenden Zeit durchgesetzt, vielmehr das Bekenntnis zu ihm als Messias hier (Mk 8,29), die Deutung, er sei besessen, dort (Mk 3,21). Repräsentativ für die Beurteilung Jesu im jüdischen Volk von den Anfängen bis hin zur Zeit der Aufklärung ist das polemische Werk »Toledot Jeschu«[53]. Es ist zwar nicht vor dem 10. Jahrhundert entstanden, birgt jedoch älteres Material in sich und überliefert ein Verständnis Jesu, das im ganzen auf jener in Mk 3 sich andeutenden Linie des Vorwurfs der Besessenheit liegt.

Die »Toledot Jeschu«, deren Titel selber bereits eine Anspielung auf Mt 1,1 sein könnte (*genesis Iēsou*), stellen insgesamt eine Art Antievangelium dar. Die Erzähler schöpfen unter anderem aus den Evangelien, deuten freilich deren Traditionen in genauem Gegensatz zu ihrem überlieferten Sinn. So ist Jesus nach den Toledot der Sohn der verlobten Mirjam aus Bethlehem und des – nicht mit ihr verlobten – »hübschen, aber bösen«[54] Pandera (oder ben Pandera), gezeugt zur Zeit der Menstruation Mirjams. Da Menstruation im Judentum Unreinheit bedeutet, ist Jesus demnach nicht aus dem heiligen Geist, sondern aus dem Geist der Unreinheit geboren. Seine Wundertaten werden in den Toledot nicht bestritten. Sie werden jedoch wiederum nicht auf göttliche Vollmacht zurückgeführt, sondern auf den Mißbrauch des Namens Gottes durch Jesus, dh. auf Zauberei, die er in Ägypten gelernt habe. Die Auferweckung Jesu schließlich geht – der schon in Mt 28,11–15 überlieferten Polemik entsprechend – nach den Toledot darauf zurück, daß der Gärtner den Leichnam Jesu entfernt habe, woraufhin die Jünger, als sie ihn nicht fanden, seine Auferste-

53. Vgl. dazu Klausner, Jesus, 58ff; S. Ben-Chorin, Das Jesus-Bild im modernen Judentum, in: W. P. Eckert/E. L. Ehrlich (Hg.), Judenhaß – Schuld der Christen?, 1964,139ff; Lindeskog, Jesusfrage. Zur rabbinischen Zeit s. J. Maier, Jesus von Nazareth in der talmudischen Überlieferung, 1978; zum heutigen Judentum, vor allem auch zu Jesus in israelischen Schulbüchern, s. P. Lapide, Ist das nicht Josephs Sohn? Jesus im heutigen Judentum, 1976.
54. Klausner, Jesus, 59.

hung verkündet hätten. Verständlich ist auch, daß Judas Ischariot sich nach den Toledot einige Verdienste erwirbt, überraschend die Beurteilung des Simon Petrus. Er wird als einer der »Weisen Israels« bezeichnet, der – um die Juden vor der Bedrängnis durch die Apostel zu retten – die Christen vom jüdischen Volk abtrennte und ihnen ethische Weisungen gab. Nach vollbrachtem Werk habe sich Petrus, der damit lediglich den Anhänger Jesu spielte, zurückgezogen und einsam Lieder gedichtet, die, überallhin verschickt, noch heute in den Synagogen gesungen würden.

Auch unter jüdischen Forschern besteht Einmütigkeit in der Auffassung, daß das Buch historisch für die Jesuszeit irrelevant ist. Von höchster Bedeutsamkeit erscheint es jedoch für das Verständnis des mittelalterlichen Verhältnisses von jüdischem Volk und christlicher Gemeinde, genauer als Spiegel der Unterdrückung von Juden durch Christen. Klausner deutet dies mit den prägnanten Worten an: »Die Juden, die sich an ihren mächtigen Feinden nicht durch Taten rächen konnten, rächten sich an ihnen durch Wort und Schrift«[55]. Die »Toledot Jeschu« sind damit zugleich ein unwahres und ein wahres Buch. Sie sind unwahr als historischer Bericht, wahr jedoch insofern, als sich der Jesus der Christen in den Augen der Juden aufgrund ihrer Erfahrungen mit der Kirche schwerlich anders darstellen konnte[56]. In gewissem Sinne sind damit die Christen selbst, nicht Juden, die geheimen Autoren dieser Schrift. Das einzig Positive, was die Toledot indirekt zu vermerken wissen, ist das Vorhandensein von Geboten in der Kirche, die freilich aus der jüdischen Tradition stammen.

Allein vor dem Hintergrund dieses mittelalterlichen jüdischen Jesusbildes vermögen die seither ausgebildeten Verständnisweisen Jesu im jüdischen Volk angemessen gewürdigt zu werden[57]. Ein gravierender Wandel setzt in Mitteleuropa mit der Aufklärung ein, in der sich die soziale und politische Lage der Juden langsam zu ändern beginnt. Im Rahmen der alsbald entstehenden »Wissenschaft vom Judentum« nehmen jüdische Gelehrte an der das 19. Jahrhundert beherrschenden historischen und in diesem Sinne kritischen Erforschung der eigenen Überlieferung teil. So ist auch das erste jüdische »Leben Jesu« nach den Toledot, unter dem Titel »Jésus Christ et sa doctrine« 1839 von dem französischen Arzt und Philosophen Josef Salvador (1779–1873) in zwei Bänden herausgegeben, von dem Bemühen bestimmt,

---

55. Ebd., 66.
56. Zur Korrektur des Verständnisses des 9.–11. Jahrhunderts als »Goldenes Zeitalter der Juden im christlichen Mittelalter« s. Awerbuch, Begegnung, 13ff.
57. Vgl. zum Folgenden Lindeskog, Jesusfrage, 29ff.63ff.94ff.

die Entstehung des Christentums und die Gestalt Jesu historisch zu erklären. Salvador erkennt – wie verhalten bereits die Toledot und dann viele jüdische Jesusbücher später – in der Ethik Jesu das Band, das ihn mit dem Judentum verbindet, im Christentum hingegen eine Synthese von Judentum und Heidentum. Der Unterschied zwischen Jesus und dem traditionellen Judentum liege allein darin, daß Jesus das religiöse und ethische Leben des einzelnen in den Vordergrund gerückt und auf die sozialen Vorschriften und Zeremonialgesetze der Tora kein Gewicht gelegt habe.

Von dem hier erzählten Durchbruch zehrt die jüdische Jesusforschung bis heute, ohne daß sie sich einfach auf den Nenner der Wiederholung der Position Salvadors bringen ließe. Was einen Teil der Stellungnahmen oder Arbeiten in der nachfolgenden Zeit insbesondere kennzeichnet, ist der Versuch einer konstruktiven religiösen oder theologischen Würdigung Jesu. Hierher gehört die oft zitierte Passage über Jesus in Martin Bubers »Zwei Glaubensweisen«:

»Jesus habe ich von Jugend auf als meinen großen Bruder empfunden. Daß die Christenheit ihn als Gott und Erlöser angesehen hat und ansieht, ist mir immer als eine Tatsache von höchstem Ernst erschienen, die ich um seinet- und meinetwillen zu begreifen suchen muß . . . Gewisser als je ist es mir, daß ihm ein großer Platz in der Glaubensgeschichte Israels zukommt und daß dieser Platz durch keine der üblichen Kategorien umschrieben werden kann«[58].

Bereits knapp dreißig Jahre vor diesem Buch heißt es bei Buber in seiner Schrift »Ich und Du«, durch die er vor allem bekannt geworden ist:

»Wie gewaltig, bis zur Überwältigung, ist das Ichsagen Jesu, und wie rechtmäßig, bis zur Selbstverständlichkeit! Denn es ist das Ich der unbedingten Beziehung, darin der Mensch sein Du so Vater nennt, daß er selbst nur noch Sohn und nichts anderes mehr als Sohn ist . . . es bleiben Ich und Du, jeder kann Du sprechen und ist dann Ich, jeder kann Vater sprechen und ist dann Sohn«[59].

Buber steht mit seiner Auffassung Jesu als des großen jüdischen Bruders nicht allein. Ähnlich wie er hat sich sein Schüler Schalom Ben-Chorin in seiner Arbeit über Jesus geäußert und dabei präzisiert, er glaube nicht an Jesus, wohl aber wie er und mit ihm an den einen Gott Israels[60]. Zu nennen ist in diesem Zusammenhang sodann das Jesusbuch des Jerusalemer Religionswissenschaftlers David Flusser.

58. M. Buber, Zwei Glaubensweisen (1950), in: ders., Werke I: Schriften zur Philosophie, 1962, 657.
59. M. Buber, Ich und Du (1923), in: ders., Das dialogische Prinzip, 1962, 69f.
60. S. Ben-Chorin, Bruder Jesus. Der Nazarener in jüdischer Sicht, 1967.

Er hebt darin als ein Kennzeichen Jesu von Nazareth vor allem dessen Hinwendung zu den Ausgestoßenen und Verachteten hervor, die besonders heute geeignet sei, Interesse an dem Nazarener zu wecken[61].

Dieser Sicht verwandt, begegnet die vielleicht aufregendste Position in dem jüdischen Fragen nach Jesus in einem Aufsatz des früh verstorbenen israelischen Religionswissenschaftlers Jochanan Bloch. Er stützt sich vor allem auf eine Auslegung der Gleichnisse von der selbstwachsenden Saat und von den Talenten. Der Kern der Deutung dieser Gleichnisse und damit auch des Verständnisses Jesu lautet:

»Gott hat den Grund des Reiches gelegt. Er will auch, daß es kommt. Es ist auch sicher, daß es kommt. Aber er ist ›fortgegangen‹, er hat die Menschen sich selbst überlassen. Die ›Verlassenheit‹ des Menschen gehört zu der ›Härte‹ Gottes. Kann Gott ›hart‹ genannt werden? Man werfe doch einen Blick auf die Erde und auf die Menschheit: sieht sie denn anders als ›gottverlassen‹ aus? Aber es ist doch noch anders. Das Geheimnis ist, daß in der Verlassenheit sich das Kommen bereitet. Und die Verlassenen sind es merkwürdigerweise, denen die Aufgabe zufällt, am Kommen zu wirken. ›Verlassenheit‹ ist geradezu wie eine ›Nähe‹ zum Reich, wie ein Dienen am Reich. Sagt nicht daher Jesus, daß er zu den Verlorenen in Israel, zu den Kranken geschickt sei?! Daß die Armen selig seien, da *ihrer* das Reich ist?! Jedenfalls soll der Mensch in seiner Verlassenheit am Kommen des Reiches wirken. Ja, er soll das Kommen betreiben: so wie die Erde ›selbst‹ die Frucht hervorbringt, wie die Knechte mit dem Gut ihres Herrn wuchern . . . Durch Bitten und Pochen, durch Umkehr, durch Gesetzeserfüllung, durch Gottes- und Nächstenliebe? Doch vor allem und in all dem durch Selbstverleugnung, Selbstopfer. ›Mein Gott, mein Gott, warum hast du mich verlassen‹, das letzte Wort am Kreuz, ist wie eine Bestätigung des Glaubens an die Verlassenheit des Menschen, in der das Reich herbeigebracht wird. Noch in der Verzweiflung ist es ja der Ausruf des immer noch möglichen Triumphes. Jesus zitiert ja. Er zitiert (Ps 22) den Aufschrei des Elenden, dem Gott nicht antwortet und der doch gewiß ist, daß er ihm sein Antlitz nicht verbirgt. So ist der Aufschrei selbst noch ein geheimes Zeichen, daß das Reich seines Vaters kommt«[62].

In diesem jüdischen Jesusverständnis ist sehr viel mehr gesehen und gesagt als in manchem christlichen Jesusbuch. Bloch faßt dreierlei zusammen, was für das Verständnis Jesu von grundlegender Bedeutung ist: seine Hinwendung zu den Verlorenen, sein Reden wie sein Handeln im Zeichen der geglaubten kommenden Herrschaft Gottes und seinen Tod am Kreuz. Die Kraft, mit der alle drei Bereiche als Einheit verstanden und ausgelegt werden, ist schwerlich allein die des Historikers. Vielmehr scheint es, als habe hier das sukzessiv angebahnte Verständnis Jesu als des *bleibenden* jüdischen Bruders bereits die Voraussetzung dieser tiefgreifenden Sicht geschaffen,

61. Flusser, Jesus, 13.
62. Bloch, Jesus, 17f.

ähnlich dem sich in verwandter Richtung bewegenden Bild »Weiße Kreuzigung« von Marc Chagall.

Diese wenigen Beispiele für heutiges positives jüdisches Jesusverständnis mögen genügen. Denn es geht an dieser Stelle nicht um einen Überblick über dessen Vielfalt, vielmehr um die Veranschaulichung des großen Umbruches, der sich hierin seit der Aufklärung vollzogen hat, und um das Bedenken seiner Konsequenzen.

Unmittelbar vor dem Katalog Röm 9,4f, der in diesem Kapitel immer wieder zum Ausgangspunkt genommen wurde, nennt Paulus die nicht ans Evangelium glaubenden Juden »meine Brüder, meine Volksgenossen nach dem Fleisch«. Wenn er wenig später vom Messias sagt, er komme aus ihnen »nach dem Fleisch«, so hat er die, die Jesus nicht als Messias anerkennen, indirekt gleichfalls als Brüder des Christus bezeichnet. Legitimiert sich von hier aus die *christliche* Rede vom jüdischen Volk als »Schwestern und Brüder Jesu«, so führen die zitierten jüdischen Auffassungen einen bedeutsamen Schritt darüber hinaus. Auch wenn in ihnen nicht »ganz Israel« zu Wort kommt, sondern nur ein Teil, so begründen sie doch die Möglichkeit, die Kennzeichnung »Schwestern und Brüder Jesu« mit jüdischem Einverständnis zur Umschreibung des jüdischen Volkes zu verwenden. Christen aber verlegen die skizzierten jüdischen Verständnisweisen ein weiteres Mal den Zugang zu den ausgetretenen Pfaden des traditionellen christlich-jüdischen Verhältnisses. Wer ungeachtet des skizzierten Umbruchs neuerlich die konfessorische Meßlatte des Bekenntnisses zu Jesus als Christus an das jüdische Volk anlegte, würde lediglich seine jeglichem Wandel verschlossene Geschichtsferne bekunden, aufs Diktat bedacht, wo doch zu allererst zu *hören* wäre. Er würde damit im Keime ersticken, was an neuer christlich-jüdischer Begegnung in ersten Ansätzen gerade erst zu wachsen begonnen hat. Fruchtbar kann diese Begegnung deshalb wohl nur dann werden, wenn Christen der Möglichkeit gewärtig sind, daß sowohl sie selbst als auch Juden Jesus in ihrem je eigenen Verständnis jeweils ein Stück weit authentisch erfassen, das je verschiedene Verständnis damit keine Bedrohung, vielmehr eine Bereicherung des eigenen ist[63].

Die Grenze zwischen christlichem und jüdischem Jesusverständnis, wieweit dieses auch immer gehen möge, bleibt darin gerade erhalten. Sie läßt sich präzise unter nochmaligem Rückgriff auf das Jesusbuch Flussers markieren. Es enthält einen Abschnitt, den sein Verfasser einmal sein »Bekenntnis« zu Jesus bezeichnet hat, das er in das Büchlein »hineingeschmuggelt« habe:

---

63. Marquardt, Jesus, 67ff; Osten-Sacken, Jesus, 25.

»Auch die Ungeheuerlichkeit seines Lebens spricht uns heute an: von seiner Berufung bei der Taufe, von dem Zerreißen der Bindung an seine ihm fremde Familie und der Entdeckung einer neuen, erhabenen Kindschaft, herab in das Pandämonium der Kranken und Besessenen und weiter bis zu seinem Tod am Kreuze. Darum bekommen für uns die Worte, die nach Matthäus (28,20) der Auferstandene gesprochen haben soll, einen neuen, unkirchlichen Sinn: ›und siehe, ich bin mit euch alle Tage, bis an das Ende der Welt‹«[64].

Dies »Bekenntnis« mag manchen Christen beschämen, für den der irdische Jesus wenig mehr als ein Schemen ist und sich auf das bloße »Daß« seiner Existenz reduziert. Doch wird der Unterschied zum christlichen Credo greifbar, wenn man Flussers Sätze mit denen des Apostolikums vergleicht oder aber den Schluß des Flusserschen Jesusbuches einbezieht. Vielsagend schließt es mit den Worten, die nach christlichem Verständnis gerade nicht das letzte sind, was über den Nazarener zu sagen ist: »Und Jesus verschied«[65].

64. Flusser, Jesus, 13.
65. Ebd., 133. Zur Gewißheit der Auferweckung Jesu als entscheidender Differenz zwischen jüdischem und christlichem Jesusverständnis wie zwischen Judentum und Christentum überhaupt s. Eckardt, Brothers, 88.

III. Jesus Christus: Sohn Israels und Erstgeborener aus den Toten
Leitlinien einer Israel bejahenden Christologie

1. Die Zeichen der Zeit und das Gebot der Treue zum Evangelium

Das Bemühen um ein Verständnis Jesu Christi, das nicht *per se* antijüdisch ist, ergibt sich unausweichlich aus der Aufgabenstellung, wie sie im ersten Teil aufgezeigt worden ist, der Überwindung von Antijudaismus in der christlichen Theologie. Eine Christologie dieser Art ist keineswegs so zu gewinnen, daß einfach das Christusverständnis eines oder mehrerer neutestamentlicher Zeugnisse nacherzählt wird. Denn zum einen finden sich antijüdische Momente nicht erst in späteren kirchlichen Christologien, sondern bereits in solchen des Neuen Testaments selbst. Die Art und Weise, wie Matthäus Jesu Verhalten und Reden gegenüber »den Schriftgelehrten und Pharisäern« (Kap. 23), Johannes sein Auftreten gegenüber »den Juden« – wer immer damit *gemeint* sein mag – darstellt (Kap. 8), belegt dies besonders kraß, ohne daß dies die einzigen Beispiele wären. Zum anderen ist nichts so unwahrscheinlich wie die Annahme, die neutestamentlichen Zeugen würden, hätten sie in unserer Zeit mit ihren einleitend umschriebenen Zeichen das Wort zu nehmen, lediglich wiederholen, was sie vor fast zweitausend Jahren niedergeschrieben haben. Hält man sich vielmehr vor Augen, in welcher Freiheit bereits in den wenigen Jahrzehnten, in denen Evangelien und Briefe formuliert wurden, die aufgenommene Tradition gehandhabt wurde, so wird man die in den biblischen Zeugnissen enthaltene indirekte Aufforderung, auch ihre Aussagen in einem tieferen Sinne zeitgemäß, im Horizont der Zeichen der Zeit, zu hören und auszulegen, kaum hoch genug veranschlagen können.

Die skizzierte Aufgabe ist bereits im Zusammenhang des zweiten Teils mitbestimmend gewesen. Im Rahmen der Entfaltung des dort vorausgesetzten Verständnisses Jesu Christi in Anknüpfung an neutestamentliche Zusammenhänge wird es möglich sein, sachgemäß und nicht destruktiv die Frage aufzunehmen, ob und in welchem Sinne sich von Jesus als »Messias« und damit auch als für Israel soteriologisch relevante Gestalt reden läßt.

Die christologischen Bemühungen werden sich notwendig auf zwei Überlieferungsbereiche erstrecken: auf solche Traditionszusammenhänge, die über Reden und Wirken des irdischen Jesus berichten, und auf solche, die seine Bedeutung als des Gekreuzigten, Auferweckten und Kommenden darlegen. Zwar ist es bekanntlich schwer, ein mehr als fragmentarisches Bild von Auftreten und Weg Jesu von Nazareth zu gewinnen. Trotzdem erscheint nahezu jeder Versuch in dieser Richtung weniger willkürlich als die von Rudolf Bultmann aufgestellte und von einem Teil seiner Schüler weitergetragene Behauptung, für das neutestamentliche Glaubenszeugnis seien nicht das Wie und Was Jesu bzw. seiner Verkündigung bedeutsam, vielmehr allein, *daß* er gekommen sei bzw. verkündigt habe[1]. So gespenstisch hat der Evangelist Lukas noch nicht einmal den auferweckten Jesus zu sehen vermocht (Lk 24,36–42)[2]. Luthers Erinnerung, »daß Jesus Christus ein geborener Jude sei«[3], geht bei solcher Entleerung der Gestalt Jesu als erstes in seinem historischen und theologischen Gewicht verloren. Fast zwangsweise hat dieser Verlust doketische[4] (und damit antijüdische) Konsequenzen zur Folge. Freilich ist diese Gefahr noch nicht durch die bloße Hinwendung zum sogenannten historischen Jesus gebannt, vielmehr hängt auch hierbei alles von der Art der Fragestellung ab. Das im Rahmen der Rekonstruktionsversuche lange angewandte Kriterium, als authentisches Jesusgut sei mit einiger Sicherheit nur zu werten, was sich weder aus dem Judentum noch aus der Gemeinde ableiten lasse[5], macht – im Hinblick auf den ersten Punkt – den so gewonnenen Jesus von vornherein gewollt oder ungewollt theologisch zum »ersten Christen« und historisch zu einem Schattenwesen. Demgegenüber ist in Bekräftigung solcher Arbeiten, die die »Jüdischkeit Jesu« oder sein »Judesein« in Erinnerung gerufen haben[6], als erstes hervorzuheben, daß das *vere homo* (»wahrer

1. Bultmann, Theologie, 45f; ders., Die Christologie des Neuen Testaments, in: ders., Glauben und Verstehen I, 1958³, 265f; W. Schmithals, Jesus Christus in der Verkündigung der Kirche, 1972, 51.
2. Vgl. Käsemanns entsprechenden Hinweis, »nicht einmal bei einem Gespenst« könne man »die Faktizität des Kommens von den Modalitäten der Erscheinung trennen« (Jesus-Frage, 50).
3. So Luthers gleichnamige Schrift von 1523.
4. Vgl. Käsemann, Jesus-Frage, 50.52f.
5. Käsemann, Problem, 205.
6. Vgl. außer den Jesusbüchern der genannten jüdischen Autoren G. Vermes, Jesus the Jew, London 1973, 19ff; ferner die Beiträge in: Eckert/Henrix, Jude-Sein, sowie Levinson, Jude; Marquardt, Jesus; L. Swidler, The Jewishness of Jesus: Some Religious Implications for Christians, in: JES 18 (1981), 104–113. Stimmen, die die »Jüdischkeit Jesu« bestreiten oder in ihrer Bedeutung herabmindern, sind zusammengestellt bei Klappert, Jesus, 155f.

Mensch«) des Dogmas konkret, dh. historisch, »Sohn Israels« bedeutet mit allen seinen Konsequenzen: Geburt von einer jüdischen Mutter, Beschneidung, jüdische Erziehung, jüdisches Leben und jüdisches Sterben.

Fraglos sind auch die Erkenntnis und Betonung dieser Zusammenhänge durch die Jahre 1933 bis 1945 mitbedingt. So wie die nazistische Judenverfolgung mit ihrem Ziel und trotz ihres Zieles der Ermordung aller Juden zur Bildung des Staates Israel beigetragen hat und in diesem Zusammenhang zur Neukonstituierung auch judenchristlicher Gemeinden im Land, so hat sie trotz der gegenläufigen Bestrebungen ihrer Helfershelfer, Jesus zu germanisieren, das Judesein Jesu unübersehbar in Erinnerung gebracht[7]. In diesem Zusammenhang ist ein weiterer verborgen: Die Rückkehr eines großen Teils des jüdischen Volkes ins Land Israel hat allem Anschein nach wesentlich zu den Bemühungen von heutigen Juden beigetragen, den Juden Jesus als Kind des jüdischen Volkes und seines Landes zu begreifen. Ein beträchtlicher Teil der Bücher jüdischer Verfasser über Jesus – zB. sämtliche zuletzt genannten neueren Arbeiten – stammt von Autoren, die Israelis waren oder sind[8].

Um die christologisch-hermeneutischen Vorüberlegungen weiterzuführen, ist jedoch noch einmal auf einen Beitrag aus der Zeit der Diaspora zurückzugreifen. Bereits eine Reihe von Jahren vor Martin Buber hat Leo Baeck zu Beginn des 20. Jahrhunderts eine gewichtige Würdigung Jesu vorgelegt, die – der Diasporasituation des Verfassers gemäß – insbesondere seine Bedeutung im Verhältnis zwischen Israel und den Völkern ins Auge faßt. Jesus habe, so urteilt Baeck, die Lehre Israels, den Monotheismus und die Ethik der Liebe, zu den Völkern gebracht[9]. Dies Verständnis wird auf jüdischer Seite gegenwärtig vor allem von Pinchas Lapide entfaltet und vertieft[10]. Es beginnt freilich auch unter Christen zunehmend an Anhängern zu gewinnen[11]. Fraglos stimmt es mit einer wesentlichen Linie des Neuen Te-

7. Vgl. I. Greenberg, The New Spirit in Christian-Jewish Relations, in: CJR Nr. 70 (1980), 30: »Hätten Jesus und seine Mutter in den Jahren nach 1940 in Europa gelebt, wären sie nach Auschwitz geschickt worden.«

8. J. Klausner, S. Ben-Chorin, D. Flusser, P. E. Lapide u.a. Zugespitzt kommt die Tendenz in Lapides Satz zum Ausdruck (Jesus in Israel, 1970, 63): »Jesus war ein ›Israeli‹.«

9. L. Baeck, Harnack's Vorlesungen über das Wesen des Christentums, in: Monatsschrift für Geschichte und Wissenschaft des Judentums 45 (1901), 119.

10. Siehe Lapide, Messias?

11. Vgl. zB. die oben besprochenen amerikanischen Autoren. Eine leise Tendenz in diese Richtung hat auch der Synodalbeschluß der Rheinländischen Synode »Zur

staments überein, insofern dieser Teil des Kanons in seinem Zentrum von der Gewißheit lebt, durch Jesus Christus habe sich der Gott Israels rettend den Völkern zugewandt. Trotzdem scheint eine einfache Übernahme der erwähnten »christologischen« Sicht auf christlicher Seite theologisch problematisch, da sie eine deutliche Verkürzung der neutestamentlichen Botschaft um für sie selbst grundlegende und auch für das Verhältnis von Juden und Christen heute fundamental wichtige Dimensionen bedeutete. Auch wenn dem Gebot der Treue zum Evangelium nicht in bedingungslosem, sondern in kritischem, hellhörigem Gehorsam zu folgen ist, so erheischt es doch die Aufnahme gerade jener Aspekte des Evangeliums, die es in seiner Zeit zur bahnbrechenden Verkündigung gemacht haben.

So gehört unbestritten in die Mitte der neutestamentlichen Botschaft der Zuspruch, der Tod Jesu Christi sei »für uns« bzw. »für alle« geschehen, ebenso seine verkündigte und geglaubte Auferweckung, beide bezeugt durch das Wort in Mk 10,45, der Menschensohn sei gekommen, sein Leben als Lösegeld »für viele« zu geben, durch die Erinnerung in 2Kor 5,14 an Jesus als den, der »für sie (sc. alle) gestorben und auferweckt worden ist«, und viele andere Aussagen mehr. Solange diese Zusammenhänge nicht konstruktiv einbezogen werden, solange ist eine Theologie im christlich-jüdischen Gespräch einem Schiff vergleichbar, das den Hafen meidet, in dem die Ladung dann doch zu prüfen ist. Der Frage kommt um so größeres Gewicht zu, als es mit der Treue zum Evangelium zugleich um die Treue zu den Menschen geht, die in jener Frühzeit – wie in kleiner Zahl auch heute – als Juden an das Evangelium geglaubt und mit ihm gelebt haben. Nur dann, wenn sie theologisch in brüderlichem Sinne einbezogen bleiben, werden Theologie und Kirche davor geschützt sein, sie wie so oft als unbequeme Last zu betrachten und zu behandeln. Nur dann auch werden sie zum einen den Gewinn aus ihnen zu ziehen vermögen, den ihre Existenz bedeutet, und zum anderen legitim mit ihnen streiten können, wo es bestimmte Fragen oder auch Verhaltensweisen erfordern.

Um zunächst zu dem hervorgehobenen christologischen Zusammenhang zurückzukehren: In der paulinischen Verkündigung wird das »für uns« oder »für alle« Jesu allein von seinem Kreuz, seiner Auferweckung und seiner Parusie[12] her interpretiert. Die Identität

Erneuerung von Juden und Christen«; sie wird freilich durch den Gebrauch des Titels »Messias Israels« retardiert. Zur Entfaltung der in dem Beschluß angedeuteten Christologie s. Klappert, Jesus, 158ff.

12. Diese letzte Dimension wird oft allzuleicht ignoriert. Vgl. zB. Bultmanns Darstel-

des Gekreuzigten und Auferweckten wird dabei von Paulus wesentlich in der Liebe Jesu gesehen. Abgesehen von seinem Tod kommt das Leben des irdischen Jesus bei ihm bekanntlich nicht in den Blick. Wird diese Begrenzung aufgrund der vorgetragenen Überlegungen und im Anhalt an die Evangelien überschritten und dabei gerade der Zusammenhang zwischen Jesus von Nazareth und Jesus dem Christus unterstrichen, so ist damit zugleich die Fragerichtung bezeichnet, in der auf die Überlieferungen über das Wirken des irdischen Jesus zuzugehen ist. Sie ist auf Spuren hin abzusuchen, in denen die »Für-Struktur« seines Daseins, die Paulus vor allem mit Hilfe von Aussagen über Kreuz und Auferweckung entfaltet, zum Ausdruck kommt. Diese Aufgabe ist insofern nicht willkürlich gesetzt, als die Evangelien – wie etwa im Zusammenhang der zitierten Aussage Mk 10,45 – zumindest in ihrer Endgestalt die Existenz des irdischen Jesus im Sinne eines »Daseins für uns« bzw. »für alle« gedeutet haben. Sie ist darüber hinaus keine bloße Ergänzung zur paulinischen Sicht Jesu, sondern zugleich auch ein wesentliches Korrektiv ihrer Aussage. Denn sofern der Tod Jesu nicht als Ende der Wirklichkeit seines Lebens in ihrer ganzen Konkretheit verstanden wird, besteht zumindest die Gefahr einer spiritualisierenden Deutung seines Endes.

2. Jesus von Nazareth: Auf der Suche nach den Verlorenen

2.1 Die Einzigkeit Gottes

Die Geschichte der neutestamentlichen Christologie ist von einer zunehmenden Ausweitung der Bedeutung Jesu Christi bestimmt. Am Ende dieses Prozesses stehen Aussagen wie die des johanneischen Jesus: »Ich und der Vater sind eins« (Joh 10,30), »Ich bin *der* Weg, *die* Wahrheit und *das* Leben; niemand kommt zum Vater denn durch mich« (Joh 14,6), und ähnliche. Weil dies die Richtung ist, in der sich das Bekenntnis der Kirche zu Jesus Christus fortbewegt, dürfte sich schwerlich die Regel bestreiten lassen: Je größer die Spannung ist, in der Selbstaussagen Jesu oder auch Aussagen über ihn zu diesen Tendenzen stehen, je höher ist die Wahrscheinlichkeit, daß sie zur ältesten, dh. authentischen Schicht der Jesus-Überlieferung gehören.

> lung der paulinischen Theologie, in welcher der von »Kreuz und Auferstehung Christi als Heilsgeschehen« handelnde Abschnitt kein den Kommenden zur Geltung bringendes Seitenstück hat (Theologie, §33 = 292ff).

Das Verhältnis Jesu zu Gott wird in diesem Sinne besonders prägnant durch die Einleitung zur Geschichte vom reichen Jüngling bezeichnet: »Und als er den Weg fortsetzte, lief einer herzu, fiel vor ihm nieder und fragte ihn: Guter Lehrer, was muß ich tun, damit ich ewiges Leben ererbe? Jesus aber sprach zu ihm: Was nennst du mich gut? Niemand ist gut, außer Gott allein« (Mk 10,17f; vgl. Lk 18,18f)[13]. Die Antwort, die an das »Höre, Israel« (Dtn 6,4) anklingt (». . . der Herr ist einer«), macht radikal ernst mit der Einzigkeit Gottes. In Gestalt einer Schelte stellt sie die Differenz nicht nur zwischen Gott und Menschen generell, sondern auch zwischen Gott und Jesus heraus. Schon Matthäus erschien die Überlieferung von Frage und Antwort in der bei Markus vorliegenden Fassung als nicht mehr tragbar (vgl. Mt 19,16f)[14].

2.2 Sendung zu Sündern und Zöllnern

Der Auftrag, mit dem Jesus sich – im Sinne des Hirtenamtes Ez 34 – betraut sah, ist in Übereinstimmung mit dem genannten Kriterium seines »Daseins für . . .« kaum sachgemäßer festgehalten als durch jenes Wort, mit dem er nach der synoptischen Tradition seine Gemeinschaft mit Sündern und Zöllnern verteidigt: »Nicht die Gesunden bedürfen des Arztes, sondern die Kranken. Nicht bin ich gekommen, Gerechte zu rufen, sondern Sünder« (Mk 2,17; Mt 9,13; Lk 5,31f). Diese Selbstaussage, die das Wirken Jesu in seinem Volk deutet, entspricht sachlich dem Wort, mit dem er in Mt 15,24 die Bitte der kanaanäischen Frau zunächst abweist und das in Mt 10,6 zugleich die Richtschnur für das Wirken seiner Jünger während seines Wegs durch Israel bildet: »Ich bin nicht gesandt, außer zu den verlorenen Schafen des Hauses (im Haus) Israel.« Wie sich zeigen wird, ist eine Reihe von Gleichnissen von derselben Struktur, dh. von einer – im Hinblick auf die weitere Geschichte der urchristlichen Verkündigung sperrigen – Unterscheidung von Sündern und Gerechten bestimmt. Mag diese Unterscheidung auch durch die zitierte Bestreitung Jesu, jemandem außer Gott komme das Prädikat »gut« zu, leise in die

---

13. Die Anrede »Guter Lehrer« ist ungewöhnlich, jedoch nicht ohne Parallele in der jüdischen Überlieferung. Vgl. bTaanit 24b und dazu G. Dalman, Die Worte Jesu (1930²), Nachdr. 1965, 277, sowie I. Abrahams, Studies in Pharisaism and the Gospels II, Cambridge 1924, 186.
14. Zur Nähe Jesu zum »Höre, Israel«, wie sie durch Mk 12,28–34 belegt wird, und zur damals wie heute beobachtbaren, dem Vorgang in Mt 19,16ff verwandten Tendenz, die damit gegebene Nähe zu den Toratreuen Israels zu verdrängen, vgl. Lenhardt, Auftrag, 72ff; Osten-Sacken, Anstöße, 209f.

Schwebe gebracht werden, so wird sie dadurch keineswegs aufgehoben – auch Jesus wird ja durch seinen Einspruch nicht etwa als Sünder
dargestellt.

2.3 Offenheit für Fremde

In den Evangelien ist die Hinwendung Jesu zur Gruppe der Randsiedler – der Sünder und Zöllner, der Kranken und Unreinen – als
Vorabbildung des Einschlusses der Völker in die Verkündigung des
Evangeliums verstanden und ausgelegt. So bezeugt es etwa die lukanische Gestalt des Gleichnisses vom Hochzeitsmahl (Lk 14,16–24),
aber auch eine Reihe anderer Zusammenhänge. Ungeachtet der
grundsätzlichen Beschränkung Jesu auf Volk und Land Israel haben
die frühen christlichen Verkündiger und Lehrer sein Wirken damit
zwar aus nachösterlicher Perspektive interpretiert, doch nicht ohne
Anhalt an seinem tatsächlichen Reden und Handeln. Exemplarische
Bedeutung kommt in diesem Zusammenhang der Beispielerzählung
vom barmherzigen Samariter zu (Lk 10,30–37). Während die Hörer
als dritten nach Priester und Levit, gewissermaßen als Helden, fraglos einen Israeliten erwarten, läßt der Erzähler einen Fremden die
entscheidende Rolle spielen. Sein Verhalten erweist den Mann als
Gerechten, und doch gehört er nicht dem jüdischen Volk an, zählt
vielmehr zu den in Jesu Zeit aufs ärgste mit den jüdischen Nachbarn
verfeindeten Samaritanern[15] – ein Ausländer, ein Feind, und in diesem Sinne ein Vertreter aus der Völkerwelt.

2.4 Lehre im Spiegel des Gebets

Sowenig Jesu grundsätzliche Beschränkung auf Israel die aktuelle
Einbeziehung seiner Umwelt ausschließt, sowenig bedeutet seine
Unterscheidung von Sündern und Gerechten, daß sein Reden und
Wirken beziehungslos zur Gruppe der Gerechten ist. Insbesondere
dieser zweite Aspekt vermag jedoch erst dann angemessen aufgenommen zu werden, wenn sein Auftreten insgesamt zuvor streng im
Horizont seiner vollen, gewissermaßen leiblichen Gemeinschaft mit
Sündern und Zöllnern, seiner Hinwendung zu den Verlorenen in Israel, ausgelegt wird.

Als ein Beispiel unter vielen, das sich in diesem Zusammenhang erschließt und das seinerseits exemplarische Einblicke in die Lehre vermittelt, die mit dem Handeln Jesu einhergeht, kann das Vaterunser

---

15. Vgl. H. G. Kippenberg, Garizim und Synagoge, 1971, 94ff.

dienen. Von Lukas, der die kürzere Version bietet, wird es als Gebet Jesu für die Jünger eingeführt (Lk 11,1–4), bei Matthäus ist es als Teil der sogenannten Bergpredigt überliefert (Mt 6,9–13) und wie diese den Jüngern und der Menge gesagt (vgl. Mt 5,1f; 7,28f). Doch es erscheint zweifelhaft, daß es ursprünglich allein dem Jüngerkreis zugedacht und vorbehalten war. Wie vielmehr Jesu heilendes Handeln, seine Tischgemeinschaft und sein Reden in Gleichnissen nicht nur dieser Gruppe der Nachfolger galt, so dürfte das Vaterunser am ehesten als Gebet für eben jene Kreise bestimmt gewesen sein, die er auf seiner Suche nach den Verlorenen vornehmlich aufgesucht und in denen er sich immer wieder, wenn auch nicht ausschließlich bewegt hat.

Abba

Zwar gilt es das Mißverständnis zu vermeiden, als sei es Jesus darum gegangen, diesen durch die Wendung »Sünder und Zöllner« bezeichneten Gruppen in ihrem Status bedingungs- oder folgenlos die Liebe Gottes zuzusprechen. Sein Wirken zielt vielmehr auf Umkehr und damit auf die Rückführung dieser Kreise in das Ganze des Gottesvolkes. Die Art und Weise, in der er sie unter die von ihm verkündete, nahe geglaubte endzeitliche Herrschaft Gottes führt, ist freilich unverwechselbar. Er wartet nicht, bis die Verlorenen kehrtmachen, und lehrt nicht allein an den dafür vorgesehenen Orten. Vielmehr geht er an die »Hecken und Zäune«, ißt mit den Unreinen unbesorgt um Verunreinigung und verleiblicht so die Einladung, die er in seiner Verkündigung und Lehre von der anbrechenden Gottesherrschaft kundgibt. Von hier aus gewinnt das Vaterunser seinen vollen Sinn. Sofern im Hintergrund der Anrede »Vater« (Lk 11,2) tatsächlich ein ursprüngliches »Abba« steht[16], die familiäre Anrede des Vaters durch den Sohn, ermutigt das Gebet Jesu die Verlorenen: So dürft auch ihr, dürft ganz besonders ihr beten, voller Vertrauen und Zuversicht: Abba. Abwegig wäre es freilich, diese Anrede gegen das Gottesverständnis anderer Lehrer zur Zeit Jesu bzw. »des Judentums« überhaupt auszuspielen. Da dies jedoch nach wie vor gängig ist[17], mögen einige Gründe genannt sein.

16. Vgl. hierzu Jeremias, Abba, 56ff; ders., Theologie, 71.
17. Vgl. zB. Jeremias, Abba, 19ff, insbes. 23f.26, sowie auch die Kritik verwandter und noch weitergehender Positionen durch Mußner, Traktat, 200ff. Zur Auslegung des Vaterunsers insgesamt als jüdischen Gebets s. im übrigen C. Taylor, Sayings of the Jewish Fathers (I), Cambridge 1877, 138–145; M. Brocke/J. J. Petuchowski/W. Strolz (Hg.), Das Vaterunser. Gemeinsames im Beten von Juden und Christen, 1974; Mußner, Traktat, 198ff; Pnina Navè, Du unser Vater. Jüdische Gebete für Christen, 1975.

Wenn es auch in der jüdischen Überlieferung keinen Beleg für die *Anrede* Gottes als Abba gibt, so ist doch die *Rede* von Gott als Abba bezeugt[18] (bTaanit 23b), darüber hinaus auch unbestritten, daß sich in der jüdischen Überlieferung seit biblischer Zeit zahllose Belege für Gebete zu Gott als »Vater« bzw. als »unser Vater« *(avinu)* finden. Nun kann man mit einigem Grund von der Anrede »Abba« auf ein herzliches Gottesverhältnis schließen. Aus dem *Fehlen* dieser Anrede jedoch ein kaltes, steifes oder furchtsames Verhältnis zu Gott zu folgern, wäre genauso willkürlich wie die Annahme, ein Sohn, der seinen Erzeuger statt mit »Vati« mit »Vater« anredet, habe eine weniger vertraute Beziehung zu ihm. Tatsächlich beruhen solche Rückschlüsse auf einer in theologischen Vorurteilen begründeten mangelnden Bereitschaft, die jüdische Überlieferung wirklich zu hören. Denn – um nur ein einziges Beispiel zu nennen – wie ließe sich herzlicher, ja zärtlicher vom Verhältnis Gottes zu Israel sprechen als in dem rabbinischen Gleichnis, in dem in Anknüpfung an Dtn 1,31.33 die Begleitung der Kinder Israel durch Gott in Gestalt der Wolken- und Feuersäule beim Auszug aus Ägypten veranschaulicht wird:

»Gleich einem Mann, der einherging auf dem Wege, und er ließ seinen Sohn vor sich hergehen. Da kamen Räuber, um ihn vor ihm weg in die Gefangenschaft zu führen. Da nahm er ihn vor sich weg und placierte ihn hinter sich. Da kam ein Wolf von hinten. So nahm er ihn von hinten weg und placierte ihn vorn. Es kamen Räuber von vorn und Wölfe von hinten. Da nahm er ihn weg und setzte ihn auf seine Arme. Es begann der Sohn Schmerz zu empfinden durch die Sonne. Da breitete über ihn sein Vater sein Gewand. Es hungerte ihn, da gab er ihm zu essen, dürstete ihn, so gab er ihm zu trinken«[19].

Sosehr damit die Anrede Gottes als Abba wahrscheinlich ein Spezifikum Jesu ist und auf ein Verhältnis wechselseitiger Liebe schließen läßt, sowenig trennt sie ihn von seinem Volk. Mehr noch, die jüdische Überlieferung vermag zu verstehen helfen, warum Jesus in seinem vornehmlichen Wirkungsfeld zu eben dieser Anrede eingeladen hat. So heißt es in einer Tradition aus dem babylonischen Talmud (Berachot 34b): »Dort, wo die Umkehrenden stehen, vermögen die Gerechten nicht zu stehen.« Diese Überzeugung entspricht sachlich der Gewißheit Jesu, daß im Himmel größere Freude herrscht über einen Sünder, der umkehrt, als über neunundneunzig Gerechte, die der Umkehr nicht bedürfen (Lk 15,7). Tritt hier einerseits ein weiteres Mal Jesu Unterscheidung zwischen Sündern und Gerechten zuta-

---

18. bTaanit 23b. Jeremias (Abba, 62f) nennt noch weitere, von ihm freilich nivellierte Belege.
19. Mechilta zu Ex 14,19; Übersetzung mit Fiebig, Gleichnisse, 29.

ge, so wird andererseits erkennbar, warum Jesus auf seinem auf Umkehr zielenden Weg zu den Sündern Gott als Abba anredet und anzureden ermutigt. Die Anrede ist Widerschein der besonderen Liebe und Zuwendung Gottes zu den Verlorenen.

Namensheiligung und Gottesherrschaft

Wie wenig Grund besteht, das Vaterunser nicht aus dem Zusammenhang der jüdischen Gebetstradition heraus zu deuten, bezeugen insbesondere seine ersten beiden Bitten. »*Erhoben und geheiligt werde sein großer Name* in der Welt, die er schuf nach seinem Willen, *und er bringe sein Reich* bei euren Lebzeiten und bei Lebzeiten des ganzen Hauses Jisrael, bald und in naher Zeit, darauf sprechet Amen!«[20] So heißt es im ältesten Teil eines der jüdischen Hauptgebete, des Kaddisch, und selbst nach Auffassung von Auslegern, die in ihrer Exegese antijüdisch eingestellt sind, wird nicht bestritten, daß sich Jesus mit den beiden ersten Bitten des Vaterunsers wahrscheinlich an das Kaddisch anlehnt[21]. Wiederum werden Unterschiede greifbar, die dennoch das Band der Gemeinsamkeit nicht antasten. Jesus lädt die Randsiedler ein, sich dem Gebet ganz Israels anzuschließen mit seinen alles überragenden Bitten um die Heiligung des göttlichen Namens, dh. Gottes selbst, und um das Kommen seiner Herrschaft. Was mit beidem gemeint ist, läßt sich seinen wichtigsten Aspekten nach kaum kürzer noch treffender als mit Worten eines anderen, ebenfalls alten jüdischen Gebetes verdeutlichen, des Alenu:

»Er ist unser Gott, keiner sonst, in Wahrheit unser König, keiner außer ihm, wie in seiner Lehre geschrieben: Du wirst heute erkennen und deinem Herzen klarmachen, daß der Ewige Gott ist im Himmel oben und auf der Erde unten, keiner sonst.

Darum hoffen wir auf dich, Ewiger, unser Gott, bald die Herrlichkeit deiner Macht zu schauen, daß die Greuel von der Erde schwinden und die Götzen vertilgt werden, die Welt gegründet wird auf das Reich des Allmächtigen und alle Menschenkinder deinen Namen anrufen, daß sich dir zuwenden alle Frevler der Erde, erkennen und einsehen alle Bewohner der Welt, daß sich vor dir jedes Knie beugen, jede Zunge schwören soll. Vor dir, Ewiger, unser Gott, werden sie knien und sich niederwerfen und der Majestät deines Namens Ehre darbringen, alle nehmen sie die Anerkennung deines Reiches auf sich, und du regierst bald über sie und ewig, denn das Reich ist dein, und in allen Ewigkeiten regierst du in Ehre. Wie in deiner Lehre geschrieben: ›Der Ewige re-

---

20. Übersetzung mit L. Hirsch, Jüdische Glaubenswelt (o.J.), Nachdr. Basel 1978, 28 (Hervorh. O.-S.).
21. Siehe hierzu Jeremias, Vater-Unser, 164. Vgl. außerdem Heinemanns Hinweise zum traditionellen Miteinander der Motive der Herrschaft und der Heiligkeit Gottes in antiken jüdischen Gebeten (Prayer, 223 mit A.15).

giert immer und ewig!‹ Ferner heißt es: ›Und der Ewige wird zum König über die ganze Erde sein, an jenem Tage wird der Ewige einzig und sein Name einzig sein‹«[22].

Wie im Kaddisch und im Alenu sind die Bitten um die Heiligung des göttlichen Namens und um das Kommen der Gottesherrschaft im Vaterunser endzeitlich bestimmt[23]. Im Rahmen dieser Gemeinsamkeit, die Jesu Lehren und Wirken ein weiteres Mal als jüdisches und nicht als antijüdisches begreifen lehrt, erst zeichnet sich die spezifische Kontur seiner Verkündigung und seines Handelns ab. In der Gewißheit, daß die endzeitliche Gottesherrschaft nahe herbeigekommen ist, trennt er sich anscheinend im Unfrieden von seiner Familie und bricht auf, um nach einer kurzen Zeit im Kreise Johannes des Täufers redend und handelnd Zeichen dieser Nähe zu setzen, sie spürbar werden zu lassen und andere in ihrem Glauben, Hoffen und Lieben auf den Weg zu führen, der ihr entspricht. In äußerster Kürze erschließen die beiden Gleichnisse vom Schatz im Acker und von der Perle (Mt 13,44–46) die Bedeutung, die die Nähe der endzeitlichen Gottesherrschaft für seinen Aufbruch wie für die Dynamik seines Wirkens und Lehrens hat. Die Freude über ihre nahezu greifbare Gegenwart bestimmt, was jetzt zu tun ist. Die Suche nach den Verlorenen ist – biblischer Tradition getreu – insofern die Konsequenz dieser Nähe, als in der Hinwendung zu den Verlorenen sich ankündigt und partiell, vorlaufend, Realität wird, was mit dem endzeitlichen Kommen Gottes an Erwartung verbunden ist – das Zurechtrücken der Verhältnisse, die Restitution ganz Israels:»Blinde sehen und Lahme gehen, Aussätzige werden rein gemacht und Stumme hören, Tote werden auferweckt und den Armen wird das Evangelium verkündigt« (Mt 11,5/Lk 7,22).

Zwar ist richtig, daß die christliche Gemeinde beim Kommen der Herrschaft Gottes zugleich an das Kommen Jesu Christi denkt; und auf derselben Linie bezieht der Christushymnus Phil 2,6–11 das Jesaja-Zitat (Jes 45,23) auf die Inthronisation Jesu an der Seite Gottes. Aber zum einen versteht auch Paulus, der das Lied überliefert hat, die Einzigkeit Gottes als Ziel aller seiner Wege (1Kor 15,28), und zum anderen erscheint die Bitte um das Kommen des Reiches zumal im Munde Jesu als eindeutig. Ihr Gegenstand ist nicht seine, sondern Gottes Herrschaft – wie in der wahrscheinlich benutzten Tradition des Kaddisch. Nicht minder bedeutsam ist eine andere, leicht übersehene fundamentale Gemeinsamkeit. Jesus bittet als erstes um die Heiligung des göttlichen Namens, ohne diesen Namen zu nennen,

22. Übersetzung mit Sidur, 65.
23. Vgl. Jeremias, Vater-Unser, 64f.

und das gesamte Neue Testament ist ihm darin gefolgt. Jesus selbst wie seine ersten Zeugen teilen damit die urjüdische Sitte, den Namen Gottes – das Tetragramm JHWH – unangetastet zu lassen, ihn durch Nichtaussprechen zu heiligen, und sich in der Rede von Gott in Lehre, Verkündigung und Gebet metaphorischer Umschreibungen zu bedienen. Wie kaum ein anderer veranschaulicht dieser Usus die Verwurzelung Jesu im religiösen Leben seines Volkes.

Eine Differenz freilich fällt beim Vergleich von Vaterunser und Kaddisch ins Auge. Während dieses den Namen des Hauses Israel nennt und es damit als Träger des Gebets identifiziert, fehlt eine entsprechende Wendung im Gebet Jesu. Ohne daß sich daraus schließen ließe, daß es im Vaterunser nicht um das Kommen Gottes zum Frieden Israels ginge, hat doch das Fehlen des konkreten Bezuges auf das Volk Gottes wahrscheinlich wesentlich dazu beigetragen, daß das Vaterunser das hat werden können, was es geworden ist: das Gebet Jesu nicht nur für die Sünder und Zöllner in Israel, sondern für die Gojim, die Völker, die Unreinen außerhalb Israels. In dem Augenblick aber, in dem es von Gliedern aus der Völkerwelt gebetet wird, ergibt sich ein weiterer Unterschied zum jüdischen Gebet bzw. zur jüdischen Hoffnung auf das Kommen der Herrschaft Gottes. Ein Stück der Bitte und Erwartung des Alenu, daß »alle Menschenkinder sollen anrufen deinen Namen«, beginnt in Erfüllung zu gehen, ohne daß damit Bitte und Hoffnung ihren Grund verlören.

Schuldvergebung

Ausgangspunkt der gegenwärtigen Überlegungen war die Frage nach der Für-Struktur des Redens und Wirkens Jesu von Nazareth. Als ihr wesentliches Kennzeichen wurde seine Hinwendung zu Sündern und Zöllnern benannt. Ihnen zugute und mit ihnen lebt er, indem er ihnen durch sein Handeln und Reden erneut oder überhaupt erst den Zugang zu Gott und die Gemeinschaft mit ihm eröffnet, auf eigenem Weg und in eigener Verantwortung. Sein Handeln ist beides in einem, solches zugunsten Gottes, indem er dessen verlorene Kinder herzuruft, und damit zugleich solches ihnen, den Abseitsstehenden, zugute. Versteht man das Vaterunser nicht allein als Gebet für andere (seien es die Jünger, seien es die Zöllner und Sünder), sondern zugleich als Gebet Jesu selbst, so beginnt es auch in seinem zweiten Teil, den Wir-Bitten, neu zu sprechen, und zwar insbesondere im Zusammenhang mit der Bitte um Schuldvergebung.

Nach Mt 11,19 ist Jesus von Zeitgenossen als »Fresser und Säufer, als Freund der Zöllner und Sünder« gescholten worden. Dieser Vorwurf bringt noch einmal seinen hauptsächlichen Wirkungskreis in

Erinnerung und gibt zugleich eine weitere Dimension seines Handelns zu erkennen. Seine Gemeinschaft mit jenem Kreis ist Teilhabe an dessen Wirklichkeit, sein Zuspruch der Liebe Gottes risikoreiches Eintreten für sie im Namen Gottes und tendenziell Mittragen an ihrer Schuld. Denn die Schuld wird ja nicht anders von ihnen genommen als so, *daß* er mit ihnen Gemeinschaft hält. Sofern er an ihrer Schuld partizipiert, indem er Vergebung praktiziert – darin dem Verwalter von Lk 16,1–8 gleich[24] –, gewinnt die Bitte auch in seinem Munde vollen Klang: »Und vergib *uns unsere* Schuld . . .« – jenen die ihre, ihm die von ihm übernommene, im Zusammenleben mitgetragene, vergebene. Das Matthäusevangelium hat diese Dimension des Wirkens Jesu später dadurch zum Ausdruck gebracht, daß es seine exorzistische Tätigkeit und sein heilendes Handeln auf das Prophetenwort vom Gottesknecht bezogen hat: »Er nahm auf sich unsere Schwachheiten und trug unsere Krankheiten« (Jes 53,4LXX; Mt 8,16f).

Jesu Wirken ist in seinem Zentrum Suche nach den Verlorenen in Israel, um sie in das Ganze des Volkes als Volk *Gottes* zurückzuführen. Die Gleichnisse vom verlorenen Schaf, Groschen und Sohn in Lk 15 bieten dafür die vielleicht schlagendsten Belege. Unabhängig voneinander haben Heinz David Leuner und Franz Schnider nachgewiesen, daß eben diese Wiederherstellung des Ganzen ihre geheime Mitte ist[25]. Auf sie zielt die Suche des Hirten wie der Frau, die beide, wie sich präzisieren läßt, gleichnishaft Jesu eigenes Handeln veranschaulichen, das seinerseits den Willen Gottes repräsentiert. Und ebenso ist das Ergebnis der Rückkehr des verlorenen Sohns und seiner Wiederaufnahme durch den Vater die Restitution der Familie. In ihrer gleichnishaften Gestalt sollen alle drei Erzähleinheiten die Verlorenen mit Freude auf den Weg der Umkehr zu Gott als dem ihnen entgegeneilenden Vater bewegen. Ganz ähnlich ist auch das Gleichnis von den Arbeitern im Weinberg strukturiert mit seinem anstößigen

---

24. Vgl. dazu Bloch, Jesus, 23., im Anschluß an F. Maaß, Das Gleichnis vom ungerechten Haushalter. Lucas 16,1–8, in ThViat 8 (1961/62), 173–184.
25. H. D. Leuner, Jüdische und christliche Zukunftserwartung, in: ders., Israel, 99f; Schnider, Söhne, bes. 51ff. Wichtig ist Schniders Arbeit auch im Hinblick auf den Erweis des vorlukanischen Charakters der Gleichnisse in Lk 15, insbes. von Lk 15,11–32. Siehe dazu auch I. Broer, Das Gleichnis vom verlorenen Sohn und die Theologie des Lukas, in: NTS 20 (1974), 453–462; C. E. Carlston, Reminiscence and Redaction in Luke 15,11–32, in: Journal of Biblical Literature 94 (1975), 368–390; O. Hofius, Alttestamentliche Motive im Gleichnis vom verlorenen Sohn, in: NTS 24 (1978), 240–248. Problematisch erscheint freilich Schniders Aufnahme der Auslegungstradition, beide Söhne als »verlorene« zu bezeichnen. Vgl. die nächste Anm.

Ausgang, daß die zuletzt Angeworbenen denen gleichgestellt werden, die »die Last und Hitze des Tages getragen haben« (Mt 20,1–16).

2.5 Konflikte mit Gerechten

Was bereits der Vorwurf »Fresser und Säufer, Freund der Zöllner und Sünder« erkennen läßt, tritt teils in den Gleichnissen selber, teils in ihren Einleitungen noch deutlicher zutage: Jesu unkonventionelle Suche nach den Verlorenen in Israel ist Grund zum Protest und löst Konflikte aus. Sie impliziert Anfragen, mehr noch Kritik der anderen Hirten des Volkes, tangiert damit die Gruppe der Gerechten und fordert ihren Widerspruch heraus.

. . . zugunsten Israels: Wiederherstellung des Ganzen

Exemplarisch für den angesprochenen Zusammenhang ist der zweite Teil des Gleichnisses vom verlorenen Sohn, der von der Reaktion des älteren Bruders und seiner Begegnung mit dem Vater erzählt. Der Hinweis des Zuhausegebliebenen, er habe niemals ein Gebot des Vaters übertreten, charakterisiert ihn als Gerechten. Ebenso widerlegt die Antwort des Vaters auf seinen Vorwurf mangelnder ähnlicher Liebeserweise (»Kind, du *bist* allezeit mit mir und alles, was mein *ist, ist* dein«) die Deutung, der Ältere solle als der eigentlich Verlorene dargestellt werden[26]. Er bleibt vielmehr von der Zuwendung des Vaters umfangen. Aber weil diese Zuwendung beiden Söhnen gilt und die Freude des Vaters erst vollkommen ist, wenn sie nicht nur Söhne, sondern auch Brüder sind, darum bedeutet er dem Älteren, was jetzt zu tun an der Zeit wäre: »Du solltest dich freuen . . .«. Das einzige, was Jesus damit auf seinem Weg der Suche nach den Verlorenen von denen verlangt, zu denen er nicht gesandt ist, ist die Teilhabe an der Freude Gottes über die Wiederherstellung des Ganzen – nicht irgendwann, sondern jetzt, in Gestalt seines die Nähe der endzeitlichen

---

26. So J. Schniewind, Die Freude der Buße, 1956, 77: »Aber hier, in den abweisenden Worten des Frommen, vollzieht sich ein Bruch, der nun eine Trennung und eine Verlorenheit bedeutet, *weit über alles hinaus*, was des Jüngeren Verlorenheit war« (Hervorh. O.-S.). Man vergleiche diese gewaltsame Auslegung mit dem Text selber, dessen Tendenz sehr viel treffender von D. Flusser umschrieben ist, wenn er mit Blick auf das Wort des Vaters von dem »Stachel einer milden Mahnung« spricht (Die rabbinischen Gleichnisse und der Gleichniserzähler Jesus, Bern/ Frankfurt a.M./Las Vegas 1980, 306). Flussers Umschreibung hat um so mehr Gewicht, als er in der Kennzeichnung der Kritiker Jesu durchaus nicht zimperlich ist (vgl. 72 u.ö.).

Gottesherrschaft bezeugenden Wirkens[27]. Diese Forderung Jesu birgt virtuell den Vorwurf in sich, daß von ihnen, den Gerechten, hätte getan werden sollen, was nun von ihm begonnen wurde. Sie impliziert den Anspruch, mit seinem Tun stellvertretend für sie zu handeln. Und sie mag in Kreisen von Gerechten wie den Pharisäern als der bedeutendsten Gruppierung jener Zeit um so mehr sowohl auf Zustimmung wie auf Ablehnung gestoßen sein, als Jesus in gewissem Sinne in pharisäisches Erbe eintrat.

Das, was die Pharisäer bereits von ihrem Namen her kennzeichnet, ihr Abgesondertsein, ist ja kein Selbstzweck, vielmehr seinerseits Kampf darum, daß ganz Israel dem Willen Gottes entspreche und nicht nur ein Teil, Aufnahme der Weisung Gottes: »Ihr« – dh. ihr alle und nicht nur die im Tempel Amtierenden – »sollt heilig sein; denn ich bin heilig, der Herr, euer Gott« (Lev 19,2). Darum die Übernahme der levitischen Reinheitsgesetze durch diese Gruppe von Laien, darum ihre Ausbildung einer mündlichen, der schriftlichen gleichrangigen Tora, die den Gehorsam gegenüber dem Wort vom Sinai im Wandel der Zeiten ermöglichen soll[28]. Dem Miteinander von Ziel und Inhalt der Bewegung wohnt freilich ein schwer zu bewältigender Antagonismus inne. Darauf ausgerichtet, möglichst weite Teile, möglichst das ganze Volk zu erfassen und in ein Leben zu führen, das dem auf Heiligkeit und Heiligung zielenden Willen Gottes entspricht, müssen die Träger der Bewegung ihrem Leben und dem Leben der von ihnen Gewonnenen eine spezifische Gestalt geben. Sie müssen sich separieren von allem, was nicht heilig, was unrein ist nach der Norm der Gebote Gottes. Die Grenze zwischen Heilig und Profan,

---

27. In diesem spezifischen, eingeschränkten Sinne läßt sich vielleicht sagen, daß es auch im Falle des älteren Sohnes um »wiederzugewinnende Gemeinschaft« mit dem Vater geht. Schniders Folgerung (Söhne, 95, vgl. auch 66), es handele sich damit letztlich um »die wiederzugewinnende Gemeinschaft . . . aller mit dem Vater« (Hervorh. O.-S.) hingegen ist sowohl aufgrund der die Unterschiede zwischen den beiden Söhnen einebnenden Tendenz als auch im Hinblick auf die wohl doch von dogmatischen Interessen geleitete Ausweitung (»alle«) schwerlich haltbar. Ein gewisser Zweifel scheint sich bei ihm selber in Gestalt des Zusatzes »letztlich« zu melden. Eine ähnliche christologisch motivierte Überforderung des Textes ist es, wenn Mußner (Traktat, 339) die von Schnider (95) mit Recht betonte und von ihm auf den glücklichen Begriff der »Aktionseinheit mit Gott« gebrachte Entsprechung zwischen dem Handeln Gottes und dem Handeln Jesu dahingehend ausdehnt, Jesus habe ganz Israel »um sich« sammeln wollen.

28. Vgl. R. Meyer, Artik. *Pharisaios* A, in: ThWBNT IX (1973), 11–36, bes. 15. Weitere Lit. ebd., 11f, und bei Mußner, Traktat, 253, A.22.

zwischen Rein und Unrein wird ausgedehnt und doch zugleich von neuem scharf gezogen – als Grenze zwischen Gerechten und Sündern. Nicht, daß es unter den Pharisäern *auch* Heuchler gegeben hat, ist der Rede wert – es gibt sie zu allen Zeiten in allen religiösen und nichtreligiösen Gemeinschaften. Nicht, daß die pharisäischen Weisungen manche Anordnungen enthalten, die Außenstehende absurd anmuten, erscheint als problematisch – auch hier finden sich in allen anderen Gemeinschaften genügend Parallelen, und zumal die Kirche, die ihren Wurzelboden im wesentlich durch den Pharisäismus geprägten jüdischen Volk hat und zu deren Begründern mit Paulus ein ehemaliger Pharisäer gehört, dessen Existenz als Apostel in eminentem Maße von dieser seiner Vergangenheit gespeist wird, hat zum wenigsten Grund, sich bei dieser oder jener untypischen Begleiterscheinung aufzuhalten. Kennzeichnend scheint vielmehr im Horizont des Konfliktes zwischen Jesus und Pharisäern allein jener zuvor umschriebene Antagonismus. Von ihm her wird Jesu Suche nach den Verlorenen verständlich als Hinwendung zu denen, die von der pharisäischen Bewegung zwar vielleicht noch theoretisch erfaßt werden, insofern sie durchaus den Weg zur Umkehr kennt, nicht mehr jedoch praktisch.

Wiederum besteht auch in diesem Zusammenhang kein Grund, unter Berufung auf Jesus oder auch später auf Paulus angesichts jenes Antagonismus das Ende des Pharisäismus zu proklamieren. In modifizierter Form partizipiert die christliche Gemeinde geraume Zeit später durchaus an dessen Struktur. Sie weitet den Begriff des – heiligen – Volkes Gottes aus auf die Völker, vermag jedoch die Ausweitung selbst nur in Form der Separation von der Welt zu leben. Die paulinischen Briefe bezeugen diesen Zusammenhang ebenso wie – besonders anschaulich – zB. der 1. Petrusbrief. Er ermahnt die von ihm angeschriebenen christlichen Gemeinden, sich in Übereinstimmung mit dem, der sie als Heiliger berufen hat, in ihrem Wandel als heilig zu erweisen, fügt als Schriftbeweis die in der Ermahnung bereits indirekt aufgenommene Weisung Lev 19,2 hinzu und stellt die kleinasiatischen Christen so unter das Leitmotiv der pharisäischen Bewegung (1Petr 1,15f).

Vor dem dargelegten Hintergrund wird Jesu Hinwendung vornehmlich zu Sündern und Zöllnern als Handeln verständlich, das »Israel« keineswegs aufhebt, es vielmehr in seiner Ganzheit wiederherstellen will, indem es die Verlorenen auf unkonventionelle, anstößige Weise – durch Gemeinschaft mit ihnen – in die liebende, ihrem Durchbruch nahe Herrschaft Gottes einbezieht. In diesem Sinn steht das Wirken Jesu in Übereinstimmung mit der paulinischen Grundgewißheit, daß »ganz Israel gerettet« werde (Röm 11,26)[29]. Insofern Jesus aber mit seinem Handeln den Israel gegebenen Auftrag wahrnimmt, als *ganzes* Volk die Herrschaft Gottes auf sich zu nehmen, ist seine liebende Hinwendung zu den Armen stellvertretendes Handeln für das Gottesvolk.

. . . zugunsten Israels und der Völker: Zweifel an Rein und Unrein

Wie die Beispielerzählung vom barmherzigen Samaritaner gezeigt hat, reicht die Zuwendung Jesu so weit, daß sie – hier in Gestalt der Erzählung – den Fremden einschließt, so daß sich in seinem Wirken Ansatzpunkte für die spätere Deutung finden, die die Hinwendung zu den Völkern auf der Linie seiner Hinwendung zu den Unreinen in Israel sieht. In diesem Sinn schließt das Eintreten Jesu für Israel – zugunsten der Sünder und Zöllner und darin stellvertretend für das Volk bzw. seine Hirten – tendenziell ein Eintreten für die Völker ein. Auch dies Moment der Für-Struktur seines Wirkens läßt sich theologisch als solches im Rahmen seines stellvertretenden Handelns für Israel begreifen – als Wahrnahme dessen, was in der hebräischen Bibel Israel verheißen und aufgetragen ist mit der Zusage, Gott habe es zum »Licht der Völker« bestimmt (Jes 49,6).

Deutlicher noch als in jener Beispielerzählung kommt Jesu indirekte Tendenz in Richtung auf die Völker in seiner Stellungnahme zur Frage der Unterscheidung von Rein und Unrein zum Ausdruck. Der Evangelist Markus hat diesen Zusammenhang bereits dadurch kenntlich gemacht, daß er auf Debatte und Belehrung über Rein und Unrein (Mk 7,1–23) die Erzählung über das Gespräch Jesu mit der (heidnischen, also unreinen) Syrophönizierin und die schließlich von ihm gewährte Fernheilung ihrer besessenen Tochter folgen läßt (Mk 7,24–30). Als zentrale Aussage des gesamten Zusammenhangs Mk 7,1–23 ist unschwer das Wort Jesu in V 15 auszumachen: »Nichts, was von außen in den Menschen hineinkommt, kann ihn verunreinigen; vielmehr ist es das, was aus ihm herauskommt, was den Menschen verunreinigt.« Entsprechend hat man in diesem Wort den authentischen Kern der insgesamt auf die nachösterliche Gemeinde bzw. auf den Evangelisten Markus zurückgehenden Komposition Mk 7,1–23 gefunden. Hält man sich vor Augen, wie schwer sich Jesus selbst in der anschließenden Erzählung Mk 7,24–30 tut, der heidnischen Frau Gehör zu schenken, ja wie kraß er zunächst die Linie zwischen Israel und den Völkern (»Kinder« und »Hunde«) zieht, so kann man zwar

---

29. Zur Bedeutung des »endzeitlichen Ziels des wiederhergestellten ›ganzen Israel‹« für das Verständnis des Wirkens Jesu vgl. auch die Hinweise bei Maier, Jesus, 96.99.110 (Zitat 96).

mit einigem Grund bezweifeln, daß ein so weitreichendes Wort auf ihn zurückgehen sollte; und auch das Apg 10 berichtete Zögern des Petrus, die traditionelle Unterscheidung von Rein und Unrein aufzugeben, würde zumindest eine erhebliche Vergeßlichkeit bezüglich der Lehren des Meisters voraussetzen. Andererseits sind jedoch durchaus Gründe für die Annahme der Echtheit des Wortes gegeben. So entspricht es einmal einem breiten Strom der Jesusüberlieferung, indem es »das Innere«, dh. das Herz des Menschen, als die grundlegende anthropologische Größe im Gottesverhältnis benennt. Weiter könnte die in ihm sich bekundende Einstellung die Leichtigkeit erklären, mit der Jesus die Schranke auf dem Weg zu den kultisch Unreinen überwunden hat. Und nicht zuletzt vermag es zu erhellen, warum er mit Teilen seiner Zeitgenossen in Konflikt geraten ist[30]. Freilich wird man gerade dann, wenn man das Wort als authentische Überlieferung betrachtet, um so behutsamer in seiner Auslegung sein müssen. Zu pauschalisierenden Urteilen wie der Behauptung, Jesu Wort über Rein und Unrein bedeute – wie angeblich auch seine Stellung zu Sabbat und Tempel –, daß er »tatsächlich das Judentum von der Wurzel her durch Neues *aufhebt*«[31], besteht aus verschiedenen Gründen durchaus kein Anlaß.

30. Vgl. Käsemann, Problem, 207; ders., Jesus-Frage, 50. Fragwürdig sind freilich die von Käsemann geteilten traditionellen Tendenzen, Jesus als Zerbrecher der »Sphäre« »spätjüdischer Frömmigkeit« (Problem, 206) bzw. als Erschütterer der »Grundlagen des Spätjudentums« (ebd., 208) darzustellen und sein Verhältnis zur Tora als Grund seines Todes zu bestimmen (ebd. und Jesus-Frage, 51f). Vgl. dazu das Folgende.

31. So Goppelt, Theologie, 148. Goppelts auf den Sabbat bezogene Behauptung, das Gebot der Sabbatheiligung werde von dem Mk 3,4 überlieferten Grundsatz (Jesu) »gleichsam verschlungen« (145), ist angesichts dessen, daß es sich um eine jüdische Maxime handelt (s. Mechilta zu Ex 31,12), so maßlos, daß sie keiner weiteren Widerlegung bedarf. Ebenso entbehrt sein Urteil über den Kultus angesichts seines eigenen ausgesprochen tastenden Versuchs, Jesu Stellung zum Tempel zu erheben (147f), einer zureichenden Grundlage. Die einfache Überlegung, warum Jesus hätte den Vorhof »reinigen« sollen, wenn er den Kult hätte aufheben wollen, mag genügen, um anzudeuten, welche altbekannten dogmatischen Interessen hier auf seiten des Exegeten im Spiel sind. Siehe zur Kritik der theologischen Stilisierung der Auseinandersetzungen Jesu zu einem »grundsätzlichen Konflikt mit ›dem Gesetz‹« Maier, Jesus, 95ff (Zitat 95). K. Berger (Die Gesetzesauslegung Jesu, 1972, 473f) hat zudem nachgewiesen, daß sich verwandte Auffassungen im hellenistischen Judentum finden, also auch von hier aus kein Grund besteht zu behaupten, man befinde sich mit Mk 7,15 außerhalb des Judentums (vgl. 476). Gegenüber Bergers Annahme, der Spruch gehe deshalb nicht auf Jesus zurück, bleibt die Herleitung von ihm allerdings vielleicht doch die *lectio difficilior*«.

Erster Zeuge dafür ist der unmittelbare Zusammenhang, in dem das Wort im Markusevangelium überliefert ist, insofern Jesus mit einem Schriftwort – also aus der jüdischen Tradition selbst – auf den Einspruch der Fragesteller antwortet und gegen die »Überlieferung der Alten« polemisiert (Mk 7,1ff). Sodann kennt auch die rabbinische Überlieferung eine verwandte Auffassung von Rein und Unrein. So ist das Wort Rabban Jochanan ben Zakkais an seine Schüler tradiert, daß weder der (unbestritten als unrein geltende) Leichnam verunreinige noch das Wasser reinige, die betreffende Weisung über Rein und Unrein jedoch zu befolgen sei, weil es sich um eine Verordnung Gottes handele[32]. Man mag mit Recht darauf verweisen, daß Jesus mit seinem Wort in Mk 7,15 gerade die Verbindlichkeit der Halacha bestreitet, dh. jener Weisungen, die in Mk 7 als »Überlieferung der Alten« bezeichnet werden, nach jüdischer Auffassung wie die Schrift selbst (mündliche) Tora vom Sinai sind und deshalb den Rang von Geboten Gottes haben. Doch selbst wenn das Wort in diesem Sinne auszulegen ist, ist es noch immer als Urteil *auf* dem Boden des Judentums und nicht jenseits seiner zu begreifen. So ist im Mischna-Traktat Berachot (IX,5) als – vom Text bezeichnend abweichende – Auslegung von Ps 119,126[33] durch Rabbi Nathan die Erklärung überliefert: »Sie brachen dein (Gottes) Gesetz, *weil* es Zeit war, für den HERRN zu wirken.« Das heißt: »In Notzeiten kann es richtig sein, die Gebote Gottes, die in seinem Gesetz (Tora) enthalten sind, beiseite zu tun oder zu ändern: Das Gesetz (Tora) kann so am besten bewahrt werden, indem es gebrochen wird«[34]. Es dürfte sich schwerlich eine Aussage finden, durch die sich Jesu Wirken gerade als Wirken im Konflikt authentischer deuten ließe: als kritisches und eminent jüdisches Ringen auf dem Boden der Tora und nicht jenseits ihrer, in seinem jüdischen Volk und nicht jenseits seiner, zugunsten des Le-

---

32. Pesikta de Rav Kahana 40b. Die Aussage lautet wörtlich: »Bei eurem Leben, nicht der Tote verunreinigt, und nicht das Wasser macht rein, aber es (das Wasser bzw. die reinigende Kraft des mit der Asche von der roten Kuh gemischten Wassers) ist eine Verordnung des Königs aller Könige. Der Heilige, gelobt sei er, sprach: Eine Satzung habe ich festgesetzt, eine Verordnung habe ich angeordnet; kein Mensch ist ermächtigt, meine Verordnung zu übertreten; denn es heißt: ›Dies ist die Satzung der Tora, die der Herr geboten hat‹ (Num 19,2).« Vgl. zur Übersetzung und Erklärung Billerbeck I, 719, sowie die englische Übertragung von W. G. Braude/I. J. Kapstein, Pesikta de-Rab Kahana, London 1957, 82f. Bei Billerbeck sind auch die Parallelüberlieferungen genannt.

33. »Es ist Zeit, daß der Herr handelt; sie haben dein Gesetz gebrochen.«

34. H. Danby, The Mishnah (1933), Nachdr. Oxford 1977, 10, A.13. Vgl. auch unten, 89 mit A. 42.

bens dieses Volkes im Verhältnis zu Gott und nicht mit dem Ziel seiner Aufhebung. Nur unter dieser Voraussetzung gilt auch das, was jener Aussage Mk 7,15 den Völkern zugute innewohnt.

Exkurs: Zur sogenannten Aufhebung des Judentums durch Jesus

Gerade weil das Wort Jesu in Mk 7,15 durch die Zeiten hin zu *den* Kronzeugen der christlichen Auffassung gehört, daß Jesus nicht weniger als *alle* traditionellen religiösen Denkschemata im Judentum »zerbricht«, »aufhebt« oder dergleichen[35], scheint es angemessen, die Frage nicht nur den Interessen christlicher Theologen anheim zu geben, sie vielmehr sich in jüdischem Zeugnis spiegeln zu lassen. Dem großen Kommentar zu den synoptischen Evangelien von Claude G. Montefiore ist es zu danken, daß dies unter Vermeidung des mühsamen Verfahrens des Rückschließens unmittelbar möglich ist, dazu unter denkbar sachgemäßen hermeneutischen Voraussetzungen[36]. Die ausführliche Auslegung von Mk 7,15 durch Montefiore vereint hohe Wertschätzung des Wortes Jesu und Gespür für seine Brisanz mit einer klaren Unterscheidung zwischen dem Ort des Spruches in seiner Zeit und in der Moderne, in einem durch Orthopraxie und in einem durch Liberalität geprägten Kontext. Gerade weil Montefiore das Wort ausgesprochen extensiv auslegt und es nicht allein im Konflikt mit der (Reinheits-)Halacha[37], sondern mit Teilen der schriftlichen Tora sieht, vermag seine ungeachtet dessen bezeugte Hochschätzung des Spruches im Rahmen seiner eigenen *jüdischen* Existenz die Unangemessenheit der Rede von der »Aufhebung« *des* Judentums durch Worte wie Mk 7,15 um so nachhaltiger zu verdeutlichen[38].

35. Zur Kritik solcher Totalaussagen s. Maier, Jesus, 49.
36. C. G. Montefiore, The Synoptic Gospels I (1927), Nachdr. New York 1968, 152–163.
37. So Jeremias, Theologie, 203. Er lehnt den Bezug auf Bestimmungen wie Lev 11; Dtn 14,3–21 ab, aber nur, um erneut zu beweisen, daß Jesus »jeder Kasuistik ein Ende« macht (148). Des in diesem Zusammenhang schwierigen Wortes Mt 23,3 (»Alles, was sie euch sagen, tut . . .«) entledigt er sich dadurch, daß er es »überspitzt formuliert und ironisch gemeint« und den »Ton *ganz* auf der zweiten Hälfte mit ihrer scharfen Verurteilung des praktischen Verhaltens der Schriftgelehrten« findet, »*das ihre ganze Theologie Lügen straft*« (203, Hervorh. O.-S.). Dies *muß* anscheinend heraus, auch wenn im Text das Gegenteil steht. Man stelle sich im übrigen vor, Jeremias hätte dasselbe Kriterium auf die christliche Seite appliziert und entsprechende Schlußfolgerungen gezogen.
38. Die Evangelienauslegung Montefiores ist um so höher zu schätzen, als ihm der exegetische Antijudaismus mitteleuropäischer Provenienz nicht verborgen geblieben ist. Vgl. seine mehr als achtzig Jahre zurückliegende und, wie die genannten Beispiele zeigen, in erheblichem Maße immer noch gültige, im Anschluß an ein englisches antijüdisches Zitat notierte Glosse (Notes on the Religious Value of the Fourth Gospel, in: JQR 7, 1895, 44, A.1): »Wenn man diesem Satz bei irgendeinem unorthodoxen deutschen protestantischen Theologen begegnete, würde man ihm keine Beachtung schenken. Es scheint zu ihrem Geschäft zu gehören, das rabbinische Judentum zu mißdeuten – vielleicht liegt es in ihrem Blut.«

Die Stärke der Auslegung Montefiores liegt vor allem darin, daß er im Gegensatz zu landläufiger christlicher Exegese beide Seiten – das Wort Jesu und das Nein des großen Teils seiner Zeitgenossen – gleichermaßen abzuwägen weiß. Er bejaht das Gewicht, das Jesus auf das unreine menschliche Herz als Quelle aller Unreinheit legt, und stimmt ebenso der darin enthaltenen Absage an die Auffassung zu, man könne durch Dinge verunreinigt werden. Er bezieht jedoch auch den auf christlicher Seite oft vergessenen Tatbestand ein, daß sich die Beobachtung äußerer Reinheitsgebote und die gleichzeitige Ausrichtung auf innere Reinheit keineswegs grundsätzlich ausschließen[39], sosehr hier auch in der Praxis verzerrende Alternativen entstehen können. Nicht zuletzt macht Montefiore das Nein der Kontrahenten Jesu einsichtig, das von der Überzeugung geleitet ist, daß ethische Weisungen und solche über Rein und Unrein gleichermaßen biblisch verwurzelte Gebote und deshalb gleich verbindlich sind.

Problematisch erscheint lediglich die Lösung, die Montefiore für die von ihm dargelegte sogenannte Inkonsistenz Jesu – die Spannung zwischen seinem Ja zur ganzen Tora als verbindlicher Weisung Gottes einerseits, seinem impliziten Nein zu den Gesetzen über Rein und Unrein andererseits – vorschlägt, indem er meint, Jesus sei sich wahrscheinlich in dem Augenblick, da er das Wort formulierte, nicht über seine tatsächliche Tragweite im klaren gewesen. Von Bedeutung ist in diesem Zusammenhang zunächst Montefiores eigener Hinweis, daß es für einen »modernen«, dh. liberalen Juden durchaus möglich sei, sowohl die Speisegesetze zu halten und dies zu begründen als auch die Wahrheit des Wortes Jesu anzuerkennen. Belegt diese Position im Hinblick auf das liberale Judentum der Neuzeit, wie fragwürdig die Rede von der Aufhebung *des* Judentums aufgrund von Mk 7,15 ist, so kann es freilich nicht darum gehen, Jesus stillschweigend eine dem liberalen Judentum ähnliche Auffassung zu unterlegen. Wohl aber gibt das Beispiel Montefiores allen Anlaß zur Annahme, daß für Jesus in seiner Zeit prinzipiell ebenso möglich war, was für Montefiore in der seinen, freilich aufgrund eines *anderen* Begründungszusammenhangs. Wiederum dürfte auch hier Jesu Überzeugung von der andrängenden Nähe der endzeitlichen Gottesherrschaft der Grund für seinen Zweifel an der Bedeutung der Reinheitsgebote[40] und für seine Betonung des reinen Herzens als der entscheidenden menschlichen Realität im Gottesverhältnis sein. Wo die endzeitliche Gottesherrschaft wirklich mit Leib und Seele unmittelbar bevorstehend geglaubt worden ist – und nicht nur die Lehre ihrer Nähe überliefert wird –, haben Menschen auch zu anderen Zeiten Haus und Hof verlassen, Konventionen durchbrochen und andere als die überlieferten Akzente gesetzt, und zwar nicht um die von ihnen gelebte Welt aufzuheben, sondern um ihr so zu begegnen, wie es ihrer Auffassung nach dem anstehenden Kairos gebührte[41].

Folgerichtig gewinnen dort, wo die verkündete und geglaubte Nähe der endzeitli-

---

39. Siehe hierzu Lenhardt (Auftrag, 58f), der darauf hinweist, daß es im jüdischen Leben »keine *rein* rituellen Akte gibt« (Hervorh. L.).
40. Vgl. hierzu Maier, Jesus, 90ff.97f, sowie H. Merklein, Die Gottesherrschaft als Handlungsprinzip. Untersuchung zur Ethik Jesu, 1978. Merkleins Versuch der Einordnung von Mk 7,15 hebt sich durch ihre Behutsamkeit erfreulich von vielen anderen ab (293).
41. Reiches Material findet sich bei J. Gratus, The False Messiahs, London 1975. Vgl. auch Maier, Jesus, 84f.101; Blank, Paulus, 169f.

chen Gottesherrschaft durch die Dehnung der Zeit zur Ferne wird, die überlieferten Ordnungen von neuem an Gewicht, wenn auch vielleicht in anderer Gestalt. Geschichte und Gegenwart der Kirche mit ihren heiligen Räumen und Geräten, etwa mit der Gestaltung der Abendmahlsfeier bis hin zum Umgang mit Wein und Brot bzw. Oblaten, bieten dafür mannigfache Beispiele, aber ebenfalls bereits, wenn auch auf anderem Gebiet, der Apostel Paulus: Das die Tora des Mose verschärfende Scheidungsverbot Jesu (Mk 10,1–9) wird von ihm, obwohl er es als Herrenwort kennt und in Erinnerung ruft, *horribile dictu kasuistisch* relativiert (1Kor 7,10f). Um aber noch einmal unmittelbar auf den herumgeisternden exegetischen Spuk der sogenannten Aufhebung des Judentums oder der Tora durch Jesus, wie sie aufgrund von Sprüchen wie Mk 7,15 nur zu gerne proklamiert wird, zurückzukommen: Nach der wohl kaum bezweifelbaren Evangelienüberlieferung hat Jesus vor seinem Tod anscheinend mit derselben Selbstverständlichkeit, mit der er in der Zeit zuvor Gast in den Synagogen war, in Treue zur Tora des Mose das Passah gefeiert, ohne sich von einem zerstörerischen Zerbrechen aller jüdischen religiösen Kategorien auch nur träumen zu lassen. Deshalb dürfte die Art und Weise, wie die frühchristliche Gemeinde mit Worten wie Mk 7,15 umgegangen ist, indem sie hier dankbar eine Weisung in Richtung auf die Einbeziehung der Völker vernommen hat, nicht nur heilsamer, sondern zugleich auch jesuanischer sein.

Im Rahmen der Evangelien hat wohl neben Markus in seinem 7. Kapitel kaum jemand die Stellung Jesu zur Tora sachgemäßer überliefert als Matthäus im Zusammenhang der sogenannten Bergpredigt (Mt 5–7). Die Antithesen in Kap. 5 sind ganz ähnlich strukturiert wie die Aussagen in Mk 7,1–23, insofern hier wie da das jeweils auf das Herz des Menschen zielende Wort Jesu der »Überlieferung der Alten« gegenübergestellt, das Wort aber gerade nicht als Aufhebung von Tora und Propheten deklariert wird, sondern als deren Erfüllung (Mt 5,17). Schließlich dürfte ein weiterer Tatbestand von Gewicht sein, um Jesu Handeln als solches auf dem Boden des Judentums zu begreifen. Der kritische Umgang mit Geboten bis hin zur Außerkraftsetzung selbst einer biblischen Weisung der Tora um des Gehorsams willen ist im rabbinischen Judentum nicht nur wie in Berachot IX,5 im Sinne eines Lehrsatzes überliefert worden, vielmehr durchaus auch praktizierte Wirklichkeit gewesen. Die Aufhebung des Ordals von Num 5,1–5 durch Rabbi Eliezer ist dafür ein Beispiel unter vielen (Sota IX,9)[42].

42. Kap. IX des Traktats Sota bietet im übrigen noch weitere Beispiele für die Aufhebung einzelner Weisungen. Vgl. außerdem die mit Hilfe der oben zitierten Deutung von Ps 119,126 begründete Außerkraftsetzung einzelner Halachot im babylonischen Talmud (bJoma 69a; bGittin 60a; bTeruma 14b) und zur Autorität der Rabbinen, auch ohne Anhalt an den Schriften mosaische Gesetze gegebenenfalls zu suspendieren, G. F. Moore, Judaism in the First Century of the Christian Era I (1927), Nachdr. New York 1974, 259.

2.6 Tod von Römerhand

Nach einer bekannten Überlieferung des babylonischen Talmud (Baba Mezia 59a) wurde Rabbi Eliezer ben Hyrkanos aufgrund seiner abweichenden halachischen Entscheidungen trotz Zeichen und Wundern, die er als Erweis seiner Vollmacht anzuführen vermochte, vom Lehrhaus in Jabne um die erste Jahrhundertwende in Bann getan und ausgeschlossen. Ähnlich ist das Auftreten Jesu fraglos von Konflikten begleitet gewesen. In den Evangelien sind sie an vielen Stellen aufgrund späterer Auseinandersetzungen zwischen den frühen Gemeinden und ihren sich abweisend verhaltenden jüdischen Brüdern kräftig überzeichnet worden. Trotzdem mögen sie hier und da durchaus schärfer gewesen sein, als in der vorangehenden Skizze zum Ausdruck gebracht. Sie würden freilich selbst dann noch weit hinter der bei einzelnen biblischen Propheten überlieferten Polemik zurückbleiben[43]. Weitaus wesentlicher als diese Frage, weil von grundlegender Bedeutung, scheint eine andere Zäsur. Sämtliche Auseinandersetzungen Jesu mit seinen Zeitgenossen, die in die Zeit vor seinem Gang nach Jerusalem fallen, haben nichts mit seinem Ende zu tun. Ihr Bezug auf die Kreuzigung, der sich anfangsweise bei Markus findet und in den nachfolgenden Evangelien immer stärker ausgearbeitet worden ist, ist eine Konstruktion der Evangelisten. Die deutlichste Sprache spricht das Beispiel der Pharisäer. Nach Darstellung der ersten drei Evangelien begegnet kein einziger Vertreter dieser Gruppe als Akteur im Rahmen der Passionsgeschichte. Nach den Aussagen des gegenüber Markus etwa drei Jahrzehnte späteren Johannesevangeliums sind die Pharisäer – entgegen den tatsächlichen Verhältnissen – die treibende Kraft der Passion Jesu[44].

Der entscheidende Schritt zum Ende in Jerusalem wird nach den synoptischen Evangelien von Jesus selbst getan. Sein Einzug in die Stadt mit dem Flair eines Messiasprätendenten, von dem er anscheinend umgeben war, und seine provokatorische Handlung im Vorhof des Tempels waren für jene beiden Institutionen Grund genug zum Einschreiten, die dann tatsächlich partiell zusammengewirkt haben: das Synhedrium, dh. wohl vornehmlich seine mit den Tempelangelegenheiten befaßten sadduzäischen Kreise, und der römische Präfekt Pontius Pilatus[45]. Während der Hoherat – wohl von Beginn an unter

---

43. Vgl. Jes 30,8–17; Jer 6; 7u.a.
44. Vgl. P. Winter, On the Trial of Jesus, 1974².
45. Mit Recht hebt Maier (Jesus, 83) hervor, daß die Erwartungen von Zeloten, Sikariern, Jesus und früher christlicher Gemeinde ungeachtet aller Unterschiede der Bewegungen sämtlich »einen politischen Aspekt hatten . . ., da sie in jedem Fall

Mithilfe der römischen Besatzung in Jerusalem – seine Ergreifung betrieb und ihn nach dem ihm allein möglichen Verhör an den römischen Statthalter übergab, verurteilte ihn der Römer und ließ ihn kreuzigen. Die Angabe des Apostolikums – »gekreuzigt unter Pontius Pilatus« – ist hier ebenso denkbar exakt wie die haltlose, von Nächstenhaß diktierte Anschuldigung, »die Juden« hätten ihn getötet, anscheinend unaustilgbar. Es kann noch nicht einmal davon die Rede sein, »die Juden« hätten ihn ergreifen lassen und an Pilatus ausgeliefert. Wenn irgendwo, gilt vielmehr hier das Gebot der Genauigkeit, dessen Befolgung allenfalls die Rede von einer Mitwirkung des Synhedriums, wahrscheinlich nur von Teilen dieses Gremiums, an Ergreifung und Auslieferung erlaubt. Hier von »den Juden« zu reden ist von derselben Logik, wie wenn man behauptete, »die Römer« oder »alle Römer« bzw., da sich die Anschuldigung gegen »die Juden« ja in manchen Kreisen bis heute fortsetzt, »die Italiener« hätten ihn umgebracht – ganz davon zu schweigen, daß nach Aussage des Lukasevangeliums noch der sterbende Jesus den *wirklich* Beteiligten bereits vergeben hat (Lk 23,34). Allein schon gemessen daran ist auf die Passion Jesu sich berufende kirchliche Judenfeindschaft durch die Zeiten hin ein kontinuierlicher Akt des Ungehorsams gegenüber dem Herrn der Kirche gewesen. Und entsprechend sind Aussagen heutiger sogenannter Christen, die die am jüdischen Volk begangenen Verbrechen als Strafe für die Kreuzigung Jesu deuten, bereits von hier aus objektiv als theologische Lügen zu bestimmen, von der Grausigkeit des Gottesbildes, das von ihnen – oft Opfer unbelehrbarer Lehrer – angebetet wird, ganz abgesehen.

Auch wenn die Konflikte Jesu in der Zeit seines Wirkens bis zum Einzug in Jerusalem in keinem ursächlichen Zusammenhang mit seinem Ende stehen, so bedeutet dies doch keine Beziehungslosigkeit zwischen diesen beiden Stadien seines Wirkens. Vielmehr ist es gerade jener Hintergrund, wie er anhand der Gemeinschaft Jesu mit Sündern und Zöllnern skizziert wurde, vor dem auch sein Sterben und sein Tod theologisch zu verstehen und zu deuten sind. Nach Ausweis der synoptischen Evangelien hat Jesus in Jerusalem nicht mehr geheilt, vielmehr nur noch lehrend gewirkt. Die Gemeinschaft, in der er sich aufhält, ist die der Jünger, Urzelle und konstante Gestalt des wei-

einen grundlegenden Wandel der Verhältnisse erhofften und damit das Bestehende in Frage stellten – jedenfalls in den Augen derer, die die Macht ausübten und die politische Verantwortung trugen. Jesus brauchte also gar kein politischer Rebell gewesen zu sein, um als solcher angeklagt und verurteilt zu werden – und die Kreuzigung war die Strafe für Aufrührer«.

teren Kreises der »Sünder und Zöllner«. Das Verhältnis zur Jüngerschar in den Tagen der Passion wird in den Evangelien dargestellt als
zunehmende Verlassenheit dessen, der doch vornehmlich lebte, um
für andere einzutreten. Den Auftakt bildet die Untreue des Ischariot
(Mk 14,10f), es folgt das Gebet in der Einsamkeit von Gethsemane,
kontrastiert durch die schlafenden Jünger (Mk 14,32–42), schließlich
die Verleugnung Jesu durch den einzigen, der jetzt noch nachfolgt,
Petrus (Mk 14,53–72). In der raschen Folge von Verhör durch den
Hohenrat, Verurteilung durch Pilatus und Kreuzigung ist Jesus allein. Erst jetzt, da er von allen im Stich gelassen und dem Spott der
Umstehenden ausgeliefert ist (Mk 15,30–32), in der Isolation der Gemeinschaftslosigkeit, ergeht jener Schrei, der sein letztes Wort ist,
verzweifelt und vertrauensvoll zugleich: »Mein Gott, mein Gott, warum hast du mich verlassen?« (Mk 15,34 = Ps 22,2)[46]. Die antitheti-
sche Entsprechung der Zeiten ist schwerlich zu übersehen: In Gestalt
der Gemeinschaft mit Sündern und Zöllnern bringt Jesus diesen
Gruppen Gott nahe, in der Situation der Gemeinschaftslosigkeit, am
Ende seines Lebens, das alle Merkmale des Scheiterns trägt, erfolgt
jener Ruf: ». . . warum hast du mich verlassen?«[47] Das Ende – oder
mehr als das Ende?

   Christlicher Glaube antwortet auf diese Frage mit dem Bekenntnis
der Auferweckung Jesu und der Entfaltung dieses Bekenntnisses.
Damit ist auch der Weg für die weiteren Überlegungen vorgezeich-
net. Wie durch das Beispiel des letzten Satzes im Jesusbuch des jüdischen Gelehrten David Flusser – »Und Jesus verschied« – veranschaulicht[48], scheiden sich an dieser Stelle die Wege jüdischen und
christlichen Verständnisses des Mannes aus Nazareth. So mag hier
der Ort sein, noch einmal die wesentliche Frage zu berühren, welche
Bedeutung er für Israel hat, und zwar im Sinne einer Bedeutung, die
über die Auffassung hinausgeht, er sei ein Sohn Israels mit einer bedeutsamen Beziehung allein zu den Völkern.

---

46. Dies Gefälle der Passionsgeschichte ist einfühlsam nachgezeichnet in dem Schluß-
    dialog zwischen Pfarrer und Küster in Ingmar Bergmans Film »Licht im Winter«.
    Vgl. auch F. Stolz, Psalm 22: Alttestamentliches Reden vom Menschen und neute-
    stamentliches Reden von Jesus, in: ZThK 77 (1980), 147: »In der Passionsge-
    schichte ist alles darauf angelegt, daß Jesus allein ist in seinem Leiden«.
47. Die Frage, ob es sich dabei um eine historische Reminiszenz handelt oder ob der
    Ruf im Erzählen der Passion gewissermaßen biblisch ertastet ist, dürfte sich kaum
    mehr entscheiden lassen. Zum hohen Alter dieser Passionstradition s. Gese,
    Psalm 22, 14.17.
48. Siehe oben, 67.

2.7 Gutes aus Nazareth

Die skizzierten Darlegungen erlauben eine differenzierende Antwort auf die zuletzt in Erinnerung gerufene Frage. Für Sünder und Zöllner, für Unreine in Israel und tendenziell für Heiden ist Jesus nachweislich seines Wirkens der Mittler, der sie in die Gemeinschaft mit Gott bzw. unter seine Herrschaft führt. Für Juden, die in Gestalt ihres Lebens mit der Tora auf dem Weg Gottes sind, kommt ihm diese Funktion nicht zu. Vermögen Juden jedoch in Jesus den zu erkennen, der »Sünder und Zöllner« und die Gojim in das Reich Gottes, unter seine Herrschaft bringt, dann sehen sie ihn authentisch in der Weise, in der ihn Sünder und Zöllner wie Heiden erkennen. Sie freuen sich mit an der Umkehr der Verlorenen, ohne doch in die Nachfolge dessen einzutreten, der jene ruft. Sie erkennen ihn als den, der zumindest partiell stellvertretend die Aufgabe Israels wahrnimmt, Licht derer zu sein, »die im Schatten und Finstern des Todes« sitzen (Jes 8,23; Mt 4,16). Solches Verständnis läßt die Identität Israels und die Identität der christlichen Gemeinde unangetastet und begreift doch beide in ihrer – durch Jesus vermittelten – unauflöslichen Bezogenheit. So wird auf diesem Wege die traditionelle Antistruktur des Verhältnisses von Christen und Juden, soweit es das Verständnis Jesu betrifft, in eine Synstruktur verwandelt, ohne die Gefahr eines beziehungslosen Nebeneinanders beider herbeizuführen. Wie sich zeigen wird, ist damit Israels Aufgabe, selbst Licht der Völker zu sein, durchaus nicht aufgehoben[49]. Wohl aber ist – behutsam gesagt – die Voraussetzung gegeben, daß Juden Jesus mehr abzugewinnen vermögen als die – durch kirchliches Verhalten nur zu oft begründete – zweifelnde Frage des Nathanael: »Was kann aus Nazareth Gutes kommen?« (Joh 1,47).

3. Jesus Christus: Erstling der Entschlafenen

Von allen Titeln und Aussagen, mit denen Jesus von Nazareth nach seinem Tode bedacht worden ist, ist seine Bezeichnung als *aparchē tōn kekoimēmenōn*, als »Hebe (Erstling) der Entschlafenen«, der vielleicht wichtigste (1Kor 15,20). Er nimmt die für die gesamte urchristliche Geschichte grundlegende Gewißheit auf, daß Jesus von den Toten auferweckt worden sei und lebe, und deutet folgende Dimension dieser Gewißheit an: Die Auferweckung Jesu Christi ist Teil

---

49. Siehe unten, 168ff.

eines Ganzen; sie zielt auf »alle« (1Kor 15,22) – Israel, Völker und nichtmenschliche Schöpfung.

3.1 Die Identität des Lebendigen

Weil Jesu Auferweckung erst mit dem Ganzen zum Ziel kommt und in dessen Dienst steht, ist sie der Anfang der Erlösung, nicht schon diese selbst in ihrer Fülle und Vollendung. Der auferweckte Jesus wird damit, insofern er in einem zeitlich orientierten Geschehenszusammenhang gesehen wird, selbst zeitlich, dh. geschichtlich, verstanden. In diesem geschichtlichen Verständnis hält Paulus und hält wie er prinzipiell das gesamte Neue Testament in Aussagen über den Auferweckten durch, daß dieser kein anderer ist als der Gekreuzigte, der Mann aus Nazareth, dessen menschlich konstatierbares Leben am Kreuz endete. Für Paulus ist diese Identität von solch fundamentaler Bedeutung, daß er den Korinthern gegenüber behaupten kann: »Ich habe nichts unter euch zu wissen beansprucht außer Christus Jesus und diesen als gekreuzigten« (1Kor 2,2). Und für den Evangelisten Markus – um ein Beispiel aus diesem Bereich zu nennen – läßt sich der auferweckte Jesus im Prinzip ganz ähnlich allein durch das Erzählen vom irdischen aussagen. Markus bricht sein Evangelium in dem Augenblick ab, in dem der Leser oder Hörer eine Begegnung der Jünger mit dem auferweckten Jesus erwartet. So nötigt der Evangelist ihn, das Evangelium noch einmal von vorne zu lesen oder zu hören, um zu erfahren, wer der Auferweckte ist[50]. Diese Zusammenhänge verdeutlichen, wie auch der im Rahmen dieser Überlegungen folgende Versuch einer Interpretation der Verkündigung von der Auferweckung Jesu nur strukturiert sein kann, nämlich allein durch den strengen Rückbezug auf die Aussagen über Leben und Sterben Jesu von Nazareth.

3.2 Rückkehr zu den Verlorenen

Das Wirken Jesu – das, was von seinem Leben im Lande Israel erkennbar ist – stellt sich weithin als Gemeinschaft mit »Sündern und Zöllnern« dar. Es endet in einer Einsamkeit, wie sie nach Ausweis

---

50. Siehe die treffende Beobachtung von Maria Horstmann, Studien zur markinischen Christologie, 1973[2], 132: Markus fordere mit dem auf Galiläa weisenden Engelwort (16,7) »zu einer Relektüre des Evangeliums« auf, »um so dem Auferstandenen zu begegnen«.

der Passionsgeschichte (Mk 15,27–37) authentisch in Ps 22[51] umschrieben ist:

>»Alle, die mich sehen, verlachen mich,
>verziehen die Lippen, schütteln den Kopf:
>Er wälze die Last auf den Herrn,
>der soll ihn befreien!
>Der reiße ihn heraus,
>wenn er an ihm Gefallen hat!« (Ps 22,8f).

Die erlittene Anfeindung und Qual führen ans physische Ende:

>»Ich bin hingeschüttet wie Wasser,
>gelöst haben sich all meine Glieder.
>Mein Herz ist in meinem Leib
>wie Wachs zerflossen.
>Meine Kehle ist trocken wie eine Scherbe,
>die Zunge klebt mir am Gaumen,
>du legst mich in den Staub des Todes« (Ps 22,15f).

Leid- und Toderfahrung in der Verlassenheit von allen anderen begründen die Klage:»Mein Gott, mein Gott, warum hast du mich verlassen« (Ps 22,2), der die Bitte innewohnt:»Du aber, Herr, halte dich
nicht fern! Du, meine Stärke, eile mir zu Hilfe!« (Ps 22,20).

Das Bekenntnis der Gemeinde zur Auferweckung Jesu bezeugt im
Horizont dieses Psalms: Nicht die Klage über die Gottverlassenheit
hat das letzte Wort, sondern die Bitte um die Nähe Gottes. So heißt
Auferweckung Verwandlung der Verlassenheit in unverlierbare Gemeinschaft mit dem angerufenen Gott. Sie ist in diesem Sinne Überwindung des Todes, dessen Nähe die Klage hervorrief. Wie aber jene
Klage der Gottverlassenheit aufbricht in der Situation des Verlassen-

---

51. Übersetzung nach: Die Psalmen. Ökumenische Übersetzung, 1978. Gese (Psalm
22) hat richtig erkannt, daß der *ganze* Psalm für die Auslegung der Passion von Bedeutung ist. Seine von daher unternommene Deutung ist freilich mit Spannungen
belastet. Einerseits stellt er fest, es solle gezeigt werden, daß der, der die endzeitliche Gottesherrschaft »in seinem Leben verkündet hat«, sie »in seinem Tod herbei-
(führt)« (17). Andererseits urteilt er (ebd.), Einbruchstelle sei der Tod zusammen
»mit dem aus dem Tod herausrettenden Gotteshandeln«, und findet den »Ein-
bruch« wenig später noch deutlicher »in Tod *und Auferstehung* Jesu« (21, Hervor-
vorh. O.-S.). Die von Gese intendierte Interpretation bereits des Todes als Sieg erscheint deshalb als problematisch. Wie bereits der Kontext des Rufes Ps 22,2 im
Rahmen der Ausführungen zur Passion anders bestimmt wurde (s. oben, 92)
und die Rückbezüge auf den ganzen Psalm erst hier im Rahmen der Entfaltung der
Auferweckungsgewißheit hergestellt werden, werden deshalb auch im folgenden
die Akzente anders als bei Gese gesetzt.

seins von Menschen, so schließt Leben an der Seite Gottes, Teilhabe an seinem Leben, neue Gemeinschaft mit Menschen ein und überwindet die Situation der Verlassenheit. Die Gemeinschaft Jesu mit jenen, denen seine Zuwendung galt, entsteht von neuem. Dem Zeugnis von seiner Auferweckung gemäß ist er »der Erstgeborene unter vielen Brüdern« (Röm 8,29), der Sohn, aber nicht allein, sondern nur zusammen mit den anderen Söhnen und Töchtern, den Brüdern und Schwestern. Er ist zu Hause, neu zu Hause im Kreis derer, die seine Gemeinschaft bildeten und die nun neu konstituiert sind als Gemeinde.

Die Gegenwart Jesu im Kreis der Sünder und Zöllner, vertreten durch die Jünger als Nachfolger aus dem Am Haaretz, ist so das Zentrum der Botschaft von der Auferweckung des am Kreuz Verlassenen. Indem sich Jesus an den zurückgebliebenen Nachfolgern als lebendig erweist und sie seine Nähe erfahren, wird in diesem Kreis Wirklichkeit, was derselbe Psalm in die Worte faßt:

> »Ich will deinen Namen – den des Totenweckers –
> meinen Brüdern verkünden,
> inmitten der Gemeinde dich preisen.
> Die ihr den Herrn fürchtet, preist ihn,
> ihr alle vom Stamm Jakobs, rühmt ihn;
> erschauert alle vor ihm, ihr Nachkommen Israels!
> Denn er hat nicht verachtet,
> nicht verabscheut das Elend des Armen.
> Er verbirgt sein Angesicht nicht vor ihm;
> er hat auf sein Schreien gehört.
> Deine Treue preise ich in großer Gemeinde . . .
> Die Armen sollen essen und sich sättigen;
> den Herrn sollen preisen, die ihn suchen.
> Aufleben soll euer Herz für immer« (Ps 22,23–27).

Die aufgrund der Erfahrung der Nähe Jesu neubegründete Gemeinschaft der Nachfolger antwortet auf seine Rettung aus dem Tode vor allem in zweierlei Gestalt. Sie verkündet seine Auferweckung und harrt seiner Nähe im erneuten, durch Lobpreis und Dank gekennzeichneten gemeinsamen Brechen des Brotes[52].

---

52. Kaum entscheidbar dürfte freilich die Frage sein, wann die nachösterliche Mahlgemeinschaft die Gestalt des »Herrenmahls« gefunden hat. Zu seinem Verständnis als *todah*, dh. als »Bekenntnisopfermahl«, s. die erwägenswerten Ausführungen von Gese, Psalm 22, 17ff.

3.3 Aufbruch zu den Völkern

Nur geraume Zeit bleibt die Gegenwart Jesu auf jenen kleinen Kreis begrenzt, setzt sich dort seine Suche nach den Verlorenen fort. Bewegt durch die Erfahrung seiner lebendigen Gegenwart, beginnt die Gemeinde seinen Tod als Tod zu ihren Gunsten, »für uns«, ja »für alle« zu verstehen, nicht nur in Israel, sondern unter den Völkern. In konfliktreichem Ringen werden die ersten Schritte in Richtung auf die Völkerwelt getan, wird die Tür dorthin geöffnet, langsam, zögernd, im Widerstreit der Auffassungen, die sich auf Jesu Begrenzung auf Israel einerseits, seine Tendenzen hin zu den Gojim andererseits berufen. Die Gegenwart Jesu beginnt sich durch die Verkündigung des Evangeliums in die heidnische Welt zu erstrecken, und insofern sie abhängig ist von der Verkündigung des Gottes Israels in der Völkerwelt[53], gewinnt das Psalmwort eine weitere, vom bisherigen missionarischen Wirken Israels abweichende und doch nicht von ihm zu trennende Dimension:

> »Alle Enden der Erde sollen daran denken
> und werden umkehren zum Herrn:
> Vor ihm werfen sich alle Stämme der Völker nieder« (Ps 22,28).

Bisher wurden von Israel Menschen aus den Völkern allein so in das Volk Gottes hineingeführt, daß sie zu Juden verwandelt wurden. Jetzt bricht eine Gruppe aus Israel auf, um unter Berufung auf Jesus Christus mit Heiden zusammenzuleben, ohne sie auf das Beschneidungsgebot, auf andere rituelle Anweisungen und in diesem Sinne auf den Übertritt ins jüdische Volk zu verpflichten. Sie dürfen vielmehr Nichtjuden bleiben, so wie sich die werbende Gemeinde des Anfangs ihrerseits weiterhin als Teil des jüdischen Volks empfindet. In dieser Ausweitung der Gegenwart Jesu gewinnt ein grundlegendes biblisches Thema neue Gestalt.

Exkurs: Israel und die Völker

Dies Thema erhält spätestens seit der Zeit des babylonischen Exils zunehmendes Gewicht[54]. Abgrenzung von den Völkern einerseits, werbender Zugang auf sie vor allem in der Diaspora andererseits, sind die bestimmenden Momente im Verhältnis des Gottesvolkes zu den sie umgebenden oder auch beherrschenden Nationen. Je nach den politischen Umständen dominiert das eine oder andere Moment. Kann Gott so zB. nach dem Zeugnis Deuterojesajas gegen Ende des Exils den Perserkönig Kyros, Befreier auch der jüdischen Gemeinde von der babylonischen Herrschaft, als »Gesalbten« an-

---

53. Vgl. 1Thess 1,9f; Apg 17,16–34.
54. Vgl. hierzu auch unten, 170ff.

reden (Jes 45,1), so ist im 2. Jahrhundert nach Ausweis des Danielbuches die Zer-
schmetterung der Reiche dieser Welt das einzige, was er für sie übrig hat (Dan 2,44).
Die Epoche, in der das Verhältnis Israels und seines Gottes zu den Völkern diesen
kaum mehr überbietbaren destruktiven Ausdruck findet, ist die der Makkabäer. Sie
lehrt, daß die aggressive Bestimmung des Verhaltens des Gottes Israels zu den Völkern
der Welt insbesondere dann hervorgerufen wird, wenn die Identität Israels als Gottesvolk gefährdet, dh. Toragehorsam und Tempelgottesdienst angetastet werden[55]. Wesentliche Voraussetzungen der folgenden Geschichte Israels bis zur Zerstörung des
Zweiten Tempels werden in dieser Zeit geschaffen. Der Kampf der überlieferungs-
treuen Juden gegen die hellenistisch-syrischen Herrscher und gegen die hellenistische
Oberschicht im eigenen Volk endet zwar siegreich, doch er bringt keinen Frieden.
Kaum haben die Makkabäer die Oberhand gewonnen und greifen über das ursprüngliche Ziel der Wiederherstellung des Tempelgottesdienstes hinaus, begegnen im Lande
verschiedene Gruppen, die – teils in heftigem Gegensatz – um die Darstellung des gehorsamen Israel ringen; sie bezeugen damit die bleibende Diskrepanz zwischen dem,
was Israel sein soll, und dem, was es unter den makkabäischen bzw. hasmonäischen
Herrschern mit ihrem unrechtmäßigen Griff nach der Hohenpriesterwürde ist. Hierzu
gehören die Gemeinde vom Toten Meer, die Pharisäer, vielleicht auch die Sadduzäer –
die beiden letztgenannten Gruppen in wechselnden Koalitionen mit den Regierenden.
Später treten andere Gruppen hinzu: die Zeloten, die Jüngergemeinschaft Johannes
des Täufers, die Schar Jesu von Nazareth.
   Die umstrittene Herrschaft der Hasmonäer, die Israel politisch geraume Zeit noch
einmal Unabhängigkeit gewährt, umfaßt ein knappes Jahrhundert, dann, vom Jahre 63
vChr. an, sind die Römer auch Herren dieser Region des Vorderen Orients. Teils haben sie mittelbar das Wort, wie durch Herodes und seine Söhne, teils unmittelbar, wie
in der Provinz Judäa ab 6 nChr. In der rabbinischen Überlieferung heißen die römischen Besatzer später, nach der Zerstörung des Tempels, »die frevelhafte Herrschaft«[56]. Ähnlich werden sie bereits zuvor von den meisten im Volk verstanden sein,
ausgenommen allenfalls die Sadduzäer, jene, denen ein Anteil an der Macht geblieben
war. Wenn ein christlicher Ausleger unserer Tage ein Bild vom Leben des jüdischen
Volkes im Land Israel zur Zeit Jesu zeichnet, das es als »krank und von Gegensätzen
erfüllt« zeigt[57], so mag das zweite Merkmal stimmen, trifft es doch mehr oder weniger
für jede Zeit und Gemeinschaft zu. Das erste hingegen geht am Kern der Konflikte
vorbei. Es läßt das – wie nicht zuletzt der jüdische Krieg gegen Rom 66–70 bzw. 74 zeigt
– bestimmende Kennzeichen jener Zeit außer acht, die Unterdrückung des Volkes
durch die römische Fremdherrschaft. Deshalb dürfte der enttäuschte Seufzer der Emmausjünger – »Wir aber hofften, daß er es sei, der Israel befreien würde« (Lk 24,21) –
sehr viel sachgemäßer wiedergeben, was in weiten Kreisen des jüdischen Volkes zur

---

55. Im Neuen Testament spiegelt dies auf ihre Weise die Stephanusgeschichte wider
    (Apg 6,8ff).
56. Vgl. bBerachot 61b; bAboda Sara 9a u.ö. Zur Beurteilung der römischen Regie-
    rung durch die Rabbinen s. auch Schechter, Aspects, 106ff.
57. W. Grundmann, Das palästinensische Judentum im Zeitraum zwischen der Erhe-
    bung der Makkabäer und dem Ende des Jüdischen Krieges, in: J. Leipoldt/W.
    Grundmann (Hg.), Umwelt des Urchristentums I, 1971[3], 286.

Zeit Jesu erhofft und worunter entsprechend aktuell gelitten wurde. Zentrale Gebete wie das Achtzehnbittengebet, das Kaddisch und das Alenu bekräftigen dies ebenso wie andere Zeugnisse, die eindeutig in jene Zeit zurückreichen.

Die Anfeindung Israels ist dabei nicht auf das im Lande lebende Volk beschränkt. Im Jahre 38 erleidet die große jüdische Gemeinde in Alexandrien einen Pogrom, der von ihrer heidnischen Umwelt angezettelt wird. Und auch wenn diese extreme Form der Feindschaft nicht alltäglich war, so geben doch bei römischen Schriftstellern überlieferte Äußerungen zu erkennen, daß zu gegebener Zeit mit Spott und Verleumdung zu rechnen hatte, wer sich in der Diaspora zur Synagoge hielt und sich als Jude bekannte[58]. Ungeachtet dessen übte die jüdische Gemeinde eine außerordentliche Anziehungskraft aus. Neben Proselyten im engeren Sinne kannte sie die Gruppe der »Gottesfürchtigen«, vom Leben der jüdischen Gemeinde angezogene Zeitgenossen, die sich zur Synagoge hielten, ohne doch den Übertritt zu vollziehen.

Im Rahmen des Verhältnisses Israels zu den Völkern sind damit im 1. Jahrhundert nChr., zur Zeit der Entstehung von Gemeinden Jesu Christi, vor allem folgende Aspekte zu verzeichnen: intensive Hoffnung auf die Befreiung von der römischen Besatzungsmacht, Absage an heidnischen Götzendienst und werbendes Zeugnis für den einen, den Gott Israels. Die Möglichkeiten, die sich in diesem Rahmen zur Überwindung sei es der von Feindschaft bestimmten Antithetik, sei es der Differenz zwischen Israel und den Völkern zeigen, sind die Hoffnung auf ein befreiendes Handeln Gottes ohne oder unter Mithilfe von seiten des Volkes sowie die Werbung von Heiden (Gojim) für den Übertritt in das jüdische Volk oder auch für sympathisierende Teilnahme am Leben der jüdischen Gemeinschaft ohne Vollzug der vollen Eingliederung in sie.

Nur für die letztgenannte Schar trifft damit zu, daß sie *als* Heiden, *als* Gojim, in einem Verhältnis der Zuwendung oder der Freundschaft zum jüdischen Volk stehen, ohne ihren Status als Nichtjuden aufzugeben. Dies gleichzeitige Verharren im bisherigen Stand hat freilich zur Folge, daß sie, wenn sie auch willkommen sind, so doch nur den Status von Gästen innehaben und nicht im vollen Sinne zur Gemeinde gehören.

Genau an dieser Stelle geschieht der weiterführende Schritt der christlichen Gemeinden, zwar nicht begründet, aber entscheidend gefördert, ja vorangetrieben von Paulus, Apostel für die Völker. »Da

---

58. Vgl. M. Stern, Greek and Latin Authors on Jews and Judaism I/II, Jerusalem 1976/ 1980, bes. I, 429ff.512ff.521ff (Seneca, Quintilian, Martial); II, 1ff.94ff (Tacitus, Juvenal); I. Heinemann, Artik. Antisemitismus, in: Pauly-Wissowa, Realencyclopädie der classischen Altertumswissenschaften Suppl. V (1931), 3–43; J. N. Sevenster, The Roots of Pagan Anti-Semitism in the Ancient World, Leiden 1975, 89ff; Conzelmann, Heiden, 95ff.

ist nicht Jude noch Grieche, da ist nicht Sklave noch Freier, da ist nicht männlich und weiblich; denn ihr seid alle einer in Christus Jesus« (Gal 3,28; vgl. 1Kor 12,13). Was zählt, ist nicht Beschnittensein oder Unbeschnittensein, sondern das Vertrauen, das dem »Wort vom Glauben«, der Verkündigung der Auferweckung Jesu und seiner darin begründeten Stellung als Kyrios, entgegengebracht wird (Röm 10,8f). Durch Jesus Christus und die glaubende Annahme des ihn vergegenwärtigenden Evangeliums auf seiten von Juden und Heiden, beides erste messianische Phänomene, sieht Paulus die Verheißungen wirksam werden, mit denen die Schrift das Ziel der Wege Gottes kennzeichnet: Juden preisen Gott inmitten der Völker (Röm 15,9 = Ps 18,5), die Völker wiederum jubeln zusammen mit dem Volk Gottes (Röm 15,10 = Dtn 32,43LXX). In solcher Einheit, die das Gegeneinander von Juden und Griechen überwindet, erweist sich Jesus Christus nach Paulus zugleich als »Diener der Beschnittenen« (Röm 15,8) und als der, »auf den die Völker hoffen« (Röm 15,12 = Jes 11,10).

Weil dies durch Jesus Christus erschlossene Miteinander von Juden und Völkern das Zentrum seiner Botschaft ist, darum liegt Paulus alles daran, daß sein Evangelium von der jüdischen Gemeinde Jesu Christi in Jerusalem anerkannt und nicht etwa von dort die Gemeinschaft aufgekündigt wird; würde doch in diesem Fall nicht weniger gelten, als daß er sich umsonst gemüht hätte (Gal 2,2). Seine verschiedenen Reisen nach Jerusalem und die Kollekte für die Urgemeinde zeigen, daß für ihn wie für jeden anderen Juden Jerusalem die Mitte der Welt ist und die Verkündigung des Evangeliums für die Völker in Übereinstimmung mit der Schrift zur Folge hat, daß nun auch sie in die Orientierung auf Jerusalem, in Gestalt der Bindung an die dortige Urgemeinde, einbezogen werden. Die Völker sind Schuldner der Heiligen Jerusalems, Teilhaber an ihren Geistesgaben, und darum verpflichtet, ihnen in Gestalt materieller Hilfe Dienste zu leisten (Röm 15,27) – so ist das eindeutige Gefälle im Verhältnis Israel – Völker, wie es durch Jesus Christus konstituiert ist.

3.4 Ende der Feindschaft

Versöhner der Gemeinde aus Juden und Heiden

Der Paulusschüler, der den Epheserbrief verfaßt hat, ist gewiß in mancher Hinsicht schwerlich in den Spuren seines Meisters gewandelt. Jene Mitte der paulinischen Verkündigung, die Einheit von Juden und Heiden, hat er jedoch in ihren Grundzügen wie kein anderer erfaßt[59]: Die Völker standen einst – ohne Jesus Christus – im Verhältnis der Fremdheit zur Gemeinschaft Israels, waren unberührt von den verheißenen Bundeszusagen, ohne Hoffnung und Gottesbindung. Nun aber sind sie, die einst fern waren, nahegebracht durch sein Blut:»Denn er ist unser Friede, der beide – Israel und die Völker – eins gemacht und die trennende Scheidewand beseitigt hat, die Feindschaft«(Eph 2,14), indem er sie am Kreuz tötete (Eph 2,16). So »ist er gekommen und hat Frieden verkündigt euch, den Fernen, und Frieden den Nahen; denn durch ihn haben wir beide in einem Geist den Zugang zum Vater«(Eph 2,17f). Wenn der Verfasser die Beseitigung der Feindschaft am Kreuz darin erblickt, daß Jesus Christus »das Gesetz der Gebote mit den Anordnungen beseitigte«(*katargein;* Eph 2,15), so bedient er sich zwar einer höchst problematischen Wendung, für die er sich schwerlich auf Paulus berufen kann. Der Apostel verneint genau diese Frage, ob denn das Gesetz durch Jesus Christus bzw. den Glauben beseitigt würde (*katargein*), entschieden, um das gerade Gegenteil zu behaupten (Röm 3,31). Sieht man jedoch in der zitierten Wendung eine Umschreibung des Sachverhalts, daß der Gehorsam gegenüber den rituellen Geboten des jüdischen Volkes nicht mehr konstitutives Moment der Gottesnähe ist, so ist der Zusammenhang mit der paulinischen Verkündigung gewahrt.

In jedem Fall liegt die Stärke des Epheserbriefes gegenüber manchen modernen Auslegern darin, daß er sich nicht in irgendwelchen abstrakten Reden von Jesus Christus als »Ende des Gesetzes« ergeht[60], sondern zum einen einschränkend vom »Gesetz der Gebote« spricht und zum anderen, noch bevor er diesen Aspekt nennt, bereits positiv und vorwärtsweisend den Ertrag des Todes Jesu aussagt: Er hat – als »unser Friede« – der Feindschaft zwischen Israel und den Völkern ein Ende gemacht. Erlaubt die Formel »Christus des Gesetzes Ende« ein bequemes theologisches Dasein, insofern sie als erste Christenpflicht die Polemik gegen die Tora suggeriert, so verhält es sich anders, wenn das Evangelium wie im Epheserbrief wirklich als frohe Botschaft, als Kunde des Friedens und darum vom Ende der Feindschaft, formuliert wird. Dann nämlich ist nicht in erster Linie das jüdische Volk nach seinem Umgang mit der Tora, sondern die christliche Gemeinde nach *ihrem* Umgang mit diesem ihrem Evangelium des Friedens, der Versöhnung, des Endes der Feindschaft ge-

59. Eph 2,11–22, bes. 2,14, gehört deshalb mit Recht seit langem zu den für das christlich-jüdische Verhältnis zentralen Texten. Vgl. zB. M. Barth, Israel, 5ff, und zuletzt Immer, Erneuerung, 22.

60. Siehe hierzu auch oben, 56, A. 42, sowie unten, 190 A. 7.

fragt. Die Relevanz dieser Frage aber lehren Theologie- und Kirchengeschichte gleichermaßen. Gemessen an dem, was von Paulus und was hier in besonderer Dichte von einem seiner Schüler als Evangelium dargetan wird, lesen sie sich zu erheblichen Teilen als Zeugnisse nicht des Gehorsams, sondern des Ungehorsams. Nur zu verständlich wird das Nein Israels, wenn die Friedenskunde als antijüdische Einstellung gelebt, wenn das messianische Ereignis – sei es in seiner christologischen, sei es in seiner ekklesiologischen Perspektive – schon bei denen, die sich doch zu ihm bekennen, so wenig von dem zu erkennen gibt, was es doch vor allem einschließen soll: Frieden nicht nur für einen kleinen Kreis, sondern für alle, gerade auch die anderen.

Der ganze Sachzusammenhang hat somit zwei Dimensionen, auch bereits im Neuen Testament: eine inner- und eine außergemeindliche. Zwar gibt es die These, daß der Epheserbrief in Kap. 2 nicht auf das Verhältnis von Juden(christen) und Heiden(christen) in der Gemeinde reflektiere, sondern im allgemeinen Sinne von Juden und Heiden spreche, unabhängig von ihrer jeweiligen Einstellung zur Verkündigung von Jesus Christus[61]. Doch so hilfreich es wäre, wenn diese Deutung zuträfe, läßt sie sich ebensowenig halten[62] wie die These desselben Verfassers, der Epheserbrief stamme wahrscheinlich nicht von einem Paulusschüler, sondern vom Apostel selbst[63]. Bei beiden Thesen ist der Wunsch der Vater des Gedankens. Handelt es sich aber in dem Abschnitt Kap. 2,11–22 des Epheserbriefes um eine – Heidenchristen aufklärende (vgl. Eph 2,11 u.ö.) – Auslegung des Miteinanders von »Israel« (Juden) und »Völkern« (Heiden) in der Gemeinde Jesu Christi, so zeigt allein schon das Faktum dieser Belehrung, wie wenig bereits zu dieser Zeit, noch im 1. Jahrhundert, den Heiden in der Gemeinde klar ist, wer sie eigentlich sind: Fremde, durch Jesus Christus nahegebracht und ohne das Miteinander mit der Gemeinschaft Israels, vertreten durch die Juden in der Gemeinde, fremd den verheißenen Bundeszusagen, ohne Hoffnung und ohne Gott in der Welt (Eph 2,12). Es ist schwer auszumachen, ob der Verfasser des Briefes auf einen tatsächlichen Konflikt zwischen Heiden und Juden in der oder den Gemeinden seiner Zeit einwirken oder ob

---

61. M. Barth, Israel, 18f.
62. Zur Kritik s. zB. K. M. Fischer, Tendenz und Absicht des Epheserbriefes, 1973, 81f.
63. Vgl. zB. die von Kümmel (Einleitung in das Neue Testament, 1980[20], 314ff) zusammengefaßten und ergänzten schlagenden Gründe gegen die Möglichkeit paulinischer Verfasserschaft.

er im allgemeineren Sinne über die konstitutive Orientierung der Völker an der Gemeinschaft Israels auch in der Kirche belehren will. So oder so zeigt sich, daß schon wenige Jahrzehnte nach Entstehung der ersten Gemeinden in der Diaspora das Bewußtsein geschwunden ist: »Nicht du trägst die Wurzel, sondern die Wurzel trägt dich« (Röm 11,18). Tatsächlich ist auch dem Epheserbrief kein bleibender Erfolg bei dem Versuch beschieden gewesen, solches Bewußtsein zu schaffen, ja mehr noch, in gewissem Sinne ist er trotz dieses Versuchs seinerseits nicht nur Zeuge, sondern auch Teilhaber einer das volle Evangelium verengenden Entwicklung. Sosehr der Verfasser einerseits in Kap. 2 das Miteinander von Juden und Heiden in der Gemeinde Jesu Christi als wesentliches Merkmal von Kirche herausstellt, sowenig hat Israel, sofern es nicht ans Evangelium glaubt, nach Ausweis des ganzen Briefes noch einen Platz in seiner Verkündigung[64] – anders als bei Paulus, den er doch vertreten will.

Versöhner der Gemeinde mit Israel

Jenes Zitat aus dem Römerbrief, das über Israel – repräsentiert durch die Juden in der Gemeinde – als Wurzel, über die Völker als (aufgepfropfte) Zweige aufklärt, belegt, daß über das wahre Verhältnis von Juden und Heiden in der Gemeinde bereits Jahre zuvor zur Zeit des Paulus selber Unklarheit herrschte. Der Apostel ist jedoch in jenem Zusammenhang Röm 9–11 anders als der Epheserbrief vorrangig nicht innergemeindlich orientiert, sondern an dem Verhältnis der Gemeinde aus Juden und Heiden zu Israel, sofern es die Verkündigung des Evangeliums ablehnt. Was später weithin als selbstverständlich und im Bewußtsein von Christen als schriftgemäße Auffassung galt, hat Paulus schon in den fünfziger Jahren in seinem Brief an die Gemeinde in Rom zu bekämpfen versucht, die überhebliche, israelfeindliche Auffassung, Gott habe sein Volk aufgrund seines Neins zu Jesus Christus verstoßen (Röm 11,1f). Der Tatbestand dieser Einstellung unter den heidnischen Gliedern der römischen Gemeinde zeigt, wie weit das Phänomen zurückreicht, daß Gemeinden Jesu Christi sich nicht nur als unfähig erweisen, das Verhältnis der Feindschaft zwischen den Völkern und Israel zu mildern bzw. zu transformieren, vielmehr sich selbst als Feinde aus den Völkern darstellen. Zum Teil haben sie darüber hinaus, in Gestalt der Mission, wohl eher noch neue Feinde hinzugewonnen – so mancher der »Gottesfürchtigen«, dh. der Freunde der jüdischen Gemeinschaft, mag nach seiner Hin-

---

64. Vgl. A. Lindemann, Die Aufhebung der Zeit, 1975, 253; Stegemann, Alt, 531; Osten-Sacken, Anstöße, 146f.

wendung zur Gemeinde Jesu Christi in den Sog christlicher antijüdischer Attitüden geraten sein.

Der paulinische Kampf gegen solches Verhalten verdeutlicht, daß es auf einem grundlegenden Mißverständnis des Verhältnisses Israel – Völker beruht, wie es im Licht des Evangeliums erscheint, mehr noch, daß es auf eine Preisgabe des Evangeliums selbst hinausläuft. Denn nur so erklärt sich, daß der Apostel dem, der sich über Israel erhebt, nicht weniger als das Gericht Gottes ansagt (Röm 11,21f). Seinem Verständnis nach schließen entsprechend das Evangelium und seine gehorsame Annahme nicht nur das messianisch bestimmte Phänomen der einen Gemeinde aus Juden und Griechen ein, sie implizieren vielmehr auch ein Verhalten zu Israel insgesamt, das durch die Gewißheit der bleibenden Erwählung des Volkes und der rettenden Barmherzigkeit Gottes in Gegenwart und Zukunft gegenüber seinem Volk bestimmt ist. Wenn denn die Rückbindung an die Schrift für Theologie und Kirche einen Sinn hat, dann sind ihre Aussagen an diesem Punkt mit besonderer Sorgsamkeit zu hören.

Paulus hat seine Botschaft nur an verhältnismäßig wenigen Stellen mit Hilfe des Motivs der Versöhnung und ihm zugehöriger Begriffe formuliert[65]. Aus dieser quantitativen Betrachtung qualitative Rückschlüsse zu ziehen wäre jedoch aus mehreren Gründen verfehlt. Erstens erfolgen Aufnahme und partielle Entfaltung jenes Motivs jeweils an wesentlichen Stellen seiner Briefe (Röm 5,1–11; 2Kor 5,17–21). Zweitens sind die Versöhnungsaussagen in den genannten Abschnitten theologisch in den Strukturen der für Paulus unbestritten zentralen Rechtfertigungsverkündigung erarbeitet und eng mit dieser verwoben, so daß sie nicht etwa als erratischer Block erscheinen[66]. Und drittens begegnen einzelne wichtige Begriffe aus dem Zusammenhang der Versöhnungsverkündigung, wie etwa insbesondere der des Friedens, in breiter Streuung und wiederum an aufschlußreichen Stellen in den Briefen des Apostels. So scheint es eher ein Zufall zu sein – bedingt durch die konkreten Auseinandersetzungen des Apostels –, daß er seine Botschaft nicht in derselben Breite als Botschaft von der Versöhnung der Feinde wie als Verkündigung der Rechtfertigung der Sünder entfaltet hat. Der konstitutive Ausgangspunkt der theologischen Reflexionen in diesem Zusammenhang ist jeweils derselbe: die Gewißheit von Tod und Auferweckung Jesu Christi »für

---

65. Vgl. Käsemann, Erwägungen, 48.
66. Vgl. ebd. sowie unter den Texten insbes. Röm 5,1–11 im Zusammenhang mit Röm 6–8, vor allem Röm 8, und dazu N. A. Dahl, Two Notes on Romans 5, in: Studia Theologica 5 (1951), 37–48, sowie Osten-Sacken, Römer 8, 57ff.124ff.

uns«, »für die vielen«, dh. allen zugute, als Erweis seiner Liebe bzw. der Liebe Gottes in ihm. Besonders eindrücklich wird dies durch den Zusammenhang Röm 5,8–10 veranschaulicht:

> »Gott aber stellte seine Liebe zu uns dadurch unter Beweis, daß Christus, als wir noch Sünder waren, für uns starb – um wieviel mehr nun werden wir, jetzt zu Gerechten gemacht durch sein Blut, durch ihn vor dem Zorn (Gericht) gerettet werden.
>
> Denn wenn wir, als wir (noch) Feinde waren, versöhnt wurden mit Gott durch den Tod seines Sohnes, um wieviel mehr werden wir, versöhnt, gerettet werden (vor dem Zorn) durch sein Leben.«

Ähnlich heißt es in 2Kor 5,17–21:

> »Wenn jemand in Christus ist, ist er neue Schöpfung. Das Alte ist vergangen, siehe, Neues ist geworden – das alles aber von Gott her, der uns mit sich versöhnte durch Christus und uns den Dienst der Versöhnung gab, wie ja auch gilt:
>
> Gott versöhnte in Christus die Welt mit sich, indem er ihnen ihre Verfehlungen nicht anrechnete und unter uns das Wort der Versöhnung stiftete.
>
> Für Christus nun treten wir ein – so als wenn Gott durch uns ermutigt, bitten wir für Christus: Laßt euch versöhnen mit Gott!
>
> Den, der der Sünde nicht verfiel, hat er für uns zum Sündopfer gemacht, damit wir in ihm ›Gerechtigkeit Gottes‹ würden.«

Im Unterschied zu Röm 5,8–10 sind die Versöhnungsaussagen in 2Kor 5 zum einen weiter gefaßt, indem als Ziel des göttlichen Handelns ausdrücklich die Versöhnung der *Welt* hervorgehoben ist. Zum anderen ist vom Zusammenhang des Textes her als zweiter Aspekt die Gegenwart des versöhnenden Handelns Gottes im apostolischen Dienst akzentuiert. Erst im Schlußsatz mündet Paulus in den Gemeindebekenntnisstil ein, der den parallelen Abschnitt Röm 5,8–10 kennzeichnet.

Von beiden Aussagezusammenhängen, und zwar gerade in ihrer Verknüpfung mit der paulinischen Rechtfertigungsverkündigung, führt eine Spur zurück in den bereits berührten, in Sachen Israel maßgeblichen Text Röm 11. Nachdem Paulus in Röm 11,1–10 bereits die Annahme oder Behauptung widerlegt hat, Gott habe sein Volk Israel verstoßen, wehrt er in Röm 11,11ff die Möglichkeit ab, das nicht ans Evangelium glaubende Israel habe die Botschaft von Jesus Christus abgelehnt und sei infolgedessen gestrauchelt, *damit* es zu Fall käme. Zu diesem Zweck zeigt er auf, welche positive Funktion das Nein des Gottesvolkes hat, dh. was die Völker, die in der alten Gefahr der Überhebung über Israel stehen, selbst von dem Nein Israels haben. Die grundlegende Aussage ist gleich zu Beginn formuliert. Durch die Weigerung (den »Fall«) Israels ist der zentrale Inhalt des Evangeliums, die Rettung *(sōtēria)*, zu den Völkern gelangt. Dies ist freilich nicht allein um deren selbst willen geschehen, vielmehr um durch die Gegenwart der *sōtēria* bei den Gojim Israel, sofern es nicht ans Evangelium glaubt, anzureizen (Röm 11,11; vgl. 10,19). Doch auch dieser Anreiz hat wiederum nicht allein Bedeutung für Israel selbst, sondern ist in der Perspektive der Zukunft von erneutem Gewinn für die Völker: Denn »wenn (schon) ihr Fall zum Reichtum der Welt und ihr Mangel zum Reichtum der Völker geworden ist«, indem er nämlich zur Gabe der Barmherzigkeit Gottes an die Völker geführt hat (vgl. Röm 11,30f.33), »um wieviel mehr (wird) dann ihre (Israels) Vollzahl (Reichtum für die Völker bedeuten)«. Ohne Israel bringen sich die Völker um ihre eigene Zukunft. Diese Perspektive ist für Paulus sowohl um Israels als auch der Völker willen von solch entscheidendem Gewicht, daß er anschließend seinen ganzen Dienst als Völkerapostel unter das Vorzeichen stellt, seine leiblichen Brüder »zu reizen und einige von ihnen zu retten« (Röm 11,13). Um jedoch unmißverständlich klarzustellen, daß diese Sicht nicht gewissermaßen Ausdruck eines Privatproblems des Paulus als Juden ist, vielmehr gerade authentisches Moment seiner Existenz als Apostel, dem der Dienst an den *Völkern* aufgetragen ist, wiederholt er noch einmal jenen bereits in Röm 11,12 formulierten Schluß vom Kleinen aufs Große, in dem er die unlösliche Zusammengehörigkeit der Zukunft Israels und der Völker dargetan hat: »Denn wenn ihre Ablehnung[67] (des Evangeliums) zur Versöhnung der Welt geworden ist, was (wird dann) ihr Annehmen (anderes für die Welt bedeuten) als Leben aus den Toten?« (Röm 11,15). Das, worauf selbst die bereits mit der *sōtēria* – hoffnungsweise (Röm 8,24) – beschenkten Völker noch hoffen, die Auferweckung von den Toten, hängt ab von dem, was Paulus wenig später die Rettung ganz Israels nennt (Röm 11,26). So eng bleiben das Geschick Israels und das der Völker bis zum wirklichen Ende der Geschichte ineinander verwoben.

In ihrem ganzen Gewicht treten diese Aussagen, insbesondere die zuletzt zitierte, erst durch den Vergleich mit den oben herangezogenen zutage, vor allem mit Röm 5. Die Gabe der Versöhnung der Welt, in 2Kor 5 als Zentrum des Handelns Gottes in Jesus Christus ausgesagt, kommt zu den Völkern in Gestalt der Hilfe Israels, durch sein Nein, das Gott sich zugunsten der Gojim nutzbar macht. Wenn Paulus in Röm 5,10 den Stand der Gemeinde mit den Worten umschreibt: »als Feinde versöhnt mit Gott durch den Tod seines Sohnes«, so ist darin nachweislich Röm 11,15 inbegriffen: dank des die

---

67. Zu diesem Verständnis von *apobolē* statt der üblichen Deutung als »Verwerfung« (Israels) s. Thyen, Heil, 175, A.51.

Völker rettenden Neins Israels zum Tode Christi als Akt der Rettung. Damit ist der innere Zusammenhang beider Stellen jedoch keineswegs erschöpft. Paulus bindet in Röm 5,10 die geschehene Versöhnung an den Tod Jesu Christi und folgert aus dem damit erfolgten Rettungshandeln die um so gewissere zukünftige Rettung durch das Leben (die Auferweckung) des Gottessohnes, die nur die Auferweckung von den Toten als positive Umschreibung der Rettung (aus dem Gericht) meinen kann. In Röm 11,15 erkennt er in dem Nein Israels den Grund für die Versöhnung der Welt und schließt aus dem von ihm erwarteten Ja Israels die um so gewissere Auferweckung von den Toten für die Völker. Beide Aussagen kommen damit in eine auffällige Parallelität zu stehen. Die Versöhnung wird hier und da der Gegenwart zugerechnet, die (endgültige) Rettung bzw. die Auferweckung von den Toten der Zukunft vorbehalten. Bewirkt aber werden beide Geschehnisse nach Röm 5,10 durch Tod und Leben Jesu Christi, nach Röm 11,15 durch Nein und Ja des nicht ans Evangelium glaubenden Israel. Paulus wagt damit in Röm 11 Aussagen über Israel, die es in seinem Verhältnis zu den Völkern in eine außerordentliche Nähe zu Jesus Christus bringen. Mit seinem Nein ermöglicht es Israel, daß die von Gott durch Jesus Christus gewirkte Versöhnung zu den Völkern kommt, mit seinem (von Paulus erhofften und für ihn gewissen) Ja, daß Gott sein rettendes Handeln durch die Auferweckung von den Toten vollendet. Gerade auch mit dem Nein Israels koinzidieren das Heilshandeln Gottes in Jesus Christus und das Verhalten des Gottesvolkes. Jede Verletzung Israels wird angesichts dieser Zusammenschau des Werkes Jesu Christi und des Verhaltens Israels zu einer Verletzung Jesu Christi selbst als dessen, der zur Versöhnung der Welt gestorben ist. Wo immer sich damit Christen aus den Völkern nicht als Versöhnte, sondern als Feinde zum Gottesvolk Israel verhalten, bezeugen sie, daß nicht nur das Nein Israels umsonst ist, sondern mit ihm zugleich der Tod Jesu Christi als Werk der Versöhnung[68]. Der in Röm 11,28 von Paulus zur zusammenfassenden Kennzeichnung des nicht ans Evangelium glaubenden Israel formulierten Wendung »dem Evangelium nach Feinde um euretwillen« entspräche deshalb mit Blick auf die der Botschaft verpflichteten Völker allein die Formel »gemessen am Evangelium Freunde um Jesu Christi wil-

---

68. Vgl. zu den Versöhnungsaussagen die zu 2Kor 5,19f getroffene Feststellung Käsemanns (Erwägungen, 52): »Kosmischer Friede senkt sich nicht märchenhaft über die Welt. Er greift immer nur so weit Platz, wie Menschen im Dienste der Versöhnung bewähren, daß sie selber Frieden mit Gott gefunden haben. Die Botschaft von versöhnter Welt erweist ihre Wahrheit im versöhnten Menschen, nicht ohne ihn und über ihn hinweg.«

len«. Die christlichen Organisationen, die sich um eine angemessene Gestaltung des Verhältnisses von Kirche und Gottesvolk Israel bemüht haben und bemühen und in ihre Selbstbezeichnung diesen Begriff der Freundschaft aufgenommen haben, haben bewußt oder unbewußt viel von diesem Zusammenhang begriffen[69]. Hierzulande wird freilich noch immer das Bemühen um ein auch theologisch freundschaftliches Verhältnis zu Israel, das die eingefahrenen Geleise christlich-theologischer Judenfeindschaft verläßt, nur zu rasch mit dem sehr einfachen und sehr bequem entlastenden Vorwurf des Philosemitismus bedacht[70].

Gelebte Versöhnung: Vom Ende der Judenmission

Es scheint, als würde die vorgetragene Exegese von Röm 11, 11–15 im Gegensatz zu den mühsam errungenen theologischen Erkenntnissen der letzten Jahre[71] geradezu auf ein »judenmissionarisches« Verhältnis zum Gottesvolk Israel hindrängen. Tatsächlich kann jedoch davon keine Rede sein. Paulus selbst gibt mit aller Deutlichkeit zu erkennen, wie er es in dieser Frage mit seinem Volk hält. Die apostolische Diakonie *an den Völkern* ist die Art und Weise, in der Israel dem göttlichen Willen gemäß »gereizt« werden soll. Wenn dies aber schon vom Apostel für die Völker gilt, der selbst Jude bzw. Israelit (Röm 11,2) ist, um wieviel mehr von den Gojim seiner und unserer Zeit. Paulus rechnet sodann zwar mit einem künftigen Ja Israels zu Jesus Christus. Aber zum einen schweigt er sich über die Modalitäten und die Zeit dieses Ja aus, und zum anderen läßt er es gegen Ende des Kapitels an *der* Stelle unerwähnt, an der man es vielleicht erwartet und aus der es deshalb oft herausgelesen wird, Röm 11,26: »Und so wird ganz Israel gerettet werden«[72]. Der Anschluß »Und so«

69. So zB. die am 25. März 1928 vom Heiligen Officium verbotene Gesellschaft »Amis d'Israël« (vgl. Lenhardt, Auftrag, 100) oder die von Jules Isaac initiierten Vereinigungen der »Amitié judéo-chrétienne de France«. Vgl. auch die treffende Feststellung von Mayer (Judentum, 57), christliche Judenfeindschaft sei »ein Widerspruch in sich«.

70. Vgl. zB. Conzelmann, Heiden, 4. Sein Vorwurf (3), heilsgeschichtlich orientierte Theologen würden nur das ihnen Passende auswählen, ist im übrigen gerade angesichts seiner eigenen Behandlung von Röm 9–11 (38), in der die paulinische Zielsetzung in diesen Kapiteln nicht wiederzuerkennen ist, nicht sehr überzeugend.

71. Vgl. hierzu unten, 155 mit A. 24.

72. Stendahl (Heiden,14) hat treffend beobachtet, daß Paulus von Röm 10,17 an den Namen Jesu Christi nicht mehr nennt. Zwar schwingt er latent in den Aussagen von Röm 11 mit, in denen von »Glaube« und »Unglaube« die Rede ist (V.20.23) – trotzdem bleibt die Beobachtung bedeutsam.

bezieht sich nicht auf eine von Israel zu erfüllende Glaubensbedingung, vielmehr auf das Herbeikommen der Fülle der Völker[73]. Glaubhafte Existenz als christliche Gemeinde, dh. als Versöhnte, und Ringen um die Fülle der Völker sind damit die beiden Dimensionen, in denen Christen ihrem »Eifer um Israel« authentischen Ausdruck verleihen sollen. Indem sie sich so, als Versöhnte, dh. glaubend, liebend und hoffend, zum Gottesvolk Israel verhalten, bezeugen sie dem Evangelium gemäß, daß Jesus Christus »für uns« gestorben ist bzw. daß »Gott in Christus die Welt *mit sich* versöhnte« – also gerade auch mit seiner unergründlichen, anstößigen und doch unumstößlichen Liebe zu seinem Volk Israel, wie Paulus sie in Röm 9–11 bezeugt. So sind Theologie und Kirche als Institutionen heidnischer Herkunft vom Evangelium des Apostels her in Hinsicht auf Israel einzig und allein berufen, das bleibende Liebesverhältnis Gottes zu seinem Volk zu erkennen, zu bejahen und damit *für sich* Konsequenzen in ihrem theologischen und praktischen Verhältnis zum jüdischen Volk zu ziehen. Wenn irgendwo, ist hier das paulinische Evangelium zu bewähren[74].

Solche Beziehung ist um so dringlicher, je schwerer die Zeitläufe erscheinen. Heute lebt ein bedeutender Teil des jüdischen Volkes im Staat Israel, und es ist für den Außenstehenden oft schwer, die Vernünftigkeit, geschweige denn die Heilsamkeit verschiedener politischer Handlungen der gegenwärtigen Regierung zu erkennen. Obwohl sich manches aus der Angstgeschichte des jüdischen Volkes inmitten der Völker, besonders im christlichen Abendland, erklären läßt, und Christen deshalb mit jeder

73. U.a. hieran erweist sich die Unhaltbarkeit der apodiktischen Behauptung Conzelmanns (Heiden, 238): »Es geht *ausschließlich* um den Glauben« (Hervorh. O.-S.). Sehr viel angemessener ist die paulinische Intention von Marquardt (Freiheit, 161) aufgenommen, wenn er definiert, Aufgabe der Christen sei »Dienst an Israel unter den Völkern«.

74. Vgl. die schlüssige Folgerung Steigers (Schutzrede, 57): »Israels Unglaube ist kein Gegenstand christlicher Dogmatik und Predigt, sondern Stoff für die Bewährung christlicher Ethik und Doxologie.« Wie die Ausführungen oben gezeigt haben, geht es damit um die Bewährung des christlichen *Glaubens* in seinem Zentrum. Siehe dazu ebenfalls M. Barth, Israel, 46. Das Stichwort »Doxologie« nimmt auf den Schluß Röm 11,33–36 Bezug. Zu seinem Zusammenhang mit Röm 9,1–5 und zur Deutung dieses Zusammenhangs s. oben, 40f. Steigers Aufsatz gehört im übrigen exegetisch wie theologisch zum Besten, was man zu Röm 9–11 lesen kann. Zumindest noch hinzuweisen ist sodann auf den nach Beginn der Drucklegung erschienenen Beitrag von B. Klappert, Traktat für Israel (Römer 9–11). Die paulinische Verhältnisbestimmung von Israel und Kirche als Kriterium neutestamentlicher Sachaussagen über die Juden, in: M. Stöhr (Hg.), Jüdische Existenz und die Erneuerung der christlichen Theologie, 1981, 58–137, sowie überhaupt auf den gesamten Band.

Form der Verurteilung äußerst zurückhaltend sein sollten, kann es nicht darum gehen, fragwürdige Handlungen und Entscheidungen zu beschönigen. Theologisch wäre jedoch nichts verfehlter, als aus gegenwärtigen problematischen Zuständen Folgerungen zu ziehen, welche die christliche Gemeinde von der Zuwendung zum jüdischen Volk in Israel entbänden. Dies ergibt sich aus der Mitte der für Theologie und Kirche nach wie vor zentralen Verkündigung der Rechtfertigung *sola gratia* selber. Denn würden Christen meinen, das jüdische Volk im Land Israel müßte sich die Zuwendung Gottes oder die Zuwendung der Christen erst politisch verdienen, so hätten sie sich theologisch-lehrhaft wie existentiell von dieser Verkündigung getrennt. Wer von ihnen wollte, hier kann man aus theologischen Gründen nur rhetorisch fragen, behaupten, *er* stünde aus irgendwelchen Gründen, etwa auch solchen politischen Verhaltens, vor Gott liebenswerter da?

Die vor und mit dem politischen Exkurs entfalteten Implikationen des paulinischen Evangeliums sind vor allem auch deshalb von Gewicht, weil sich die Situation der christlichen Gemeinden seit der Zeit des Apostels in einer Reihe von Punkten fundamental geändert hat. Hier ist zum einen an die Zusammenhänge zu erinnern, die eingangs (Teil I) berührt wurden, um die heutigen Voraussetzungen für eine Neubesinnung auf das Verhältnis von christlicher Gemeinde und jüdischem Volk zu kennzeichnen. Und es ist zum anderen die gravierende Strukturveränderung zu nennen, die die christliche Verkündigung in der Zeit nach Paulus durchgemacht hat und durch die auch die Rezeption der paulinischen Theologie mitbestimmt worden ist. Das paulinische Wirken ist wie das der frühen christlichen Gemeinden von der Erwartung der nahen, tagtäglich möglichen Ankunft Jesu Christi und damit des Endes der Welt bestimmt. Von der Intensität dieser Erwartung können sich die meisten heutigen Zeitgenossen vermutlich schwerlich eine zureichende Vorstellung machen. Jede verstehende Annäherung ist ein notwendig durch den Kopf vermittelter Versuch des Nachempfindens, da die Naherwartung keineswegs wie bei Paulus und anderen seiner Zeit die gesamte Existenz prägt. Es ist etwas grundlegend anderes, mit der möglichen Parusie Jesu Christi in der Zeit *jeder* Generation zu rechnen oder aber mit seinem definitiven Kommen innerhalb kurzer Zeit, allenfalls in dem Zeitraum einer Generation. In Röm 11 hat die Nächsterwartung des Apostels in der bündelnden Formulierung ihren Niederschlag gefunden, Gott habe mit Israel und den Völkern so, wie von Paulus in diesem Kapitel dargelegt, gehandelt, »damit auch sie (das Jesus Christus ablehnende Israel) *jetzt* Erbarmen finden«, dh. bei der mit seiner Parusie kommenden Vollendung des göttlichen Plans mit der Welt. Das erwartete Jetzt der Barmherzigkeit Gottes berührt die gegenwärtige Existenz des Gottesvolkes so hautnah, daß sich von einer Gegenwart des Erbarmens Gottes über Israel im echten Sinne reden läßt. Insofern jedoch das Jetzt auf die Parusie bezogen ist, rückt mit der schwächer werdenden Erwartung im Bewußtsein der Gemeinde auch die Zusage der Barmherzigkeit aus der Gegenwart in die unbestimmte Zukunft. In demselben Maße, in dem dies geschieht, wird die Gegenwart Israels allein von seinem Nein zum Evangelium her betrachtet und das Nein selbst alsbald nicht mehr wie von Paulus soteriologisch, sondern unter dem Vorzeichen des Gerichts über das Gottesvolk verstanden. Die Folge dessen wiederum ist, daß sich Kirche und Theologie an der für Paulus völlig irrelevanten Frage nach der »Schuld der Juden« festbeißen und sie zum Hauptgegenstand ihrer Israel-Theologie machen[75]. Der nicht konfessionell gebundene Beobachter kann, gemessen an der ursprünglichen Erwartung, bereits im Hinblick auf das Ende des 1. Jahrhunderts – geschweige denn im 20. Jahrhundert – nur von einem Ausbleiben der Parusie sprechen. Theologie und Kirche wiederum können angesichts ihrer notwendig konfessorischen Orientierung nur eine Parusieverzögerung einräumen, weil sie andernfalls die Gewißheit ihrer definitiven Bindung an Jesus Christus auch in der Zukunft preisgäben. Der Begriff der Parusieverzögerung wird jedoch mißbräuchlich verwendet, wenn er dazu dient, zu verschleiern, daß mit der Verzögerung und dem durch sie bedingten Weg der christlichen Gemeinden in die Geschichte fundamentale Änderungen in ihrer Situation und Struktur wie auch ihrer theologischen Reflexion gegeben sind. Sie bewirken, daß die bloße Wiederholung neutestamentlicher Verkündigung vielfach die sicherste Gewähr ist, sie zu ideologisieren, dh. zu verfälschen.

Was Röm 9–11 betrifft, so bedeutet dies, daß die pure lehrhafte Rekapitulation, Israel werde am Ende der Tage Erbarmen finden, nachweislich der Kirchengeschichte *de facto* zum einen zur Unbarmherzigkeit in der Gegenwart führt und zum anderen Israel jenes Jetzt schuldig bleibt, das doch für Paulus gerade Signum seines Evangeliums ist. Dies Jetzt ist nach Paulus nicht abhängig von einer Annahme des Evangeliums von seiten Israels, sondern vom Herbeiströmen der Völker (Röm 11,26). Es wird für Israel, sofern die Gemeinde

75. Wie die bisherigen exegetischen Ausführungen zu Röm 9–11 das Ergebnis einer detaillierten Studie zu diesen Kapiteln sind, die voraussichtlich im kommenden Jahr im Rahmen eines Aufsatzbandes zur paulinischen Theologie im Chr. Kaiser-Verlag erscheinen wird, so ist in dieser Studie auch die Auffassung erhärtet, daß die häufige Zusammenfassung des Kapitels Röm 10 unter dem Stichwort »Schuld Israels« o.ä. an dessen Intention vorbeigeht. Vgl.die in diese Richtung zielenden, noch immer wegweisenden Ausführungen von J. Munck, Paulus und die Heilsgeschichte, Kopenhagen 1954, 32ff.295f.

wirklich als christliche lebt, erfahrbar in dem Verhalten, das Paulus durch das Verbot umschreibt:»Überhebe dich nicht!« (Röm 11,20). Die Parusie Jesu liegt so wenig in der Hand der christlichen Gemeinde wie das seit langem ins Stocken geratene Herbeiströmen der Völker. Was ihr jedoch als Gemeinde Jesu Christi gegeben ist, ist die Kraft, dies »Überhebe dich nicht!« zu leben, dh. als ein konkretes Verhalten der Zuwendung zu buchstabieren und *so* zu bezeugen, daß Gott *jetzt* mit und durch die Heiden und insofern durch Jesus Christus Israel Barmherzigkeit erweist.

Solche Zuwendung kann nach Ausweis von Röm 11 und nach Ausweis der weithin desolaten Geschichte des Verhältnisses christlicher Gemeinden zum jüdischen Volk in erster Linie nur heißen: Bejahung und Stärkung des Rechtes der Glieder des Gottesvolkes – gerade auch in ihrem gehorsamen, vom Eifer um Gott (Röm 10,3) bestimmten Nein zu Jesus Christus –, als die zu leben, die sie sind und die sie sein sollen: Juden, Kinder Israel[76].

Paulus hat Israel in seinem Nein nicht nur mit der Schutztafel des an die Völker gerichteten Verbots »Überhebe dich nicht!« umgeben, sondern vorher noch die die Völker rettende Wirkung dieses Neins herausgearbeitet, dh. seine soteriologische Funktion. In der Zeit des Apostels mochte es angesichts des erwarteten raschen Weltendes angemessen sein, sich mit jenem Verbot, einem negativen Gebot, zu begnügen und den Tatbestand des Neins Israels allein auf seine formale Wirkung hin, die Hinwendung zu den Heiden, zu reflektieren. Die Verzögerung der Parusie nötigt die Theologie nicht nur zur Frage nach der christologischen und ekklesiologischen Bedeutung dieser Verzögerung, vielmehr auch zu der anderen nach dem Sinn des mit der Verzögerung andauernden Neins Israels. Wenn denn die christliche Gemeinde mit dem Ausbleiben der Parusie in ihrer Anfangszeit neu in die Geschichte dieser Welt hineingebunden und mit ihren Inhalten durchtränkt worden ist, so scheint es nur konsequent, das Nein Israels nach jener Verzögerung nicht allein in seiner formalen Wirkung, sondern seiner inhaltlichen Prägung nach zu erfassen. Die Kirchengeschichte lehrt, daß es von Mal zu Mal Christen gegeben hat, die diesen Zusammenhang der Notwendigkeit einer inhaltlichen Begegnung mit dem jüdischen Volk zumindest wohl geahnt haben, auch wenn die konkreten Begegnungen in der Regel aus einem unbibli-

---

76. Vgl. hierzu K. Kupischs unübertreffliche Rede vom »gehorsamen Ungehorsam« Israels (Nach Auschwitz. Fragen an die Weltchristenheit, in: ders., Durch den Zaun der Geschichte, 1964, 404), sowie Eckardt, Brothers, 104.129ff.137f; Marquardt, Feinde, 311ff; Osten-Sacken, Anstöße, 119f.

schen Überlegenheitsgefühl heraus, wenn nicht gar unter Zwang stattgefunden haben[77]. Bleibt die Begegnung von beidem frei, so vermag sichtbar zu werden, welche Bedeutung dem Nein Israels zum Evangelium seiner inhaltlichen Seite nach zukommt: Während nach Paulus das Nein formal dazu führt, *daß* Gojim Christen werden, ist der Ertrag einer Begegnung mit den Gründen dieses Neins, dh. mit seinem Inhalt, in der Bewegung der paulinischen Theologie in erster Linie nur als Möglichkeit (wie als Aufforderung) für die getauften Gojim – die bestehende christliche Gemeinde – zu begreifen, daß sie Christen *werden.* Die Feststellung Pierre Lenhardts, der Christ habe im Verhältnis zum jüdischen Volk »vor allem, um nicht zu sagen ausschließlich, seine eigene Bekehrung zu dem Gott Abrahams, Isaaks und Jakobs, dem Gott Jesu Christi, zu bezeugen«[78], verdeutlicht schlagartig eine wesentliche Dimension dieses Zusammenhangs. Die Erkenntnis der Notwendigkeit einer inhaltlichen Begegnung mit dem jüdischen Volk um des Evangeliums und um der christlichen Gemeinde selbst willen schließt in diesem Sinne eine Kehre von schwerlich überschätzbaren Ausmaßen ein: die Bereitschaft, die bedrükkend große Menge von Vorurteilen – vor allem dogmatisch bestimmten – ins Wanken geraten zu lassen und neu zu hören auf das, was im jüdischen Volk auf der Basis der Schrift an mündlicher Überlieferung durch die Jahrhunderte als Zeugnis vom Gott Abrahams, Isaaks und Jakobs, dem Gott Israels, bis heute hin laut wird; es nicht nur zur Kenntnis zu nehmen, sondern mit jener Zuwendung zu hören, von der die jüdische wie die christliche Bibel gleichermaßen bezeugen, daß sie das von Gott selbst gewollte Verhalten zum Nächsten sei[79].

Dieser Aspekt wird der engen Beziehung von Christologie und Ekklesiologie gemäß erneut aufzunehmen sein. Im Rahmen der christologisch-soteriologischen Akzentsetzung in diesem Teil ist jedoch zunächst ein weiterer neutestamentlicher Zeuge zu Gehör zu bringen.

3.5 Unerfüllte Hoffnung

Mit seinen Grundzügen der Bestimmung des Verhältnisses von Kirche und jüdischem Volk, von Israel und Völkern im Horizont des Evangeliums, war Paulus nicht nur in seiner Zeit ein einsamer Rufer.

---

77. Vgl. R. R. Geis, in: Versuche des Verstehens. Dokumente jüdisch-christlicher Begegnung aus den Jahren 1918–1933, hg. u. eingel. v. R. R. Geis/H.-J. Kraus, 1966, 22ff.134.
78. Lenhardt, Auftrag, 103 Vgl. auch Flusser, Bemerkungen, 8.
79. Siehe oben, 38.

Wie bereits der Epheserbrief bezeugt, scheint schon in der Schüler-
schaft des Apostels die Hoffnung für Israel aus den Augen geraten zu
sein. Und was bei diesem Zeugnis nur mehr aus seinem Schweigen zu
erschließen ist, tritt dann etwa bei Lukas vollends zutage. In Apg 13
hat der Evangelist eine Szene überliefert, die sich wie eine Erzählung
jenes in Röm 11 abstrakt dargelegten Zusammenhangs liest, daß das
Nein Israels zum Evangelium die rettende Hinwendung Gottes
(durch seine Boten) zu den Völkern zur Folge hat[80]. Während bei
Paulus jedoch das Nein Israels durch die bleibende Treue Gottes relativiert wird, indem in dieser Treue sowohl die Hoffnung Israels begründet bleibt als auch das Verhältnis der Kirche zu Israel seine
Orientierung findet, beraubt sich nach Lukas Israel durch sein Nein
eben dieser Zukunft: »Die Juden« (Apg 13,45) stellen sich mit ihrer
Zurückweisung der Botschaft der Apostel als »des ewigen Lebens
nicht würdig« dar (Apg. 13,46) und verlieren damit zugleich die Zuwendung der christlichen Gemeinde, deren Boten den Staub von ihren Füßen schütteln zum Zeichen der Aufkündigung der Gemeinschaft (Apg 13,51). Zwar läßt Lukas die Apostel, vor allem Paulus,
trotz ihrer Ankündigung in Kap. 13 auch in den dann folgenden Teilen seines Werkes weiterhin zunächst das Gespräch mit den Juden suchen, bevor sie sich zu den Heiden wenden – so gleich wieder in Iko-
nium (Apg 14,2), später in Philippi (Apg 16,13), in Beröa (Apg
17,1ff), in Korinth (Apg 18,4) und schließlich auch, noch einmal besonders betont, in Rom (Apg 28,17ff). Aber diese Wiederholungen
der Bewegung von Israel zu den Völkern sind schwerlich als Revision
der Szene in Kap. 13 zu verstehen, enthüllen vielmehr ihren program-
matischen Charakter. Die Begebenheit in Antiochien auf der ersten
Missionsreise des Paulus zeigt auf, was sich im Gesamt jener Zeit der
paulinischen Missionsarbeit vollzieht und mit der Ankunft des Apostels in Rom zu seinem Abschluß kommt: Dem ersten Teil der Klam-
mer in Apg 13,42–52 zu Beginn der Missionsreisen entspricht der
zweite in Apg 28,17–28 an ihrem Ende. So erscheinen die Schlußwor-
te des Paulus an die Leiter der jüdischen Gemeinde(n) in Rom am
Schluß der Apostelgeschichte wie eine Besiegelung jenes program-
matischen Auftaktes in Antiochien: »Damit sei euch kundgetan, daß
den Völkern dies Heil Gottes gesandt worden ist; sie werden's auch
gehorsam annehmen« (Apg 28,28; vgl. Apg 13,47f). Nachdem Paulus
zuvor im Hinblick auf seine Gesprächspartner das Schriftwort Jes 6,9f
mit seiner Ankündigung der göttlichen Heilsverweigerung für Israel
zitiert hat, gewinnt der Schlußsatz noch deutlicher das Gefälle: Die

---

80. Zur Auslegung im einzelnen s. Osten-Sacken, Anstöße, 185ff.

Zukunft gehört den Völkern und nicht Israel[81]. Es scheint, daß Paulus, der doch hier redet und dem Lukas fast zwei Drittel seiner Apostelgeschichte widmet, nach Ausweis von Röm 11 nicht gravierender hätte mißverstanden werden können. Die in der Schlußszene der Apostelgeschichte vorliegende verkürzende und darum verfehlte Darstellung des paulinischen Wirkens durch Lukas wiegt um so schwerer, als dieser Evangelist in besonders intensiver Weise und darin wohl nur noch Matthäus vergleichbar den Anschluß an die biblische Sprache und Tradition gesucht hat, um die Identität der christlichen Gemeinde zu kennzeichnen und zu festigen: Gerade weil er die Kirche als die Erbin der »Schrift«, der in ihr bezeugten Verheißungen, darzustellen sucht, wächst die Gefahr, das darin implizierte Verhältnis zu Israel, wie es in Apg 13 und 28 exemplarisch zum Ausdruck kommt, als durch die Schrift und das mit ihrer Hilfe gedeutete göttliche Handeln legitimiert anzusehen. Der Tatbestand, daß »Lukas als Theologe der Heilsgeschichte«[82] nicht aus der Geschichte hinauszuspringen sucht, vielmehr Geschichte und Schriftwort durch das Motiv der Erfüllung miteinander zu vermitteln trachtet, ermutigt umgekehrt, im Rahmen der Rezeption seines Doppelwerkes das Gespräch mit ihm aufzunehmen und zu fragen, wo sich denn etwa Aussagezusammenhänge finden, die weiterführende theologische Überlegungen ermöglichen und zu anderen Perspektiven führen. Es ist noch einmal das Thema »Israel« selbst, das hierfür Anknüpfungspunkte bietet, zunächst weniger im Rahmen seiner Explikation in der Apostelgeschichte als vielmehr in Zusammenhängen des lukanischen Evangeliums.

Zu den Texten, in denen Lukas besonders dicht die Schriftgemäßheit des Weges Jesu Christi in seiner abweichenden Besonderheit herausarbeitet, gehört die Erzählung von der Begegnung des Auferweckten mit zwei Jüngern auf dem Weg von Jerusalem nach Emmaus (Lk 24,13–35). Den Kontrast zum positiven Aufweis mit Hilfe der Schrift, daß »der Messias leiden und in seine Herrlichkeit eingehen mußte« (Lk 24,26), bildet die enttäuschte Erwartung der Jünger, »daß er es sei, der Israel befreien würde« (Lk 24,21). Die Spannung,

81. Zum Sinn dieser Konzeption s. J. Roloff, Die Paulus-Darstellung des Lukas. Ihre geschichtlichen Voraussetzungen und ihr theologisches Ziel, in: EvTh 39 (1979), 510–531. Die Sicht Roloffs bedarf freilich der Korrektur. Die jetzt folgende Zeit der Kirche ist nach Lukas *Zwischenzeit* bis zum Ende, an dem Israels Hoffnung dennoch in Erfüllung gehen wird. Vgl. das Folgende.
82. Vgl. den gleichnamigen Aufsatz von E. Lohse (1954), in: ders., Die Einheit des Neuen Testaments, 1973, 145–164.

die in diesem Kontrast liegt, zeichnet sich ab, wenn diese Auferstehungsgeschichte am Ende des Evangeliums zusammengeschaut wird mit der Kindheitsgeschichte an seinem Beginn. Denn nicht weniger als eben jene am Schluß als enttäuscht dargestellte Erwartung preist Zacharias gleich zu Anfang bei der Geburt Johannes des Täufers als erfüllt:

> »Gelobt sei der Herr, der Gott Israels,
> daß er aufgesucht und Befreiung *(lytrōsis)* erwirkt hat seinem Volk,
> und uns eine Kraft (Horn) der Rettung erstellt hat im Hause Davids seines Knechtes,
> wie er es angekündigt hat durch den Mund seiner heiligen Propheten von Urzeit an –
> die Rettung von unseren Feinden und aus der Hand aller, die uns hassen –,
> um Barmherzigkeit zu erweisen unseren Vätern und seines heiligen Bundes zu gedenken,
> den Schwur, den er Abraham unserem Vater zugeschworen hat, an uns einzulösen,
> (so daß wir) ihm, errettet aus der Hand der Feinde, furchtlos dienen
> in Heiligkeit und Gerechtigkeit vor ihm all unsere Tage lang« (Lk 1,68–75).

Wenn schon diese zentrale Erwartung der Befreiung Israels mit dem Ziel des furchtlosen Dienstes in Heiligkeit und Gerechtigkeit durch den Vorläufer Johannes in Kraft gesetzt erscheint, um wieviel mehr sollte dies von dem gelten, auf den die christliche Gemeinde den Täufer verweisen läßt! Lukas selbst schwenkt in die Richtung dieser Folgerung ein. Am Schluß des Benediktus läßt er Zacharias den Täufer in seiner Vorläuferrolle anreden und bindet in den nachfolgenden Geschichten über das Kind Jesus die Erfüllung der Friedenserwartung, wie er sie in 1,68–75 in Erinnerung gerufen hat, an seinen Namen. Bei seiner Geburt verkündigen die Engel »Frieden auf Erden« unter den Erwählten, dh. in erster Linie Israel (Lk 2,14). Simeon, der den »Trost Israels« erwartet, kann in Frieden hinscheiden, nachdem er das »Heil Gottes« gesehen hat (Lk 2,25f). Die greise Prophetin Hanna springt angesichts des Knaben auf, preist Gott und redet über Jesus »zu allen, die die Befreiung *(lytrōsis)* Jerusalems erwarten« (Lk 2,38). Zwar geht es Lukas in seinem ganzen Evangelium darum, beides miteinander zu vermitteln: einerseits die Gewißheit, daß Jesus Christus das den Vätern Verheißene einzulösen begonnen hat, und andererseits den Tatbestand, daß dies nun doch – gemessen etwa an Lk 1,68–75 – auf sehr andere Weise geschehen ist als verheißen und erhofft[83]. Der Endpunkt dieses Vermittlungsprozesses ist je-

---

83. Vgl. hierzu Osten-Sacken, Zur Christologie des lukanischen Reiseberichts, in: EvTh 33 (1973), 476–496.

ne Antwort des Auferweckten an die Emmausjünger: »Mußte nicht«
– in Übereinstimmung mit der Schrift (vgl. Lk 24,25.27) – »der Christus dies leiden und in seine Herrlichkeit eingehen?« (Lk 24,26). Die
Erfüllung der Erwartung geschieht damit zwar in modifizierter Weise, und in dieser Gestalt wird die Erwartung selbst verwandelt. Sie
wird damit jedoch keineswegs aufgehoben.
   Ein wichtiges Indiz dafür bietet der Anfang der Apostelgeschichte.
Es ist um so bemerkenswerter, als Lk 24 den Anschein erweckt, als
sei die Spannung zwischen messianischer Erwartung und tatsächlicher Christusgeschichte zugunsten letzterer gelöst. Ungeachtet der
Begebenheit auf dem Weg nach Emmaus bleiben die Jünger gemäß
Apg 1 ihrer alten Erwartung treu, indem sie nun den auferweckten
Jesus am Ende der gemeinsamen Lehr- und Lernzeit in Sachen
»Herrschaft Gottes« (Apg 1,3) zwischen Ostern und Himmelfahrt
fragen: »Herr, richtest du in dieser Zeit (jetzt) die Herrschaft für Israel (wieder) auf *(apokathistanein)?*« (Apg 1,6). Wer aufgrund des Lukasevangeliums, insbesondere von Kap. 24, mit einer Korrektur der
Frage von seiten Jesu im Hinblick auf das Motiv der (Friedens-)Herrschaft Israels rechnet, wird jedoch enttäuscht. Die Antwort Jesu
wehrt allein die chronologische Neugier ab und weist auf Geistempfang und Zeugenschaft als Kennzeichen der jetzt beginnenden Zeit
(Apg 1,7f). Die biblische Zusammenschau von Herrschaft Gottes
und Herrschaft Israels bleibt unangetastet. Die vorbehaltenen Modifikationen betreffen allein den Weg des Christus und seiner Gemeinden bis hin zum Zeitpunkt, da die Gottesherrschaft in Herrlichkeit
kommt.
   Wie wenig es sich an dieser Stelle um ein Versehen, eine Nachlässigkeit des Lukas oder dergleichen handelt, läßt der Autor der Apostelgeschichte wenig später in der großen Rede des Petrus an das
Volk (Israel) vor der Halle Salomos im Tempelbezirk erkennen.
Zwar bleibt es dabei: Mit dem Geschick des Christus, des Messias,
seinem Leiden, hat Gott erfüllt, »was er durch den Mund aller seiner
Propheten vorausverkündigt hat« (Apg 3,18). Aber diese Erfüllung
ist nur mehr ein Beginn, Beweggrund der Umkehr zur Vergebung der
Sünden (Apg 3,19), zu der Petrus aufruft, »damit kommen mögen
Zeiten der Erquickung vom Angesicht des Herrn her und er euch den
zuvor erwählten Messias Jesus sende, den der Himmel aufnehmen
muß bis zu den bestimmten Zeiten der Aufrichtung *(apokatastasis)*
alles dessen, was Gott durch den Mund seiner heiligen Propheten von
Urzeit an geredet hat« (Apg 3,20f). Nicht nur ist hier in gut jüdischer
Weise die Umkehr als Voraussetzung des Kommens der messianischen Zeit gedeutet. Der Gebrauch von Derivaten desselben Wortes

in Apg 1,6 zur Bezeichnung der künftigen Aufrichtung der Herrschaft Israels *(apokathistanein)*, in Apg 3,21 zur künftigen Aufrichtung der prophetischen Verheißungen *(apokatastasis)* läßt vielmehr
als erstes daran denken, daß sich beide Aussagen gegenseitig beleuchten, die nach Apg 3,21 noch ausstehenden Dinge damìt jene
(Friedens-)Herrschaft für Israel mit umschließen. Die Aussage Lk
21,24, Jerusalem werde von den Völkern zertreten sein, bis sich die
Zeiten der Völker(mission) erfüllt hätten – also nicht für immer –,
fügt sich aufs beste diesem Verständnis ein[84].

Ungeachtet seiner ausgeprägten Erfüllungsbegrifflichkeit und seiner zahlreichen Erfüllungsaussagen bezeugt Lukas deshalb ein klares
Wissen darum, daß bisher nur ein Bruchteil dessen in Erfüllung gegangen ist, was die Propheten in Aussicht gestellt haben. In diesem
Sinne bleiben bei ihm sowohl die Geschichte als auch die Schrift rela-

---

84. U. Wilckens (Die Missionsreden der Apostelgeschichte, 1974[3], 43. 153–156. 234–
    236), hält Apg 3,19–21 für nicht passend und meint, Lukas habe die Endzeitaussa-
    ge in 3,20f in 3,22ff »deutlich auf die Gegenwart umgebogen«, dh. die Zeit seit dem
    Auftreten Jesu »als die Zeit der Erfüllung aller alttestamentlichen Prophetie« (43)
    gedeutet. Nun ist zwar richtig, daß Lukas in 3,22–26 vom irdischen Jesus redet.
    Aber bezeichnenderweise spricht er in diesen Versen nicht von allem Prophezei-
    ten, sondern von »allen Propheten« (3,24), und daß für ihn tatsächlich noch kei-
    neswegs alles erfüllt ist, geht nicht minder klar aus 3,25f hervor: Auf die Erinne-
    rung an die Abraham gegebene Verheißung der Segnung aller Geschlechter in ihm
    folgt die präzise Zeitbestimmung, *zuerst* habe Gott Jesus Israel zugute zum Segen
    in der Umkehr gesandt – dies Israel aber wird von Petrus gegenwärtig in Kap. 3 mit
    dem Ruf zur Umkehr angesprochen. Die Zeit der Segnung der Völker hat damit
    nach Kap. 3 noch nicht einmal begonnen, geschweige denn daß sie erfüllt wäre.
    Daß gerade Lukas eine die Himmelfahrt voraussetzende Aussage wie 3,20 »umge-
    bogen« hätte, ist zudem angesichts von Apg 1,9–11 äußerst unwahrscheinlich. So
    ist das nächstliegende das komplementäre Verständnis von 3,20f und 3,22–26, das
    ohne »Umbiegung« auskommt. Vgl. zur Auslegung von Apg 3,19–21 als genuin lu-
    kanischen Textes E. Haenchen, Die Apostelgeschichte, 1961[13], 170ff; Conzel-
    mann, Apostelgeschichte, 40f; G. Voss, Die Christologie der lukanischen Schrif-
    ten in Grundzügen, Paris/Brüssel 1965, 28ff.151f; G. Lohfink, Christologie und
    Geschichtsbild in Apg 3,19–21, in: Biblische Zeitschrift N.F. 13 (1969), 223–241.
    Das oben vorgetragene Verständnis von *apokatastasis* geht freilich über die ge-
    nannten Autoren hinaus. Es ist überzeugend begründet von F. Mußner, Die Idee
    der Apokatastasis in der Apostelgeschichte, in: ders., Praesentia Salutis. Gesam-
    melte Studien zu Fragen und Themen des Neuen Testamentes, 1967, 223–234;
    ders., Traktat, 64ff. Im übrigen dokumentiert sich die Verbundenheit des Lukas
    mit Israel auch darin, daß er die Perikope von der Verfluchung des Feigenbaumes
    (Mk 11,12–14.20f) durch die Überlieferung vom liebenden Weinen Jesu über Jeru-
    salem ersetzt (Lk 19,41–44).

tiv offen auf die Zukunft hin. Und auch wenn der Evangelist in seiner
Apostelgeschichte auf jene Szene in Rom zusteuert, in der er die Einladung an Israel zu einem Phänomen der apostolischen Zeit zu machen scheint, behält Israel doch in Gestalt jener Offenheit von Schrift
und Geschichte der Struktur des lukanischen Evangeliums nach einen rechtmäßigen Platz in der sich dehnenden Zeit. Wenn es gerade
bei Lukas fast monoton heißt, »Israel« habe Jesus aufgrund von »Un-
wissen« nicht angenommen, so läßt dies im Horizont der skizzierten
lukanischen Sicht auf die Ahnung oder das Wissen schließen, es sei
von einem biblisch orientierten Juden keineswegs wie selbstverständlich zu erwarten, daß er auf dem Weg Jesu Christi die Spuren des
Messias erkennt. Das lukanische »Mußte nicht der Christus . . .«
steht diesem Schluß durchaus nicht entgegen, bekräftigt ihn vielmehr. Er verdeutlicht noch einmal, an welcher Stelle Lukas selbst in
besonderer Intensität die Überlieferung bearbeiten zu müssen geglaubt hat, wo also ein schwieriges Problem für ihn lag. Daß, von anderen Beobachtungen abgesehen, allein schon das feine Gespür für
biblisch-jüdische Überlieferung und Erwartung, das in allen erörterten Zusammenhängen erkennbar wird, die geläufige Annahme, Lukas sei Heidenchrist gewesen, ins Reich der exegetischen Legenden-
bildung verweist, mag nebenher festgehalten werden.

Das Ergebnis dieses fragenden Gespräches mit Lukas lenkt in jene
Bahn zurück, die sich bereits im Rahmen der Überlegungen mit Röm
9–11 als der allein angemessene Zugang der christlichen Gemeinde
auf das jüdische Volk erwies. Sofern Christen das ihnen gesagte und
aufgetragene Evangelium wirklich ernst nehmen, stellt sich ihnen un-
abweisbar die Frage, wie es sich denn mit der gleich zu Beginn des Lukasevangeliums von Zacharias bejubelten Erfüllung jenes Schwurs
Gottes an Abraham verhalte, seinem Volk zu gewähren, ihm, »errettet aus der Hand der Feinde, furchtlos zu dienen in Heiligkeit und Gerechtigkeit« (Lk 1,74f). Zwar steht, wie zuletzt gezeigt, nach Lukas
selbst noch so viel an zugesagten Verheißungen aus, daß sich sachlich
allenfalls von einem Anfang der Erfüllung sprechen läßt und so auch
der vollendete Friede zwischen Israel und den feindlichen Völkern
fraglos noch Gegenstand der Erwartung ist. Aber wenn denn der
Schwur Gottes etwas zählt und wenn denn die christliche Gemeinde
von der Gewißheit seiner anfangsweisen Erfüllung in Jesus Christus
lebt, dann dürfte es der Kirche gar nicht anders möglich sein, als das
jüdische Volk durch ihr konkretes Verhalten, durch ihr Leben, etwas
davon spüren zu lassen, daß eben ein Bruchteil der Zeit für Israel gekommen sein könnte, »errettet aus der Hand der Feinde, ihm furchtlos in Heiligkeit und Gerechtigkeit zu dienen«. Tatsächlich ist die Ge-

schichte des Verhaltens christlicher Gemeinden zum Gottesvolk Israel dieser Richtung so sehr zuwider gelaufen, daß die jüdischen Gemeinden durch die Jahrhunderte hin nicht aufgrund des Verhaltens
irgendwelcher Völker, sondern gerade sogenannter christlicher ganz
im Gegenteil, ausgeliefert in die Hand der (christlichen) Feinde, Gott
in Furcht und Zittern haben dienen müssen. Und wenn es selbst dann
noch in Freude, furchtlos, in Heiligkeit und Gerechtigkeit geschehen
ist, so gewiß nur in Ausnahmen aufgrund des Verhaltens von Christen. Jüdisches Nein zu Jesus Christus und mehr noch zur Kirche ist
deshalb durch das gehorsame Verhalten von Juden und das ungehor-
same von Christen unzählbar oft legitimiert worden. Erst wenn
christliche Gemeinden dem jüdischen Volk ebenso lange Zeit, wie sie
es in Furcht versetzt haben, durch ihre Existenz glaubhaft bezeugt haben, daß sie für Israel nicht Grund zur Furcht, sondern zur Furchtlo-
sigkeit und vielleicht zur Zuversicht sind, wenn sie also glaubhaft bezeugt haben, daß sie mit Gottes unumstößlicher und anstößiger Liebe
zu Israel versöhnt sind, erst dann werden sie nach menschlichem Er-
messen für das Gottesvolk das sein, wozu sie herbeigerufen sind. Alles, was zuvor an Zeichen der Gemeinsamkeit, der Versöhnung, des
Neubeginns von jüdischer Seite erkennbar wird, läßt sich – wie die
Möglichkeit eines neuen Verhältnisses zum jüdischen Volk überhaupt[85] – theologisch angemessen allein durch die Kategorie des
Wunders beschreiben.

3.6 Messias Israels?

».... und aus denen der Messias (Christus) seiner irdischen Herkunft
nach kommt.« In Anknüpfung an diese Feststellung in Röm 9,5 wurde in den bisherigen Ausführungen des dritten Teils Antworten auf
die Frage nachgespürt, wer dieser Christus, der für Paulus und die anderen frühen Zeugen des Evangeliums einen eindeutigen Namen
trägt, für das jüdische Volk ist, bzw. was er unter Voraussetzung besonders auch des ersten und zweiten Teils in christlicher Perspektive
für das jüdische Volk sein kann. Von entscheidender Bedeutung ist
zunächst die erreichte Verortung der Frage: Wie die Erörterung wesentlicher Aspekte in Röm 9–11 drängt auch der Einbezug lukani-
scher Texte zu einer wesentlichen Korrektur der gängigen Behandlung und Auslegung des Bekenntnisses zu Jesus Christus als Messias.
Die Stoßrichtung dieses Bekenntnisses zielt als Teil heidenchristli-

---

85. Vgl. Angelika Fischer, Ein Wunder (Matth. 21,33–46), in: Osten-Sacken, Gottes-
    dienst, 63.

chen Zeugnisses nachweislich Röm 9–11 nicht in erster Linie auf das
jüdische Volk, sondern auf die Kirche selbst. Sie ist gefragt, ob sie das
Bekenntnis *so* lebt, daß das jüdische Volk – in welcher Weise auch
immer – zu erkennen vermag, daß Gott in Jesus Christus auch zugunsten Israels gehandelt hat. Solange das jüdische Volk dies nicht aufgrund des Gesamtverhaltens christlicher Gemeinden – durch deren
Hören, Lernen, Verstehen und Handeln – zu spüren vermag, ist alles
das, was Theologie und Kirche sonst noch in Sachen Israel sagen,
schwerlich von Bedeutung.

Im Rahmen dieser Grundbestimmung dürften folgende Erkenntnisse von besonderem Gewicht sein: Bleibt der Reichtum der damit
verbundenen Aspekte erhalten, so läßt sich Jesus Christus im Hinblick auf seine mögliche Bedeutung für das Gottesvolk Israel präzise
als Mittler Gottes oder auch als Versöhner zwischen Israel und den
Völkern verstehen. Diese Funktion entspricht nachösterlich bzw. auf
dieser universalen Ebene genau jener, die sich am Beispiel der
Gleichnisse vom Verlorenen für das Wirken Jesu von Nazareth *innerhalb* Israels in der Zeit bis zu seinem Tode ausmachen läßt[86]. In dieser
Beschreibung seiner nachösterlichen Funktion ist bereits potentiell
die Erkenntnis enthalten, daß sich Jesus Christus im Verhältnis zum
jüdischen Volk ekklesiologisch-soteriologisch vermittelt, dh. durch
die konkrete Existenz der Kirche. Die gängige Bestimmung von deren Aufgabe durch den Völker-Missionsbefehl Mt 28,18–20 weitet
nicht nur diesen selbst unzulässig auf Israel aus, sondern bedeutet zugleich eine schwerlich vertretbare Einengung dessen, was die Gemeinde Jesu Christi nach dem Willen Gottes sein soll. Die Erinnerung daran, daß die genannten christologischen Bestimmungen ihrerseits keineswegs vom theologischen Zentrum etwa der Verkündigung
paulinischer Provenienz wegführen, es vielmehr gerade zur Geltung
bringen, mag dies noch einmal verdeutlichen.

Ins Zentrum dieser Verkündigung, sei es des Paulus selbst, sei es
der frühen Deuteropaulinen (Eph), gehört der Nachweis, daß kraft
des Todes Jesu Christi und seiner geglaubten Auferweckung das Ver-

---

86. Obwohl die exegetische Begründung der von M. Barth (Israel) vorgelegten theologischen Deutung des Verhältnisses von Israel und Kirche nicht trägt (s. oben,
102), läßt sich von den dargelegten anderen Voraussetzungen her jener Deutung
grundsätzlich zustimmen. Ohne auf die Unterscheidung zwischen Sündern und
Gerechten abzuheben, erkennt Barth (8) eine Entsprechung zwischen dem Verhältnis von Heiden und Juden in Eph 2 einerseits und dem von verlorenem und äl-
terem Sohn in Lk 15 andererseits. Zu Jesus als Verbindung bzw. als Mittler zwischen Israel und den Völkern s. auch Eckardt, Brothers, 140; Mußner, Traktat,
172; Klappert, Jesus, 160f.

hältnis der Feindschaft zwischen den Völkern und Israel in ein Verhältnis des Friedens verwandelt worden sei, ein Zuspruch und eine Gewißheit, die in der Gemeinde aus Juden und Griechen gewissermaßen leiblich dargestellt wird. Gerade weil diese Friedensstiftung aber in Gott ihren Ursprung hat und, vermittelt durch Jesus Christus, die Konkretion der Versöhnung mit Gott bedeutet (2Kor 5,19), darum ist sie nicht auf den innerchristlichen Raum zu beschränken, sondern erstreckt sich grundsätzlich so weit wie der Wille des versöhnenden Gottes und kann nur Widerspiegelung dessen sein, was Paulus mit den Worten in Erinnerung ruft: »Als wir noch Feinde waren, sind wir mit Gott versöhnt worden durch den Tod seines Sohnes« (Röm 5,10). Im Verhältnis zum Gottesvolk Israel ist damit den solchermaßen Versöhnten jenes umfassend gelebte oder zu lebende Zeugnis aufgetragen, *daß* sie als Versöhnte mit dem bleibenden Ja Gottes zum jüdischen Volk trotz dessen Nein zu Jesus Christus – und so auch trotz dessen Nein zur Kirche als einem messianisch begründeten Phänomen – ausgesöhnt sind. Diese Aussöhnung, auf jenes Ja Gottes bezogen, läßt die Hoffnung auf die künftige volle Gemeinschaft von Israel und Völkern nicht erlöschen, sondern belebt und kräftigt sie ganz neu. Weil es in diesem Sinne an der Gemeinde Jesu Christi ist zu bezeugen, daß sie aufgrund des Handelns Gottes durch Jesus Christus dazu befreit ist, im Verhältnis überwundener Feindschaft, dh. des Friedens, mit dem Gottesvolk Israel zu leben, darum laufen Bestrebungen, dies leibliche, konkrete, die ganze Existenz (also auch die Theologie) umfassende Zeugnis abhängig zu machen entweder von einem zuvor zu gebenden verbalen Zeugnis oder von der Annahme Jesu Christi als Messias durch das jüdische Volk auf eine blanke Ideologisierung des Evangeliums hinaus[87].

In der so umschriebenen Begründung der Freundschaft um Christi willen und damit der Aufhebung der Feindschaft der Völker gegen das Gottesvolk Israel ist – würde beides nur von der christlichen Gemeinde dem jüdischen Volk zugute gelebt – die urchristliche Verkündigung vom Tode Jesu Christi für Juden und Griechen wirksam. In diesem Sinne läßt sich die zentrale christologisch-kerygmatische Grundaussage des Neuen Testaments pro- und nicht antijüdisch (also

---

87. Vgl. die komplementäre, aus anderer Perspektive gewonnene Erkenntnis Lenhardts (Auftrag, 104), »daß die jüdische Ablehnung zwar die christliche und kirchliche Erfüllung (Röm 11,28) verneint und insofern negativ ist, daß sie aber keinerlei negative Rückwirkung auf den Wert und die positive Orientierung Israels hat, die Israel von Gott selbst mit seinem Ruf und seinen Gaben zugesichert sind (Röm 11,29)«. Siehe in ähnlichem Sinne Eckardt, Brothers, 129.

Israels Lebensrecht vor Gott und in seinem Verhältnis zu Gott bestreitend) aufnehmen. Und in diesem Sinne läßt sich auch – heilsam, wie es dem Evangelium eigen ist – sagen, Jesus sei der Messias Israels, läßt es sich sagen dem jüdischen Volk zugute und nicht dem jüdischen Volk zum Tode. Wenn solches christliches Zeugnis einmal über eine nicht festlegbare lange Zeit hin ergangen sein wird, dann werden – so läßt sich im Wagnis ergänzen – die Kinder Israel selbst vielleicht stillschweigend, vielleicht mit Freude das Handeln Jesu Christi bzw. seiner Gemeinde als »Völker« und gegenüber den Völkern als Handeln zu ihren Gunsten sowie als stellvertretendes Handeln für sie verstehen, *ohne* deshalb zu Christen zu werden[88].

3.7 Gelebte Versöhnung: Zum Umgang mit der Schuld

In klarer Differenz zu dem angedeuteten Wagnis sind die christlichen Gemeinden freilich gegenwärtig allenfalls mit den ersten Schritten auf einem neuen Weg nach jenen Jahren von 1933 bis 1945 befaßt, in denen sie weithin schwiegen, Vertreter aus allen ihren Schichten mithalfen und nur wenige protestierten, als unvorstellbare Scharen von jüdischen Gemeinden verfolgt und hingemordet wurden. Die Frage des Umgangs mit dieser Zeit und der in ihr aufgehäuften Schuld gehört unlöslich ins Zentrum von Überlegungen zu den Implikationen der neutestamentlichen Versöhnungsbotschaft für das christlich-jüdische Verhältnis. Zu Beginn der Versöhnungsaussagen in 2Kor 5 eröffnet Paulus die Perspektive des versöhnenden Handelns Gottes durch die Sätze: »Ist jemand in Christus, so ist er neue Schöpfung. Das Alte ist vergangen, siehe, Neues ist geworden« (V.17). Fraglos lebt die christliche Gemeinde durch die Zeiten davon, daß diese Gewißheit nicht nur für die Anfangszeit der Kirche gültig ist, die hier gemeinte Schuldvergebung (vgl. 2Kor 5,19.21) vielmehr je neu zugesprochen zu werden vermag. Und insofern der zweite Satz ein Äquivalent in Jes 43,18 hat, gilt die bleibende Ermutigung zum Leben aus dem verheißenen Neuen in entsprechendem Sinne für die jüdische Gemeinde. Freilich birgt jener Ruf »Das Alte ist vergangen . . .« die

---

88. Weil der auf Jesus bezogene Titel »Messias« im dargelegten Sinne Christen sehr viel enger an das jüdische Volk bindet, als daß er sie und Juden trennte, scheinen die verschieden begründeten Plädoyers dafür, ihn fahren zu lassen, eher bedenklich, davon abgesehen, daß er der am häufigsten im Neuen Testament vorkommende Titel für Jesus ist. Vgl. hierzu auch Klappert, Jesus, 158ff. Zerstörerisch wird der Gebrauch, wenn er ohne differenzierende Auslegung auf ein vereinfachendes Ja oder Nein zielt. Vgl. oben, 66.

Möglichkeit erheblicher Mißverständnisse in sich. Sowenig es nach biblischem Verständnis Schuldvergebung ohne Schuldbekenntnis und den damit beginnenden Weg der Umkehr gibt, so schwer ist es für jeden einzelnen wie auch für Gemeinschaften, konkret und freimütig Schuld zu bekennen. Und es scheint, als würde dies im Verhältnis zur Schuld der Jahre 1933 bis 1945 noch einmal in besonderem Maße gelten.

Von den ersten Tagen nach der Befreiung von der Naziherrschaft bis in die Gegenwart hinein läßt sich jedenfalls ein auffälliger Sprachgebrauch gerade in offiziellen kirchlichen Schuldbekenntnissen oder -verlautbarungen beobachten. So heißt es in dem vielzitierten evangelischen »Stuttgarter Schuldbekenntnis« von 1945[89] zwar gleich zu Beginn:

»Mit großem Schmerz sagen wir: durch uns ist unendliches Leid über viele Völker und Länder gebracht worden.«

Die anschließenden Sätze stehen jedoch in bemerkenswertem Gegensatz zu dieser einleitenden Feststellung (»durch *uns* ist *unendliches* Leid . . .«):

»Was wir unseren Gemeinden oft bezeugt haben, das sprechen wir jetzt im Namen der ganzen Kirche aus: Wohl haben wir lange Jahre hindurch im Namen Jesu Christi gegen den Geist gekämpft, der im nationalsozialistischen Gewaltregiment seinen furchtbaren Ausdruck gefunden hat; aber wir klagen uns an, daß wir nicht mutiger bekannt, nicht treuer gebetet, nicht fröhlicher geglaubt und nicht brennender geliebt haben.«

Hier ist nicht nur die Einleitung äußerst schwer verständlich – denn wie ließe sich angesichts gleichgeschalteter Landeskirchen und lutherischer Kirchenführer ernsthaft »im Namen der *ganzen* Kirche« »aussprechen«: »Wohl haben wir« – also die ganze Kirche – »lange Jahre hindurch gegen den Geist gekämpft . . .«. Vielmehr entbehrt auch die anschließende Selbstanklage der biblischen Orientierung: Die hier redenden Vertreter »der ganzen Kirche« bezeugen in Gestalt der Selbstanklage indirekt zunächst, *daß* sie mutig bekannt, treu gebetet, fröhlich geglaubt und brennend geliebt haben, und die Schuld wird auf dieser Basis darin gesehen, daß nicht mehr geschehen ist. Nicht etwa, daß auch nur ein Quentchen des genannten Verhaltens angezweifelt werden soll. Für alles, was tatsächlich getan worden ist, kann man nur dankbar sein, und keiner der Nachgeborenen weiß, wie er sich verhalten hätte. Aber es bleibt die Frage, ob *so* kirchlicherseits

89. Text nach J. Beckmann (Hg.), Kirchliches Jahrbuch für die evangelische Kirche in Deutschland 1945–1948, 1950, 26f.

angemessen Schuld bekannt werden kann, wenn man biblische Sündenbekenntnisse wie Dan 9,4–7 dagegenhält. Ähnlich wie im Stuttgarter Schuldbekenntnis, das, wie oft hervorgehoben, die am jüdischen Volk begangenen Verbrechen nicht ausdrücklich erwähnt, ist im Rückgriff auf dies Bekenntnis in der Erklärung der EKD anläßlich des 40. Jahrestages des Pogroms vom 9./10. November 1938 formuliert worden[90]. Und teilweise in auffälliger Nähe zum Stuttgarter Bekenntnis heißt es in einer katholischen Erklärung von 1975:

> »Wir sind das Land, dessen jüngste politische Geschichte von dem Versuch verfinstert ist, das jüdische Volk systematisch auszurotten. Und wir waren in dieser Zeit des Nationalsozialismus, trotz beispielhaften Verhaltens einzelner Personen und Gruppen, aufs Ganze gesehen doch eine kirchliche Gemeinschaft (gewesen), die *zu sehr* mit dem Rücken zum Schicksal dieses verfolgten jüdischen Volkes weiterlebte, deren Blick sich *zu stark* von der Bedrohung ihrer eigenen Institution fixieren ließ und die zu den an Juden und Judentum verübten Verbrechen geschwiegen hat«[91].

Eine erheblich gravierendere Distanzierung von der Schuldfrage bei gleichzeitigem »Bekenntnis zur Schuld und Mitschuld« liegt in den von dreizehn Bonner Theologieprofessoren 1980 veröffentlichten »Erwägungen zur kirchlichen Handreichung zur Erneuerung des Verhältnisses von Christen und Juden« vor, in denen es in Punkt 7 heißt:

> »Das Bekenntnis zur Schuld und Mitschuld (sc. ›an der mörderischen Judenverfolgung‹) sollte auch nicht die nationalsozialistische Ideologie und deren Verbrechen als christliche oder von Christen als solchen begangen oder verschuldet mißinterpretieren. Die nationalsozialistische Ideologie war ebenso offen unchristlich wie antichristlich und antijüdisch«[92].

Die Zielsetzung ist unschwer zu erkennen: Christen, Theologie und Kirche sollen über die Abstraktion »Christen als solche« und über die – die tatsächlichen Gegebenheiten nivellierende – Gleichstellung der antichristlichen und antijüdischen Prägung der Naziideo-

90. Evangelische Kommentare 18 (1978), 676. Wegweisend ist demgegenüber das entsprechende Wort der Konferenz der Evangelischen Kirchenleitung in der DDR (ebd., 675f).

91. Für ein neues Verhältnis zur Glaubensgeschichte des jüdischen Volkes. Erklärung der Gemeinsamen Synode der Bistümer in der Bundesrepublik Deutschland vom 22. 11. 1975, in: FrRu 27 (1975), 5 (Hervorh. O.-S.). Erst wenn die hervorgehobenen Einschränkungen entfielen, würden die beiden Sätze, in denen sie sich finden, mit dem nicht eingeschränkten letzten übereinstimmen. Vgl. auch die kritischen Anfragen von J. B. Metz, in: Podiumsdiskussion: Glaube und Widerstand nach Auschwitz, in: Ginzel, Auschwitz, 196f.

92. epd-Dokumentation Nr. 42/1980, 14–17.

logie aus dem Schuldgeschehen herausgehalten werden[93]. Verdrängt und vergessen gemacht werden damit die Äußerungen, in denen Christen bzw. Kirchen gerade »als solche« gemeint haben, die nationalsozialistischen Bestrebungen dulden, begrüßen oder unterstützen zu müssen[94]. So erklärlich solche Verdrängung sein mag, so ist ihr gerade aus theologischen Gründen zu widerstehen. Kirchen, in deren Zentrum die Predigt von der *Vergebung* der Schuld steht, und Theologen, die sich – wie die Bonner in Punkt 9 ihrer »Erwägungen« – nicht genugtun können, das Unterworfensein aller unter die Sünde zu betonen, erweisen dieser Verkündigung den schlechtesten Dienst, wenn sie, selbst nach Schuld in den Kirchen und der Kirchen gefragt, so zögernd mit der Sprache herausrücken. Fast scheint es, als würde dem eigenen Evangelium nicht getraut. Im Fall der Erklärung der Bonner Theologen ist die zitierte Stellungnahme um so bedauerlicher, als sie gegen einen kirchlichen Beschluß gerichtet ist, in welchem dem Phänomen der Schuld theologisch wegweisend begegnet ist[95].

Die besprochenen Beispiele scheinen theologisch am ehesten als Manifestationen eines höchst fragwürdigen Umgangs mit jenem Ruf erklärlich zu sein: »Das Alte ist vergangen, siehe, Neues ist geworden.« Die Proklamation der Distanz zwischen Alt und Neu wird entweder durch Dämpfung der Schuldaussagen aufgenommen – so in den kirchlichen Verlautbarungen, in denen durch die Struktur der Aussagen die, wenn auch eingeschränkte, Realität des »neuen Geschöpfs« implizit bezeugt wird und bezeugt werden soll. Oder sie wird mit dem Ergebnis der Verdrängung christlicher Schuld rezipiert – so in der Bonner Verlautbarung durch die Unterscheidung von »Menschen« oder »Deutschen« und »Christen als solchen«.

Von solchem oder ähnlichem Umgang mit Schuld sind jedoch Schuldvergebung und Versöhnung klar unterschieden. Wo Vergebung von Schuld zugesprochen wird oder die Bitte »Laßt euch versöhnen mit Gott!« (2Kor 5,20) laut wird, werden Menschen von der verwandelnden Kraft des Wortes Gottes betroffen gerade als Schul-

---

93. In diesem Dienst scheinen auch die offenkundigen sprachlichen Ungereimtheiten zu stehen, daß eine »Ideologie« Verbrechen begehe und eine Ideologie »begangen« werde. Zur weiteren Kritik der Erklärung, gerade auch ihres Umgangs mit der Rede von Schuld, s. B. Klappert, Kein Dokument der Erneuerung. Antwort auf Erwägungen von einigen Bonner Theologen zum Synodalbeschluß der rheinischen Landessynode, in: epd-Dokumentation Nr. 42/1980, 18–43.

94. Vgl. dazu etwa die Arbeit von Gutteridge, Mouth, bes. 267ff, sowie Gerlach, Davidstern, 20ff.

95. Immer, Erneuerung, 9ff.12ff.

dige und ohne Leugnung, Verlagerung oder Einschränkung von Schuld. Durch die Mauer von Schuld wird ein Tor der Hoffnung gebrochen, und diese Hoffnung gibt die Kraft, vergangene Schuld zu sehen, sie gewissermaßen durch den verwandelnden Zuspruch gebannt zu sehen und sie darum tragen zu können.

Der Zusammenhang ist von Bedeutung zum einen für die Integrität derer, die die Barmherzigkeit Gottes anrufen. Denn das Mißverständnis von Schuldvergebung als Recht zur Schuldverdrängung schließt ein, daß Schuld nicht aufgenommen wird und die Betroffenen gerade aufgrund der »Vergebung« nicht von ihren Mechanismen befreit werden. Das Bekenntnis zur Schuld hingegen ist die Voraussetzung dafür, daß wirklich Befreiung von schuldhaften Verwicklungen geschieht und daß darüber hinaus das, was an Erkenntnis in der Vergebung von Schuld liegt oder aus ihr gewonnen werden kann, bewahrt zu werden und als Orientierung im Fortgang der Geschichte zu dienen vermag. Der dargelegte Zusammenhang ist zum anderen von gleicher, wenn nicht noch größerer Bedeutung im Hinblick auf die Opfer der Schuld[96]. Verdrängung von Schuld, dh. von Unrecht, geht stets einher mit der Verdrängung der Opfer. Dort aber, wo aufgrund von zugesprochener Schuldvergebung nicht mehr der Opfer gedacht wird, werden Vergebung und Versöhnung mißbraucht. Theologisch gesehen gerät aus dem Blickfeld, daß das versöhnende Handeln Gottes auf die Welt, auf alle Menschen zielt. Wo das »alle« allein zugunsten der Lebenden oder der Überlebenden aufgenommen wird, ist es bereits verzeichnet. »Alle« sind nicht nur die Heutigen, sondern auch die Gestrigen wie auch die Zukünftigen. Unter den Gestrigen aber insbesondere die Opfer. Dort, wo ihrer nicht mehr gedacht und so auch nicht mehr den Wegen nachgespürt wird, auf denen sie zu Opfern wurden, stehen sie auf und werden zu Zeugen, daß bereits die ersten Schritte auf dem Weg der Versöhnung im Zeichen eines Scheinfriedens unternommen sind. So schließt das Hören und Annehmen der Botschaft von der Versöhnung das – Schuld und schuldhafte Verflechtungen aufnehmende – Gedenken an die Opfer ein, an die toten und an die überlebenden. Dies ist die irdisch gegebene Möglichkeit ihrer Mitnahme auf jenen Weg der Versöhnung. Besondere Bedeutung kommt in diesem Zusammenhang dem Sachverhalt zu, daß tatsächlich nicht nur einzelne, sondern die Gemeinschaft bzw. die Gemeinden dem Gedenken Raum geben. Die in den Jahren von 1933 bis 1945 am jüdischen Volk begangenen Verbrechen und die mit ihnen

---

96. Vgl. hierzu F.-W. Marquardt, Christsein nach Auschwitz, in: ders. Friedlander, Schweigen, 7–34.

aufgehäufte Schuld der unmittelbaren und mittelbaren Täter und der Tatenlosen sind von solchen Ausmaßen, daß das aufnehmende Gedenken des einzelnen nur einem Bruchteil zu begegnen vermag.

Die Einstellung und das Verhalten, um die beide es gerade im Horizont der Botschaft von der Versöhnung geht, lassen sich in aller Schärfe durch einen der wenigen Texte zum Thema »Versöhnung« aus der Überlieferung der Evangelien beleuchten. In Mt 5,23f ist als Weisung Jesu das Wort aufbewahrt: »Wenn du deine Gabe zum Altar trägst und wirst dort eingedenk, daß dein Bruder etwas gegen dich hat, dann laß deine Gabe dort vor dem Altar und geh zuerst hin und versöhne dich mit deinem Bruder, und dann komm und bringe deine Gabe dar.« Das Schuld aufarbeitende Gedenken ist die Art und Weise, in der die christlichen Gemeinden dieser Weisung Jesu im Verhältnis zu den Opfern entsprechen können und zu entsprechen haben. Es ist Praxis dessen, was es heißt, im Verhältnis zur Vergangenheit – einer durch die überlebenden Opfer gegenwärtigen Vergangenheit – aus dem Wort von der Versöhnung zu leben. Der geläufige Ruf nach einem Ende des Gedenkens an Opfer, Unrecht und Schuld ist entsprechend Ausdruck nicht eines versöhnten, sondern eines schlechten Gewissens, die Folge dieses Rufes, daß die, denen unendliches Unrecht getan wurde, ein weiteres Mal ausgeschlossen werden.

Der zuletzt berührte Text aus der Bergpredigt steht dort in einem Kontext, der von kaum geringerer Bedeutung für die zur Diskussion stehenden Zusammenhänge ist. In sechs antithetisch gehaltenen Partien (Mt 5,21–48) legt Jesus aus, was Erfüllung der Tora und was damit »Gerechtigkeit« heißt als das Verhalten, das dem Willen Gottes entspricht. Die Tendenz sämtlicher Einheiten läßt sich exemplarisch an der ersten verdeutlichen. Das Verbot »Du sollst nicht töten« gilt nicht erst der Handlung des Tötens im wörtlichen Sinne, vielmehr bereits den ersten Anfängen einer feindlichen Einstellung, wie sie sich in Schimpfworten und im Zorn Ausdruck verschaffen, bzw. diese ersten Anfänge werden als Beginn des Weges, an dessen Ende das Töten steht, untersagt[97]. Zwar ist die Interpretation der Bergpredigt umstritten. Der Auffassung der Gebote Jesu als ernsthaft und wörtlich gemeinter Weisungen steht die stärker am paulinischen Gesetzesverständnis orientierte Deutung gegenüber, die Antithesen sollten die Unerfüllbarkeit der Gebote Gottes für den Menschen und damit dessen Sündhaftigkeit erweisen. Jene Tendenz »nicht erst, sondern schon« bleibt jedoch von diesen divergierenden Gesamtauffassungen unberührt. Wird sie – sei es in diesem, sei es in jenem Sinne –

---

97. C. Dietzfelbinger, Die Antithesen der Bergpredigt, 1975, 18.

wirklich ernst genommen, so ergeben sich weitreichende Konsequenzen sowohl für das Verständnis der Geschichte der Kirchen als auch ihrer gegenwärtigen Aufgaben. Dann nämlich ist allen Versuchen, die Verwicklungen des Christentums bzw. der Kirchen, Gemeinden und einzelner Christen »als solcher« oder auch nicht »als solcher« in die Gewaltgeschichte des Nationalsozialismus herunterzuspielen, der Boden entzogen, insbesondere auch dem Versuch, das Verständnis der jahrtausendelangen kirchlichen Judenfeindschaft als wesentlicher Voraussetzung für die Möglichkeit der nationalsozialistischen Judenverfolgung und -ermordung abzuwehren. Vielmehr müßte im Horizont von Mt 5,21f den Kirchen und insbesondere ihren Theologen, allen voran denjenigen, die die Geschichte der Kirchen schreiben, mehr – wenn nicht alles – daran gelegen sein, die ersten Spuren eines »Racha« oder des Zorns gegenüber dem jüdischen Volk in der Geschichte der christlichen Gemeinden auszumachen. Solche Suche wird auch vor dem Neuen Testament nicht haltmachen können, dessen Zeugnisse in zum Teil heftigen Auseinandersetzungen entstanden und keineswegs frei sind von Einstellungen der Feindschaft, wie sie in der Bergpredigt in die Krisis geführt werden. Sie kann ihre positive Entsprechung allein in dem Bemühen um ein theologisches Denken, eine Gestalt der Verkündigung und der Erziehung und um eine Bereitschaft zum Hören, Lernen und Verstehen haben, das alles daran setzt, die Erkenntnisse aus dem Geschehenen und seinen näheren und weiteren Zusammenhängen zugunsten von Juden, Christen und anderen Menschen aufzunehmen.

Die Zeit, in die Theologie und Kirche damit in ihrem Verhältnis zum jüdischen Volk zu stehen kommen, kann theologisch nur als Zeit der Umkehr[98] bzw. als Zeit der Geduld Gottes zur Umkehr definiert werden.

4. Der Kommende

Mit den zuletzt berührten Zusammenhängen ist der Fragenkreis der Christologie wider den Augenschein keineswegs verlassen. Vielmehr ist der unerläßliche Schritt getan, um den dritten für das Neue Testament konstitutiven christologischen Zusammenhang zu thematisieren: die Erwartung der Ankunft oder Parusie Jesu Christi als Messias Israels und Retter der Völker am Ende der Zeiten.

98. Vgl. oben, 33.

4.1 Parusie, Parusieverzögerung und Umkehr

Die Erwartung der Parusie Jesu Christi bildet einen so festen Bestandteil aller neutestamentlichen Zeugnisse, daß ein Entwurf einer
am Neuen Testament entwickelten Christologie, der sich allein oder
vornehmlich auf das sogenannte Kerygma von Kreuz und Auferwek-
kung Jesu Christi gründet, von vornherein eine Verkürzung darstellt.
Die »Theologie des Neuen Testaments« von Rudolf Bultmann ist ein
eindrückliches Beispiel einer solchen Verengung. Es lehrt, daß die
Nivellierung der Bedeutung des irdischen Jesus und die Nivellierung
der Erwartung seiner Parusie auf der Basis einer einseitigen Rezeption jenes Kerygmas Hand in Hand gehen. Die Folgen einer solchen
Konzeption reichen weit. Sie bestehen zum einen in der Distanzierung von der Geschichte als Vergangenheit; dies zeigt sich bei Bultmann an der theologischen Abstinenz vom irdischen Jesus[99] und der
ihr entsprechenden Abwertung der Geschichte Israels als Geschichte
des Scheiterns[100]. Sie manifestieren sich zum anderen in einer Distanzierung von der Geschichte als Zukunft; dies verdeutlicht bei Bultmann sowohl die Auflösung der Parusie in die Gegenwart[101] als auch
die Beurteilung der mit ihr nach Paulus einhergehenden Rettung
ganz Israels als Ausdruck der »spekulierenden Phantasie«[102]. Geschichte ist nun einmal für die Bibel Alten und Neuen Testaments weder ein beliebig zu füllendes Abstraktum noch wesentlich Geschichte
des einzelnen, sondern im entscheidenden die Geschichte von konkreten Gemeinschaften, nämlich Israels und der Völker. Ein Begriff
von Geschichte, für den der Weg des Volkes Israel in Vergangenheit,
Gegenwart und Zukunft nicht mehr konstitutiv ist, hat deshalb mit
dem biblischen Verständnis von Geschichte kaum mehr etwas zu
tun[103]. Im Rahmen dieses Verständnisses und seiner Rezeption aber
spielt sowohl im Alten als auch im Neuen Testament sowie in dem
ihm gleichzeitigen antiken Judentum das Motiv der Umkehr eine her-
ausragende Rolle. Beispiele dafür sind die biblischen Propheten, die
verschiedenen Umkehrbewegungen zur Zeit Jesu wie die Gruppe der
Pharisäer, die Gemeinde vom Toten Meer oder der Kreis um Jesus

---

99. Vgl. oben, 69.
100. R. Bultmann, Weissagung und Erfüllung, in: ders., Glauben und Verstehen II,
    1958[2], 134. Zur Kritik s. H.-J. Kraus, Die Biblische Theologie – Ihre Geschichte
    und Problematik, 1970, 319f.
101. Vgl. dazu Osten-Sacken, Kreuzestheologie, 169f.173ff.
102. Bultmann, Theologie, 484.
103. Vgl. hierzu C. Müller, Gottes Gerechtigkeit und Gottes Volk. Eine Untersu-
    chung zu Röm 9–11, 1964, 104ff.

von Nazareth selbst, sowie die Hochschätzung der Umkehr, wie sie im Rahmen des rabbinischen Judentums zB. im Achtzehnbittengebet oder aber in der Tradition über die Umkehr als zweites Schöpfungswerk nach der Tora zum Ausdruck kommt (bPesachim 54b). Der Umkehrruf bringt in der Vergangenheit gewonnene Konturen des gottgewollten Weges in Erinnerung, er ist zugleich Hinleitung in die Zukunft, beides im Entscheidungsstadium der Gegenwart. Dieser Zusammenhang von Umkehr und Geschichtsverständnis führt ein erstes Mal in die zuletzt eingeschlagene Richtung zurück. Dabei drängt sich der Rekurs auf den Begriff der Umkehr um so mehr auf, als der Ruf zur Rückkehr auf den durch den Willen Gottes gekennzeichneten Weg gerade aufs engste mit der Verkündigung der baldigen Nähe des entscheidenden Handelns Gottes verknüpft ist.

Ungeachtet der konstitutiven Bedeutung der Parusie Jesu Christi für die Christologie der neutestamentlichen Zeugnisse sind die Erwartungen, die sich mit dem Ruf »Unser Herr, komm« (1Kor 16,22), bzw. mit der Gewißheit, daß er kommt (1Kor 11,26), verbinden, im einzelnen verschieden. Dies gilt insbesondere von dem Zeitpunkt, zu dem mit der Herrschaft Gottes oder mit der Herrschaft Jesu Christi gerechnet wird. Bekanntlich haben sich bereits die im Neuen Testament zu Wort kommenden Zeugen mit dem Problem auseinandergesetzt, daß sich die Ankunft des Messias Jesus, gemessen an der ursprünglichen Erwartung, spürbar verzögerte. Die Reservierung der Kenntnis der Daten allein für den Vater (Mk 13,32; Apg 1,7) spiegelt das Ringen um das Problem im kleinen, der lukanische Aufriß von Evangelium und Apostelgeschichte bekanntlich im großen[104]. Die Frage des Zeitpunkts wird zurückgedrängt, die sich dehnende Zeit als Zeit der Zeugenschaft zugunsten der ganzen Welt ausgelegt (Apg 1,8). Wie freilich das Motiv der Zeugenschaft nichts prinzipiell Neues, vielmehr in jenen Zusammenhängen fest verankert ist, in denen eine Nächsterwartung begegnet, so behält umgekehrt das Motiv der Umkehr auch dort, wo die Verzögerung wahrgenommen ist, seine zentrale Stellung bei[105]. Die im Neuen Testament mit zunehmender Verzögerung dringlicheren Rufe, zu wachen und der Ankunft des Menschensohns gewärtig zu sein wie des jederzeit möglichen Einbruchs des Diebes in der Nacht[106], sind schwerlich anders denn als Ermutigungen zu verstehen, die begonnene Umkehr Realität bleiben zu lassen. Noch deutlicher aber zeigt sich der Zusammenhang zwischen

104. Vgl. H. Conzelmann, Die Mitte der Zeit, 1977[6].
105. Vgl. Apg 2,38; 3,19; 11,18 u.ö.
106. ZB. 1Thess 5,1–11; Mk 13,32–37; Mt 24,42–51; 25,1–13 u.a.

Parusieverzögerung und Umkehr, wenn der Verzug des erwarteten
Endes in 2Petr 3,9 unmittelbar auf die gnädige Intention Gottes zurückgeführt wird, der »Geduld hat mit euch und nicht will, daß jemand verloren werde, sondern daß alle zur Umkehr gelangen«[107].
Ein zweites Mal erweist sich damit die Relevanz des Motivs der Umkehr im Rahmen des Themas »Parusie«, hier unter dem Vorzeichen
ihrer Verzögerung.

4.2 Der Gekommene und der Kommende: Kontinuität und Diskontinuität

Ungeachtet wiederum der angedeuteten Variationen gibt die neutestamentliche Parusieerwartung einer grundlegenden Gewißheit Ausdruck: Jesus Christus als Messias Israels und Retter der Völker bestimmt nicht nur Vergangenheit und Gegenwart, wenn denn – im Gegensatz zu mancher dogmatischen Formulierung – keineswegs bereits
alles erfüllt ist, vielmehr die Schöpfung noch ächzt und seufzt (Röm
8,22), »ganz Israel« in begründetem Nein verharrt, die Fülle der Völker durchaus nicht gewonnen ist und auch von der Gemeinde Jesu
Christi nachweislich Röm 8,24 nur gesagt werden kann, sie sei im Mo-
dus der Hoffnung gerettet. Diese Erinnerung an die Breite des neutestamentlichen Hoffnungs- und Parusiespektrums veranschaulicht,
was an konkreter Hoffnung verlorengeht, wenn die Zukunftsaussagen des Neuen Testaments in existentialer Interpretation auf den bloßen Begriff der Zukünftigkeit menschlicher bzw. christlicher Existenz gebracht werden. Sie ermöglicht es weiter, genauer zu benen-
nen, inwiefern ein Entwurf neutestamentlicher Christologie allein
von jenem Kerygma von Kreuz und Auferweckung her eine unvertretbare Verengung Jesu Christi selbst darstellt. Denn zwar ist für die
neutestamentliche Überlieferung die Identität zwischen Jesus von
Nazareth bzw. dem auferweckten Gekreuzigten und dem kommenden Menschensohn grundlegende Voraussetzung und Spezifikum aller Jesusaussagen. Ohne daß diese Identität anzutasten wäre, stellt
sich jedoch das Thema »Kontinuität – Diskontinuität«, das bisher
vorwiegend im Rahmen der Diskussion des Verhältnisses »irdischer
Jesus – verkündigter Christus« Beachtung gefunden hat, nicht minder
hinsichtlich des Verhältnisses »Jesus Christus als Gekommener – Jesus Christus als Kommender«. Die Diskontinuität zwischen Gekom-

---

107. Vgl. auch die Interpretation der Zeit des Verzugs als »Zeit der Täter der Tora,
deren Hände nicht müde werden vom Dienst der Wahrheit«, in 1QpHab VII, 9–
12.

menem und Kommendem, dh. dessen Andersartigkeit trotz seiner vorausgesetzten Identität mit dem Gekommenen, läßt sich mit Hilfe der verschiedenen in Parusietexten begegnenden Motive, aber prinzipiell bereits an der Grunderwartung, wie sie zB. Mk 8,38 begegnet, unschwer aufweisen. Das Kommen des Menschensohnes »in der Herrlichkeit seines Vaters mit den heiligen Engeln« ist authentische Aufnahme einer wesentlichen, an Dan 7 orientierten jüdischen Zukunftserwartung jener Zeit. Es steht in erheblichem Kontrast zum Wirken Jesu Christi, wie es in den Evangelien vorausgesetzt ist und zur Geltung gebracht wird. Bekanntlich ist er dort von vornherein in seiner Einheit als Irdischer, Gekreuzigter und Auferweckter gesehen, so daß seine »Herrschaft« als Auferweckter die Signatur des Dienstes in Niedrigkeit behält. Zwar deuten die Evangelien selbst verschiedentlich die Kontinuität zwischen Gekommenem und Kommendem auch hinsichtlich seiner Teilhabe an der »Herrlichkeit Gottes« jetzt und dann an. So folgt in den Synoptikern auf jene Ankündigung des Kommens des Menschensohns »in der Herrlichkeit seines Vaters mit den heiligen Engeln« die Erzählung von der Verklärung Jesu und seiner Begegnung mit Mose und Elia (Mk 9,2–9). Die kaum zufällige Komposition spricht dafür, daß diese Begegnung eine andeutende Vorausdarstellung der kommenden Teilhabe Jesu an der Herrlichkeit Gottes und der Gemeinschaft mit den zusammen mit ihm erwarteten »heiligen Engeln« ist[108]. Aber die Erzählung ist nun eben doch eine Antizipation, ihr Erleben esoterisch auf die Jünger begrenzt (Mk 9,3), der Kreis der »heiligen Engel« allein durch Mose und Elia vertreten. Und obwohl das Gebot des Schweigens über das Erlebte nur solange gelten soll, bis »der Menschensohn von den Toten auferstanden ist« (Mk 9,9), bleibt die unmittelbare Schau ein Stück Vergangenheit der drei Jünger und ihr Nacherleben angewiesen auf den Glauben der Gemeinde.

Die Diskontinuität zwischen Jetzt und Dann läßt sich nicht nur über ihre anthropologische Spiegelung in der Unterscheidung zwischen Glauben und Schauen aussagen[109], vielmehr gerade auch christologisch, wie eine weitere Anzahl von Beobachtungen belegt, die über die bisher genannten hinausführen. So benennt Matthäus in seiner Version jenes Wortes vom Kommen des Menschensohnes ein weiteres Kennzeichen, das das Bild des Kommenden modifiziert,

---

108. Vgl. A. Descamps, Moses im Neuen Testament, in: H. Cazelles (u.a.), Moses in Schrift und Überlieferung, 1963, 193.
109. Vgl. hierzu außerdem 2Kor 5,7.

wenn er ergänzt: »Und dann wird er einem jeden vergelten gemäß seinem Handeln« (Mt 16,27). In Übereinstimmung damit hat Matthäus die bei Markus herausgestellte Verknüpfung zwischen dem Bekenntnis der Menschen zu Jesus in der Gegenwart und dem Bekenntnis des Menschensohnes zu seinen Bekennern bei seinem Kommen aufgelöst. Das Bekenntnis zu den Worten Jesu und zu ihm selbst ist gerade nicht entscheidend, wie der Evangelist bereits in der Bergpredigt (Mt 7,21–23) und dann wieder in der Szene vom Weltgericht (Mt 25,36–50) hervorhebt, vielmehr das Handeln. Zwar herrscht bei Matthäus selbst, wie der Zusammenhang zwischen Bergpredigt und Weltgericht zeigt, an dieser Stelle zunächst einmal Kontinuität, nämlich zwischen der Lehre des Gekommenen und dem Handeln des Kommenden. Angesichts der Schlüsselstellung des Kyrios-Bekenntnisses als Kriterium rechter Lehre und rechter Gläubigkeit im christlichen Verständnis bringt die matthäische Sicht des Menschensohnes jedoch zum einen gerade *mit* dieser Kontinuität eine beträchtliche Fremdheit in das gängige Bild des Erwarteten. Entscheidend ist nicht, ob jemand Jesus als Messias bekennt, den Ausschlag gibt vielmehr das Handeln. Und zum anderen sind auch die matthäischen Bilder vom gekommenen und kommenden Menschensohn nicht einfach kongruent. Die Züge des Menschensohnes sind andere, wenn er jetzt, in Übereinstimmung mit Gottes Güte (vgl. Mt 5,45), in der Gegenwart Weizen und Unkraut wachsen läßt (Mt 13,24ff,36ff), und wenn er dann (als Handelnder) mit Hilfe seiner Engel die Gerechten von den Ungerechten scheidet (Mt 13,41–43; 25,36–50). Die hier überall wirksame Orientierung am Handeln als ausschlaggebendem Kriterium gewährt potentiell all denen aus dem Evangelium selbst heraus Zukunft, die – wie der eine der beiden Söhne im Gleichnis Mt 21,28–32 – zwar nein sagen, aber dennoch den Willen des Vaters tun, wie er bei Matthäus zentral im Gebot der Feindesliebe zum Ausdruck kommt (Mt 5,44).

Nicht minder gibt Lukas zu Erwägungen über Kontinuität und Diskontinuität zwischen dem Gekommenen und dem Kommenden Anlaß. Eine Rückerinnerung an bereits Entfaltetes mag genügen. Das Leiden des Christus ist Signum des Irdischen, im Zeugnis Vergegenwärtigten, und steht unter einem endzeitlichen Vorbehalt. Die Zukunft des Kommenden ist anders als Vergangenheit und Gegenwart des Gekommenen dadurch bestimmt, daß alles aufgerichtet wird, was Gott durch den Mund der Propheten verheißen hat (Apg 3,20f). Dies »alles« schließt nach Lukas jenes Reich oder jene Herrschaft des Friedens für Israel ein, von der die Jünger auch nach der Auferweckung Jesu träumen. So ist besonders nach Lukas der erwartete Menschensohn gerade im Hinblick auf das, was von ihm erwartet wird, nicht einfach eine »Wiederholung« des Gekommenen[110].

Zwei weitere Zeugen des Neuen Testaments sollen zumindest berührt werden, um das Feld der Beobachtungen zu verbreitern. Nach Paulus kennzeichnet den Gekreuzigten 1Kor 15 gemäß, daß er der »Erstling der Entschlafenen« ist. Als solcher stellt er den *pars pro toto* aller derer dar, die am Ende der Tage lebendiggemacht werden sollen. Bis dahin liegt der Auferweckte, von Gott mit stellvertretender Herrschaft betraut, im Kampf mit den gottfeindlichen Mächten, die die Schöpfung von ihrem Schöpfer zu trennen suchen, allen voran der Tod als der letzte Feind. Seine Unterwerfung bildet entsprechend Ziel und Ende des Kampfes (1Kor 15,23–26). Sie ist identisch mit der Auferweckung der Toten bzw. der Verwandlung der Lebenden bei der Parusie (1Kor 15,50–55). Auch dieser Zusammenhang schließt ein, daß die Gestalt, in der sich der Auferweckte in der Gegenwart zeigt, etwa im Leiden des Apostels in Geduld (2Kor 4,7–15), und die Gestalt, in der er als weltweiter Sieger über den Tod erwartet wird, trotz der vorausgesetzten Identität zugleich verschieden sind. Die Differenz vertieft sich noch, wenn das Ende des gesamten Dramas einbezogen wird, wie Paulus es in 1Kor 15,28 fixiert: »Wenn ihm alles unterworfen ist, dann wird sich auch der Sohn selbst dem unterwerfen, der ihm alles unterworfen hat, damit Gott sei alles in allem«[111]. Der Beauftragung des Gekreuzigten mit der stellvertretenden Herrschaft aufgrund und seit seiner Auferweckung von den Toten entspricht die Rückgabe dieser Herrschaft am Ende des siegreichen Kampfes mit dem Tod. In diesem Sinne steht dem gegenwärtig kämpfend Herrschenden der zukünftig Siegreiche, von Herrschaft Freie gegenüber. Dieser Zusammenhang, in dem die Alleinherrschaft Gottes als Ziel aller seiner Wege kenntlich gemacht wird, stellt das stärkste Band dar, das jüdische und christliche Hoffnung miteinander verbindet. Wie die paulinischen Ausführungen lehren, wird es durch die Christologie gerade nicht zum Zerreißen gespannt, vielmehr in seiner letzten Gültigkeit bestätigt.

Eindrücklich lehrt sodann die Apokalypse des Johannes den Unterschied zwischen dem gekommenen und dem kommenden Messias, wie etwa ein Vergleich zwischen den Texten 12,1–6 und 19,11–16 zu

110. Vgl. oben, 132f.
111. Zur verwandten Konzeption in Apok. Joh. 21,1–7; 22,1–5 s. W. Grundmann, Artik. *chriō*, in: ThWbNT IX (1973), 569f. Siehe zum Ganzen ausführlicher Osten-Sacken, theologia, 477ff. Auf die hohe Bedeutung des Textes 1Kor 15,20–28 für das christlich-jüdische Verhältnis hat zuerst Franz Rosenzweig aufmerksam gemacht. Vgl. Schoeps, Religionsgespräch, 134; Thoma, Theologie, 201.

zeigen vermag. Beide Zusammenhänge sind durch das Motiv der Herrschaft des Messias über die Völker verbunden. Sie lassen ihn jedoch jeweils in völlig unterschiedlicher Gestalt erscheinen – dort als Kind, hier als siegreichen Heerführer.

Texte wie Offb 19,11–16, aber auch die übrigen Beispiele für Diskontinuität zwischen Gekommenem und Kommendem bekräftigen zum einen das unveränderte Recht der biblisch-jüdischen Erwartung in ihrer ganzen, durch Texte wie Jes 2,1–4 veranschaulichten Konkretheit. Sie machen als *christologische* Texte das mit dem Hinweis auf die Unerlöstheit der Welt begründete Nein Israels zu Jesus als Christus plausibel. Sie geben Raum für eine Identität zwischen Gekommenem und Kommendem, die diese für die christliche Gemeinde unangetastet läßt und doch – angesichts der angezeigten Diskontinuität – Israel ohne theologische Diskriminierung die Freiheit läßt, erst dann den Messias zu begrüßen, wenn er sich dem Volk Gottes in seiner von ihm erwarteten, der Zukunft vorbehaltenen und auch den Christen entzogenen Gestalt zeigt. Diese Konturen des Verständnisses der Parusie des Messias ermöglichen es der christlichen Gemeinde, den Glauben an Jesus Christus als Messias Israels auch in der Perspektive der Zukunft zu bewahren, ohne doch zugleich das gegenwärtige Israel unter das Muß der Forderung des Glaubens an den gekreuzigten Auferweckten zu zwingen und so seine Identität in seinem »gehorsamen Ungehorsam«[112] anzutasten, wie er im Nein zu Jesus Christus als gekommenem Messias zur Geltung kommt. In diesem Sinne läßt sich dann auch dem an einem anderen Gesichtspunkt orientierten Versuch von Hans-Joachim Schoeps beipflichten, christliche und jüdische Messiaserwartung heilsam aufeinander abzustimmen:

>»Der Messianismus Israels zielt auf das Kommende, die Eschatologie der Weltvölker-Kirche auf die Wiederkehr des Gekommenen. Beide eint die gemeinsame Erwartung, daß das entscheidende Ereignis noch kommen wird – als das Ziel der Wege Gottes, die er in Israel und in der Kirche mit der Menschheit geht. Die Kirche Jesu Christi hat von ihrem Herrn und Heiland kein Bildnis aufbewahrt. Wenn Jesus morgen wiederkommen würde, würde ihn wohl von Angesicht kein Christ erkennen können. Aber es könnte wohl sein, daß der, der am Ende der Tage kommt, der die Erwartung der Synagoge wie der Kirche ist, dasselbe Antlitz trägt«[113].

---

112. Siehe oben, 112, A. 76.
113. H.-J. Schoeps, Paulus, 1959, 274.

4.3 Israel und Kirche im Horizont des Kommenden

Die – teilweise bereits angedeuteten – Konsequenzen dieser Sicht betreffen jüdisches Volk und christliche Gemeinde gleich intensiv, wenn auch auf je verschiedene Weise. Gerade aufgrund der dargetanen Diskontinuität kann Israel in seinem Nein ganz ernst genommen werden, wird seine Identität nicht angetastet. Und ebenso behält aufgrund dieser Diskontinuität die leuchtende Verheißung »Ganz Israel wird gerettet werden« ihre Kraft und wird doch nicht von der für Israel wie für die Kirche gleichermaßen zentralen Gewißheit gelöst, daß die Rettung des Gottesvolkes die Aufnahme seines Messias einschließt. Gerade wenn christlicherseits die Erfüllung der Hoffnung Israels nicht gegen Israels Hoffnung, sondern im Bewußtsein der gemeinsamen Hoffnungselemente mit dem Gottesvolk ausgesagt wird, bleibt schließlich um so mehr jede Form eines Mißverständnisses der Verheißung der Rettung des ganzen Gottesvolkes ausgeschlossen. Sowenig die Verkündigung der Rechtfertigung aus Glauben durch Paulus das Gericht nach den Werken suspendiert, es vielmehr einschließt[114], sowenig läßt sich aus jener Verheißung für Israel folgern, daß es damit aufgrund seines Tuns errettet, dh. all sein Tun heiliggesprochen würde. Vielmehr bleibt im Hinblick auf das Gottesvolk in Geltung, was Paulus in Röm 2,6 im Kontext seines Gesprächs mit »dem Juden« festhält. Gott wird – Ps 62,13 gemäß – »einem jeden nach seinen Werken vergelten«. Es dürfte dieser Aspekt sein, in dem »ganz Israel« dem Apostel – im Unterschied zu manchem christlichen Theologen – mit besonderem Nachdruck beipflichten würde. Eine Probe aufs Exempel bietet die bekannte Parallele zu Röm 11,26 im Mischnatraktat Sanhedrin X,1. Zwar heißt es hier ähnlich wie dort: »Ganz Israel hat teil an der kommenden Welt.« Aber gleich darauf zählt die Überlieferung auf, welche einzelnen Kinder Israel davon ausgenommen sind. So bestärkt diese jüdische Parallele darin, ein undialektisches Verhältnis der »christlichen« Verheißung Röm 11,26 in Frage zu stellen.

Die christliche Gemeinde hinwiederum wird durch die aufgewiesene Diskontinuität zwischen gekommenem und kommendem Messias auf denselben Weg geführt, der sich bereits aufgrund der Verkündigung der Auferweckung des Gekreuzigten ergab, nur eben jetzt aus der Perspektive seiner Zukunft. Das Leben als mit Gott Versöhnte – damit auch als mit der unumstößlichen und anstößigen, auf das Le-

---

114. Vgl. 2Kor 5,10 u.ö. sowie die Arbeiten von L. Mattern, Das Verständnis des Gerichts bei Paulus, Zürich 1966, und E. Synofzik, Die Gerichts- und Vergeltungsaussagen bei Paulus, 1977.

ben, nicht auf den Tod zielenden Liebe Gottes zu Israel Ausgesöhnte
– ist die Art und Weise, in der sie die Identität zwischen dem gekommenen und dem kommenden Messias bezeugen kann und zu bezeugen hat. Wohl auch nicht anders als so vermag sie der jüdischen Gemeinde gegenüber Zeugnis dafür abzulegen, daß der Gedanke an die
mögliche Identität zwischen Gekommenem und Kommendem kein
Grund zum Schrecken ist. In Israel wird für das mathematische Plus-
zeichen ein waagrechter Strich mit einem senkrechten Häkchen darauf statt des weltweit üblichen Zeichens benutzt, weil dieses an ein
Kreuz erinnert. Schon dies eine Beispiel macht deutlich, wie tief jener – in jahrhundertelangem antijüdischem Leben der Kirche mit ihrem »Herrn« begründete – Schrecken sitzt. So läßt sich auch von hier
aus der Weg der Gemeinde Jesu Christi in ihrem Verhältnis zum jüdischen Volk näher nur als Weg der Umkehr kennzeichnen und damit
als die Bahn, die das neutestamentliche Zeugnis für beide Situationen
vorsieht: für die nahe wie die ferne Erwartung der Parusie.

Angesichts dieser Zusammenhänge kann es nur als ein tiefgreifen-
des Mißverständnis betrachtet werden, wenn die revidierte Predigt-
textordnung der EKD und des Bundes der Evangelischen Kirchen in
der DDR den Text Röm 11,25–32 außer für den 10. Sonntag nach Trinitatis (Israel-Sonntag) als alternativen Text der Reihe II für den Ka-
sus »Bittgottesdienst um die Ausbreitung des Evangeliums« vorsieht[115]. Das hierin sich bekundende Verständnis des Verhältnisses
von Kirche und jüdischem Volk läuft auf den Bedingungssatz hinaus:
»Erst wenn Israel an Jesus Christus glaubt . . .«. Zu stützen vermag
sich dies Verständnis allein auf seine weite Verbreitung. Die Aufnahme des Textes an dem bezeichneten Ort verrät zwar die realistische
Einschätzung, daß die Kirche nicht mit der nahen Parusie rechnet,
vielmehr – in Übereinstimmung mit der lukanischen Diktion – in der
Zeit der Zeugenschaft lebt. Die Vereinnahmung von Röm 11,25–32
in missionarischem Sinne bricht jedoch diesem Text insofern die Spit-
ze ab, als hier die »Rettung ganz Israels« gerade nicht Ergebnis kirchlicher Bemühungen ist, und sei es der Bitte um Ausbreitung des
Evangeliums. Vielmehr wird sie eindeutig als Werk Gottes verstanden, wenn »kommen wird der Erlöser aus Zion« (Röm 11,26), sei
dies nun eine Umschreibung der Ankunft Gottes selbst oder aber der
Parusie Jesu Christi. Nicht als Predigttext im Rahmen eines Bittgot-
tesdienstes der bezeichneten Art, in der der Text fortbewegt wird von
der christlichen Gemeinde, vielmehr als Text eines Bußgottesdien-
stes, der die Umkehr der christlichen Gemeinde in ihrem Verhältnis

115. Neuordnung der gottesdienstlichen Lese- und Predigttexte, (o.J.), 87.

zum jüdischen Volk zum Thema und Inhalt der Bitte hätte, wäre
Röm 11,25–32 in Übereinstimmung mit den bisherigen Überlegungen angemessen aufgenommen. Im Rahmen eines solchen Gottesdienstes, wenn auch nicht nur dort, hätten jene Zusammenhänge einen zentralen Platz, die oben unter den Stichworten »Gedenken,
Schuld und Schuldvergebung« angedeutet wurden.

4.4 Christologische Konsequenzen der Parusieverzögerung

Was sich hier erneut abzeichnet, daß nämlich die Umkehr auf Konkretion zielt, tritt in seiner Notwendigkeit und Dringlichkeit aufgrund von christologischen Überlegungen zutage, die noch einmal
aus Beobachtungen zu den Zusammenhängen »Parusie« und »Parusieverzögerung« resultieren. Der bereits gestreifte christologische
Grundriß des Paulus in 1Kor 15,20–28 lehrt: Der auferweckte Gekreuzigte ist von Gott mit stellvertretender Herrschaft betraut, um in
der Zeit zwischen seiner Auferweckung und dem endgültigen Ende
dieser Welt die Gott entgegenstehenden Mächte, allen voran den
Tod, niederzuringen. Nach dem Apostel ist diese Zeit äußerst kurz
bemessen – er ist selbst allenfalls auf eine Generation eingestellt, eher
weit weniger als mehr. Die Reaktionen der frühen Gemeinden und
ihrer Lehrer auf das Ausbleiben des Erwarteten, wie sie in Lehre,
Verkündigung und Handeln zu beobachten sind, haben vielfältige
Gestalt. Mit beträchtlichen Ansätzen im Neuen Testament, wie etwa
im Kolosser- und Epheserbrief oder im Johannesevangelium, hat sich
in jedem Fall in der Alten Kirche ein Christusverständnis durchgesetzt, das gewissermaßen die Flucht nach vorn antrat. Im christlichen
Denken und Glauben setzte eine Bewegung ein, die Jesus Christus
immer mehr Macht zusprach und die Niedrigkeit des Sohnes zu einer
Phase der Vergangenheit werden ließ. Das Bild vom Christus Panto-
krator in der Ostkirche ist dafür ebenso bezeichnend wie die Vernei-
nung der paulinischen Ankündigung des Endes der Herrschaft Christi gut dreihundert Jahre später auf dem Konzil von Konstantinopel.
Im Gegensatz zu diesem christologischen Prozeß scheint im Hinblick
auf die Parusieverzögerung der Schluß sehr viel näher zu liegen, daß
der Kampf des auferweckten Gekreuzigten gegen die widergöttlichen
Mächte sehr viel mühsamer und langwieriger ist als ursprünglich geglaubt, der Auferweckte wirklich weiterhin die Züge des machtlosen
Irdischen, Gekreuzigten trägt. Er kämpft, und zwar einen noch offe-
nen Kampf. Sein »Herrschaftsgebiet« ist identisch mit dem Raum,
der durch seine Anhänger ausgefüllt wird. Sucht man aber zu bestimmen, wer er als »Herrscher« im Verhältnis zur Schar der Seinen ist, so

zeichnet sich alsbald die Unangemessenheit, ja Unbrauchbarkeit des landläufigen Begriffs der Herrschaft ab – »denn der Menschensohn ist nicht gekommen, daß er sich dienen lasse, sondern daß er selber diene und sein Leben gebe als Lösegeld für viele«. Auch wenn so der Evangelist Markus formuliert (10,45), lassen sich die Aussagen in 1Kor 15 kaum adäquater als durch dies Wort umschreiben, sofern denn das Leben des auferweckten Jesus nach jenem paulinischen Auferstehungskapitel im *Dienst* der Herrschaft Gottes und der Befreiung der Menschen steht.

In dieser Diakonie, die sich im Rückgriff auf den Anfang dieses christologischen Teils als fortgesetzte Suche nach den Verlorenen umschreiben läßt, bedarf Jesus wie einst, als er zur Zeit seines irdischen Wirkens der Jünger bedurfte um seiner Sendung und um seiner selbst willen, so auch heute und morgen seiner Gemeinde, an der und durch die sein Dienst geschieht. Die eingangs hervorgehobene Erkenntnis Heschels, daß Gott den Menschen brauche[116], gilt deshalb gleichfalls von Jesus Christus im Verhältnis zu seiner Gemeinde.

Eine weitere Entsprechung lehrt das Matthäusevangelium erkennen. Es sagt einerseits wie kaum ein anderes die Gegenwart Jesu in seiner Gemeinde zu[117] und betont andererseits ebenfalls wie kein anderes die Mündigkeit der Jünger in ihrem Handeln sowie die Bedeutung ihres Tuns[118]. Ganz ähnlich aber hat Paul van Buren in der Teilhabe an jüdischem Ringen um Gott nach dem Holocaust das Verhältnis Gottes zum Menschen zu bestimmen gesucht[119]. Diese Entsprechungen lassen sich angemessen wohl nur als Indizien für die bleibende Interdependenz des Gottes Israels und Jesu Christi verstehen. Der Gott Israels erschließt der christlichen Gemeinde Jesus Christus, und er wird der Gemeinde zugleich durch Jesus Christus erschlossen. In diesem Sinne *repräsentiert* Jesus Christus für sie den Gott Abrahams, Isaaks und Jakob-Israels.

Die Verzögerung der Parusie stärkt damit, so lassen sich die bisherigen Erwägungen bündeln, insgesamt nicht jene Auffassungen Jesu Christi, die ihm ständig mehr von dem zusprechen, was ursprünglich alles erst zukünftig erwartet wurde. Sie bekräftigt vielmehr die Verständnisweisen, die mit Paulus am Gekreuzigten und zugleich mit den Evangelien am Irdischen orientiert sind und – angesichts der noch weiterreichenden Dehnung der Zeit – die Teilhabe Jesu Christi an

116. Siehe oben, 25.
117. Vgl. Mt 18,20; 28,20.
118. Siehe zu dieser Einheit ausführlicher Osten-Sacken, Anstöße, 98ff.
119. Siehe oben, 24f.

dieser Welt im Gefolge jener Zeugen wenn möglich noch schärfer herausarbeiten.

Trotz ihrer Orientierung am »Wort vom Kreuz« ist in der jüngeren Theologiegeschichte diese Teilhabe mit Ausnahme von Ernst Käsemann weniger von Rudolf Bultmann und seiner Schule durchdacht worden als vielmehr von Karl Barth und seinen Schülern, mehr als von beiden noch einmal von Dietrich Bonhoeffer, auch wenn es ihm nicht beschieden gewesen ist, die niedergelegten Ansätze so weit fortzuführen, wie man es wohl wünschte. Diese Ansätze sind jedoch in ihren Grundlinien klar genug. Zielstrebig hat sich Bonhoeffer insbesondere in den Jahren seiner Gefangenschaft auf das Alte Testament zubewegt und sich von ihm – in Einheit mit seiner eigenen Erfahrung der Leidenswirklichkeit – in die Diesseitigkeit führen lassen[120]. Hand in Hand damit ist das Stichwort der Teilhabe am Leiden Gottes in dieser Welt zum Leitbegriff für ihn geworden[121]. Zugleich ist Bonhoeffer einer der wenigen gewesen, die des Gottesvolkes Israel gedachten, als seine Verfolgung durch die Nazis einsetzte[122]. Und es ist ihm die Ausarbeitung jener christologisch-ekklesiologischen Definition von »Christus als Gemeinde existierend« zu danken[123], die vielleicht doch zu Unrecht in den Hintergrund gerückt ist. Zwar kann sie einerseits dahingehend ausgelegt werden, daß die Differenz zwischen Jesus Christus als Grund der Kirche und der Kirche selbst verwischt wird[124]. Andererseits – und hierin liegt ihre entscheidende Hilfe – markiert sie deutlicher als jede andere, daß jeder Satz über Jesus Christus ein solcher über seine Gemeinde ist und jeder Satz über seine Gemeinde ein solcher über ihn selbst. Sie schneidet deshalb der Gemeinde die Möglichkeit ab, von Jesus Christus zu bekennen, was nicht durch sie selbst *als* Leib Christi und darum leiblich – betend, verkündigend, lehrend, handelnd – bezeugt wird[125]. Sämtliche ge-

---

120. Bonhoeffer, Widerstand, 184f.225f.247ff.253, und zu Bonhoeffers Entwicklung die Biographie Bethges.
121. Bonhoeffer, Widerstand, 242ff.
122. Bethge, Bonhoeffer, 321ff.
123. D. Bonhoeffer, Sanctorum Communio. Eine dogmatische Untersuchung zur Soziologie der Kirche, 1960[4].
124. Vgl. J. Beckmann, »Christus als Gemeinde existierend«. Der Begriff der Kirche in Dietrich Bonhoeffers »Sanctorum Communio« im Blick auf die Ökumene, in: EvTh 21 (1961), 327–338, bes. 337f. Freilich hat Regin Prenter darauf aufmerksam gemacht, daß Bonhoeffer die Formel nie umgekehrt hat (Bethge, Bonhoeffer, 114).
125. Vgl. die Andeutungen bei Bonhoeffer, Widerstand, 203.259.261. Siehe zur angesprochenen Frage, angesichts von Auschwitz auf das Verhältnis Gott-Mensch be-

nannten Ansätze hängen sachlich aufs engste zusammen und finden gemeinsamen Ausdruck in der bekannten Weisung Bonhoeffers auf die Frage, was für die Gemeinde Jesu Christi an der Zeit sei: zu beten und das Rechte unter den Menschen zu tun[126]. Mit dieser konkreten Weisung, mit jenen Ansätzen und angesichts seines eigenen Weges dürfte Bonhoeffer vor allen anderen in der evangelischen Theologie und Kirche Orientierungsdaten für den Weg der Umkehr in der Geduld Gottes zugunsten eines anderen Verhältnisses der Gemeinde Jesu Christi zum jüdischen Volk zu geben vermögen[127].

5. Die Mitte des Evangeliums im christlich-jüdischen Verhältnis:
    Bekenntnis eines Versöhnten

Es würde zu weit führen, die Vielfalt der in diesem längeren christologischen Teil berührten Aspekte abschließend und ohne vertretbare Verkürzungen zusammenzufassen. Statt dessen soll ein, wenn nicht das entscheidende Motiv dieses Zusammenhangs in Gestalt einer Variation stellvertretend für ein solches Resümee hervorgehoben werden.

Bevor sich Paulus in Röm 9–11 seiner Ausarbeitung des Verhältnisses der Gemeinde Jesu Christi zu Israel, sofern es nicht ans Evangelium glaubt, zuwendet, beschließt er die bis dahin vorgetragenen Ausführungen seines Briefes mit einem hymnisch klingenden Abschnitt, an dessen Ende er die Gewißheit, die das Evangelium begründet, wie folgt zum Ausdruck bringt: »Denn ich bin gewiß, daß weder Tod noch Leben, weder Engel noch Mächte, weder Bestehendes noch Zukünftiges noch Gewalten, weder Hohes noch Tiefes noch irgendein anderes Geschöpf uns trennen kann von der Liebe Gottes, die in Christus Jesus ist« (Röm 8,38f). Die Liebe Gottes in Jesus Christus oder auch unmittelbar die Liebe Christi ist nach Paulus die Realität, die die Versöhnung mit Gott heraufführt[128]. Deshalb ist der zi-

zogen, F.-W. Marquardt, Immanuel ohne Zauberformeln. Die Frage nach der Menschheit Gottes fällt auf uns, in: LM 19 (1980), 701f.

126. Bonhoeffer, Widerstand, 207.
127. Vgl. W. Gerlach, Zwiespältig in der »Judenfrage«. Bonhoeffers Mut und die Furcht der Kirchenkämpfer, in: LM 18 (1979), 463–466; ders., Davidstern, 492ff; P. E. Lapide, Bonhoeffer und das Judentum, in: E. Feil (Hg.), Verspieltes Erbe? Dietrich Bonhoeffer und der deutsche Nachkriegsprotestantismus, 1979, 116–130; E. Bethge, Dietrich Bonhoeffer und die Juden, in: E. Feil/Ilse Tödt (Hg.), Konsequenzen. Dietrich Bonhoeffers Kirchenverständnis heute, 1980, 171–214.
128. Vgl. Röm 5,6ff; 2Kor 5,14ff.

tierte Zusammenhang theologisch präzise als Bekenntnis eines mit Gott durch Jesus Christus Versöhnten zu bezeichnen. In Röm 9–11 erweist Paulus von demselben Evangelium her, daß Israels Existenz bleibend in der Liebe Gottes begründet ist. Damit bekundet er, daß die Gewißheit des durch das Evangelium mit Gott Versöhnten einschließt, was sich mit den Worten des Apostels in die Variante fassen läßt: »Denn ich bin gewiß, daß weder Tod noch Leben . . . ganz Israel trennen kann von der Liebe Gottes, die in Christus Jesus ist.«[129] Hierin ist alles beschlossen, was der christlichen Gemeinde in ihrem Verhältnis zum jüdischen Volk auf ihrem Weg zu lernen und zu lehren, zu tun und zu verkündigen aufgegeben ist.

129. Zur Legitimierung dieser Variante vgl. außerdem die enge begrifflich-sachliche Verknüpfung zwischen dem Ende von Röm 8 und dem Anfang von Röm 9–11: Das Motiv der Trennung *apo tēs agapēs tou Christou* bzw. *tou theou tēs en Christō Iēsou* (Röm 8,35.38f) wird in Röm 9,3 durch den irrealen Wunsch des Apostels aufgenommen, zugunsten Israel *anathēma* zu sein *apo tou Christou*. Irreal muß der Wunsch aber deshalb sein, weil weder den Apostel noch Israel etwas von Gottes Liebe zu trennen, Paulus mithin nur die Liebe Christi bzw. Gottes in Jesus Christus zu bezeugen und zu leben, nicht aber sie zu ersetzen vermag.

IV. Israels Gegenwart in der Kirche: Die Judenchristen

Das Johannesevangelium hat als Wort Jesu die auf ihn selbst zielende Feststellung überliefert:»Die Rettung kommt von den Juden« – und nicht etwa von den Samaritanern oder irgendeinem anderen Volk (Joh 4,22). Es scheint angesichts bösartiger Angriffe wie Joh 8,44 fraglich, ob dieser Satz bereits im vierten Evangelium hinreichend als Korrektiv antijüdischer Aussagen bedacht ist. Außer Zweifel steht jedoch, daß er sich der christlichen Gemeinde in ihrer Geschichte weithin nur äußerst unzureichend eingeprägt hat. Im allgemeinen wird das Wort dort, wo es theologisch in Erinnerung gebracht wird, wie im Johannesevangelium christologisch verstanden als Hinweis auf die jüdische Herkunft Jesu. Es gilt freilich nicht minder im ekklesiologischen Sinne. Bis heute verdankt sich die Gemeinde Jesu Christi jener Schar von Juden, die die ersten Träger des Evangeliums, dh. der »Kraft zur Rettung« (Röm 1,16), waren. Auch in diesem Sinne hat Joh 4,22 bleibende Gültigkeit. Zu fragen ist freilich, ob die ekklesiologische Dimension des Wortes mit dieser historischen Reminiszenz erschöpft ist. Die Frage gilt um so mehr, als die Schar der Juden, die ans Evangelium glaubt, dh. der Judenchristen oder – wie sich diejenigen protestantischer Konfession zunehmend nennen[1] – der messianischen Juden, in unserem Jahrhundert in Einheit mit dem Leidensweg des jüdischen Volkes für die Kirche zu einer Realität mit unverwechselbaren Konturen geworden ist.

1. Teilhabe am Weg Israels

Die nazistische Verfolgung der jüdischen Bürger in Deutschland, die geraume Zeit nach der »Machtergreifung« einsetzte, schloß die Christen jüdischer Herkunft ein. Zwangsweise wurden sie in der Zeit von den pseudorassistischen »Nürnberger Gesetzen« bis hin zum Abtransport in die nazistischen Mordlager in den vierziger Jahren in die Leidens- und Todesgemeinschaft mit dem jüdischen Volk geführt, dem sie von Hause aus zugehörten. Die Reaktion der Mitchristen war gespalten. Einerseits halfen einzelne oder auch Bewegungen wie die Bekennende Kirche durch das »Büro Grüber« den verfolgten juden-

---

1. Vgl. Lapide, Hebräisch, 162; Terray, Gemeinden, 63f.

christlichen Schwestern und Brüdern. Andererseits schlossen ganze Landeskirchen wie Thüringen, Sachsen, Nassau-Hessen, Mecklenburg, Schleswig-Holstein, Anhalt und Lübeck die Bedrängten aus[2]. Diese Erfahrung hat wesentlich dazu beigetragen, daß viele Judenchristen sich überhaupt oder eindringlicher ihres besonderen Verhältnisses zum Gottesvolk Israel bewußt geworden sind und ihre bleibende Zugehörigkeit zum jüdischen Volk auch als Christen bekannt haben. Ungeachtet dessen, daß Judenchristen von jüdischer Seite seit dem Beginn des 2. Jahrhunderts nicht als legitimer Teil des Volkes anerkannt werden, vielmehr als Apostaten gelten, läßt sich eine auffällige Analogie folgender Vorgänge beobachten: Die Verfolgung und Ermordung der jüdischen Gemeinden in Europa durch die Nazis haben wider Willen beigetragen zur Gründung und weltweiten Anerkennung des Staates Israel im Jahre 1948. Mörderische Verfolgung und Neukonstituierung haben sodann wesentlich bewirkt, daß sich Christen hierzulande und Juden im Land Israel der Jüdischkeit Jesu von Nazareth bewußt geworden sind[3]. Sie haben nicht zuletzt auch zu einer Stärkung oder auch Neubegründung der Identität des judenchristlichen Teils der christlichen Gemeinde geführt, im subjektiven Sinne des Selbstverständnisses[4] wie im objektiven manifester Gegebenheiten.

Am deutlichsten wird dies an der Art und Weise, wie Judenchristen an dem Tatbestand des Staates Israel partizipieren. Zwar hat es auch vor dessen Gründung judenchristliche Gruppen im Lande gegeben. Doch seit dem Jahre 1948 haben es die christlichen Kirchen mit dem Tatbestand zu tun, daß es zum erstenmal nach bald zwei Jahrtausen-

---

2. J. Beckmann (Hg.), Kirchliches Jahrbuch für die Evangelische Kirche in Deutschland 1933–1944, 1976[2], 460 (Text der Bekanntmachung vom 17. 12. 1941).

3. Vgl. oben, 70.

4. Als bedeutsames Zeugnis aus der Diaspora in jüngster Zeit ist etwa das Bekenntnis des neuen Erzbischofs von Paris, Jean-Marie Lustiger, zu erwähnen: »Ich bin Jude, ich bin es mit Bewußtsein. Meine Eltern haben mir den Glauben an Gott und die Achtung vor dem Nächsten mitgegeben. Für mich bilden die beiden Religionen ein Ganzes, und ich habe nie den Glauben meiner Vorfahren verraten. Für mich gibt es dazwischen keinen Bruch« (Allgemeine Jüdische Wochenzeitung vom 20. Febr. 1981, 6). Den bedeutendsten überregionalen, die jeweilige Kirchenzugehörigkeit nicht berührenden Zusammenschluß von Judenchristen stellt die nach regionalen Anfängen im 19. Jahrhundert in England (1865) 1925 in London gegründete »Internationale Judenchristliche Allianz« (»International Hebrew Christian Alliance«) dar, die seit 1954 auch einen Zweig in Israel umfaßt. Vgl. Jasper, Judenchrist, 145ff; Schweikhart, Mission, 198ff. Zu früheren Zusammenschlüssen s. Majer-Leonhard, Judenchristentum, 973.

den – wenn auch kleine, wenn auch sehr verschieden orientierte – judenchristliche Gemeinden im Land Israel gibt, die ihrem Selbstverständnis nach dort als Teil des Staates Israel und damit in einem jüdischen Lebenszusammenhang existieren, der von ihnen soweit wie
möglich geteilt wird[5]. Dieser Vorgang läßt sich in seiner theologischen Bedeutung schwerlich überschätzen. Seit der Frühzeit der Kirche waren Juden, die zum Glauben an Jesus Christus kamen, infolgedessen aus der Synagoge ausgeschlossen wurden und sich keiner der
bald verfemten judenchristlichen Randgruppen anschlossen, praktisch gezwungen, ihr Judesein aufzugeben. Die seit dem 2. Jahrhundert zunehmend heidenchristlich geprägten Gemeinden boten keine
Möglichkeiten eines »jüdischen Lebens im Schoß der Kirche« mehr[6].
Solche Möglichkeiten im Rahmen der Diaspora, in ihrer Herkunft
nach heidnischen Kirchen, zu erarbeiten ist ohnehin äußerst schwer,
wenn nicht unmöglich, es sei denn, es würden sich auch hier rein judenchristliche Gemeinden konstituieren. Doch hat die 1925 in London gegründete »Internationale Judenchristliche Allianz« (»International Hebrew Christian Alliance«) gewiß mit theologischem Bedacht auf ihrer Sitzung in Budapest 1937 den Gedanken einer selb-
ständigen judenchristlichen Kirche in der Diaspora abgelehnt und als
ihre eigene Aufgabe das Bemühen bestimmt, die besonderen Aspekte judenchristlichen Zeugnisses im Rahmen der bestehenden Kirchen
diesen selbst und Israel gegenüber zur Geltung zu bringen[7]. Doch
mag dies im Moment nur mehr berührt werden. Wichtiger ist im vorliegenden Zusammenhang jener Tatbestand, daß die Kirchen seit der
Gründung des Staates Israel nach bald zweitausend Jahren mit jenem
Faktum judenchristlicher Gemeinden konfrontiert sind, die sich erstens wie einst die Nachfahren der Urgemeinde nicht pauschal als
»Sekte(n)« abtun lassen, die sich zweitens sowohl als Teil des jüdischen Volkes als auch als Gemeinde Jesu Christi verstehen, und die
drittens das Urteil widerlegen, daß das Judenchristentum »nur als un-

---

5. Zu den ev.-luth. Gemeinden s. Terray, Gemeinden, zu weiteren Gruppen Jasper,
   Judenchrist, 159ff; Lapide, Hebräisch, 160ff.202f. Die einschlägige Arbeit von O.
   C. Kvarme und K. Kjaer-Hansen (Messianske jöder) ist bisher leider nur auf nor-
   wegisch (Oslo 1979) und dänisch (Christiansfeld) erschienen. Vgl. Terray, Gemeinden, 72, A.2.
6. Die Wendung im Anschluß an Lenhardt, Auftrag, 126.
7. Siehe Majer-Leonhard, Judenchristentum, 975. Sie hat freilich mit ebensolchem
   Bedacht die – noch ausstehende – Gründung einer einheimischen Kirche in Israel
   befürwortet, in der die große Mehrheit der Mitglieder Judenchristen wären (s.
   Schweikhart, Mission, 203).

entbehrliche, aber auch auf seine einmalige geschichtliche Aufgabe beschränkte Erscheinung möglich gewesen ist«[8].

2. Wurzel der Kirche

Christlicher Theologie und Kirche paßt dies genausowenig ins Konzept wie dem Staat Israel. Während dieser – jener bis ans Ende des 1. Jahrhunderts zurückgehenden jüdischen Tradition gemäß[9] – die Judenchristen nicht als Juden anerkennt, ihnen vielmehr die jüdische Staatsbürgerschaft auf demselben Wege verleiht wie Nichtjuden, die sie beantragen, existiert für Theologie und Kirche das – nicht heidenchristlich assimilierte – Judenchristentum seit etwa derselben Zeit nicht mehr als theologisch bedeutsamer Faktor, vielmehr nur noch in der Perspektive des Sektierertums bzw. als vergessene, oft sogar störende Minderheit[10]. Als *Juden*christen, dh. als Juden, die an Jesus glauben, ohne doch deshalb ihrer Zugehörigkeit zum jüdischen Volk verlustig zu gehen, scheint sie keiner haben zu wollen, weder Israel noch die Kirche[11]. Freilich ist diese Feststellung im Hinblick auf die Kirche nicht im vordergründigen Sinne einer Toleranz oder materiel-

---

8. So W. G. Kümmel, Artik. Judenchristentum I, in: RGG III (1959[3]), 971.
9. Vgl. zum sog. Ketzersegen P. Schäfer, Die sogenannte Synode von Jabne. Zur Trennung von Juden und Christen im ersten/zweiten Jh. nChr. (1974), in: ders., Studien zur Geschichte und Theologie des rabbinischen Judentums, 1978, 45–64; G. Alon, The Jews in their Land in the Talmudic Age (70–640 C.E.) I, Jerusalem 1980, 288ff.305ff. Schäfer arbeitet überzeugend heraus, daß die *birkhat ha-minim neben anderen* gegen die Judenchristen gerichtet, die Trennung von ihnen also nicht das entscheidende oder einzige Motiv für ihre Formulierung war. Vgl. dazu auch Heinemann, Prayer, 225, und bereits früher K. Kohler, The Origin and Composition of the Eighteen Benedictions with a Translation of the Corresponding Essene Prayers in the Apostolic Constitutions, in: Hebrew Union College Annual 1 (1924), 401f. Alon macht als wesentlichen Grund für die Trennung der Synagoge von den Judenchristen deren sich distanzierendes Verhalten im ersten und zweiten jüdischen Krieg gegen Rom plausibel.
10. Vgl. hierzu die Beispiele, die Lapide (Hebräisch, 201) dafür gibt, daß »sich die örtlichen Beschwerden von arabisch-christlicher wie auch judenchristlicher Seite gegen eine Art von Kirchenkolonialismus (mehren)«.
11. Die Zurückhaltung auf seiten Israels ist dabei in historischer Perspektive weitaus verständlicher, bedenkt man die Rolle, die Judenchristen in den mittelalterlichen Religionsdisputationen gespielt haben, oder hält man sich die im frühen Mittelalter in verschiedenen Regionalkirchen Judenchristen abverlangten totalen Renuntiationen an das Judentum vor Augen. Vgl. Parkes, Conflict, 394ff. Weitere Gründe bei Jasper, Judenchrist, 155ff; Schweikhart, Mission, 189ff.

len Unterstützung judenchristlicher Gemeinden zu verstehen. Ob die
Kirchen sie wirklich haben wollen, dh. als bedeutsamen Teil ihrer
selbst ansehen, wird sich vielmehr erst an der Frage entscheiden, ob
sie bereit sind, das zum Teil erheblich von den traditionellen Dogmen
abweichende theologische Denken judenchristlicher Gruppen in Israel wie in der Diaspora anzunehmen und als Korrektiv eigener theologischer, vor allem auch christologischer sowie die Tora betreffen-
der Anschauungen zu begreifen. Wie weit der Weg bis dahin ist, deuten die Schwierigkeiten an, die judenchristliche Gruppen mit ihrem
Bestreben haben, die jüdische Seite ihres gottesdienstlichen Lebens
frei von Einsprüchen von heidenchristlicher Seite zu vertiefen[12]. Es
kann dabei keineswegs darum gehen, alle judenchristlichen Auffassungen nur schon deshalb für unantastbar zu halten, weil es sich um
solche handelt. Noch auch kann es Ziel sein, zu applaudieren, wo judenchristliche Gruppen, wie anscheinend hier und da in den USA, einen ans Fanatische grenzenden Missionseifer an den Tag legen, der –
wie einst und manchmal auch noch heute der heidenchristliche –
mehr zerstört als aufbaut[13]. Wohl aber hat die Kirche, ungeachtet der
jeweils aktuellen Situation und Auseinandersetzung, um ihrer selbst
und ihres Evangeliums willen allen Grund, sich der fundamentalen
Bedeutung ihres judenchristlichen Teils in der Diaspora wie im Land
Israel bewußt zu werden. Ohne dies Bewußtsein bleibt, um nur eine
der Folgen zu nennen, Theologie und Kirche die für sie grundlegende
»Urkunde kirchengründender Predigt« (Martin Kähler), das Neue
Testament, trotz aller gelehrten Arbeit verschlossen, gerade auch,
was Israel insgesamt betrifft. Drei Gründe sind in diesem Zusammenhang vor allem anzusprechen, die zwar unterschiedliches Gewicht haben, aber dennoch sachlich mehr oder weniger eng zusammengehö-
ren.

   1. Der erste hier zu nennende Faktor wurde bereits berührt, ist
aber doch noch einmal näher zu kennzeichnen. Die Urzelle oder auch
den Wurzelboden der nachösterlichen Kirche bildet die jüdische Gemeinde Jesu in Jerusalem, wie sie sich bald nach seinem Tode in der
Gewißheit seiner Auferweckung und in der Erwartung seiner Parusie
aus der Schar seiner Anhänger konstituierte. Dieser Kreis setzt – bewegt durch den, der der irdische Jesus war und der er bleibt auch als
der geglaubte Auferweckte – im Hören auf ihn das fort, was er stellvertretend für Israel getan hat in seiner Suche nach den Verlorenen.
Aufgrund seines Zeugnisses erweitert sich dieser Kreis bald um Glie-

---

12. Vgl. Terray, Gemeinden, 71f; Krolenbaum, Judenchrist, 8.
13. So nach einer mündlichen Mitteilung von Paul van Buren.

der aus der Welt der Diaspora, noch immer Juden. Wie Land Israel und Diaspora auch sonst auf der Basis prinzipieller Zusammengehörigkeit in mancher Hinsicht verschiedene Auffassungen haben, so kommt es in der ältesten, rasch wachsenden Gemeinde zum Konflikt. Bald existieren zwei Urgemeinden, die eine um Petrus, die andere um den Diasporajuden Stephanus geschart[14]. In der Stephanusgemeinde beginnt die Erkenntnis aufzuglimmen, daß die Weisung Jesu über die Grenzen Israels hinausführt in die Völkerwelt. Nach ihrer Vertreibung aus Jerusalem sind es Glieder dieser Gruppe, die das Evangelium unter den Völkern zu verkündigen beginnen. Auf dem Apostelkonvent in Jerusalem wohl im Jahre 48 wird die Frage, ob Heiden an die rituellen Verpflichtungen der Tora gebunden sind, in einem Kreis verhandelt und entschieden, der fast ausschließlich aus Judenchristen besteht. Die Jerusalemer Juden Jakobus, Petrus, Johannes einerseits, die Antiochener Juden Paulus und Barnabas andererseits besiegeln die Übereinkunft, daß die Jerusalemer mit der Verkündigung des »Evangeliums der Beschneidung«, die Antiochener mit der des »Evangeliums der Vorhaut« beauftragt seien (Gal 2,6–10). Sowenig hier problematische Aspekte der Jerusalemer Entscheidung zu thematisieren sind, sosehr ist ihre prinzipielle Bedeutung in Erinnerung zu rufen, und zwar nach beiden Seiten hin: Die ans Evangelium glaubenden Heiden sind als solche, dh. in ihrer Unterschiedenheit, Teil der Gemeinde Jesu; ebenso sind die dem Evangelium vertrauenden Juden Teil der Gemeinde Jesu in ihrer damit anerkannten Bindung an die Tora. So besteht die Gemeinde im umgreifenden Sinne nach Ausweis dieser Entscheidung der Intention nach aus Israel *und* den Völkern. Wie die Hinwendung zu den Völkern im Auftrag Jesu auf dem Aposteltreffen legitimiert wird, so wird umgekehrt die Bindung der Völker an Israel in Gestalt der bleibenden Bindung an die Gemeinde Jesu im Land Israel als unlöslich bezeugt. Israel und die Völker bilden im Rahmen der Gemeinde Jesu eine Einheit in ihrer jeweiligen Identität. Diese entscheidenden Momente der urchristlichen Geschichte führen vor Augen, was nur allzuleicht »christlich« vereinnahmt wird: Die lebendigen Steine, aus denen sich der Bau der Gemeinde Jesu in der Zeit des Anfangs sowohl im Land Israel als auch in der Diaspora zusammensetzt, sind jesusgläubige *Juden*, im gängigen Sprachgebrauch »Judenchristen«, im sich einbürgernden »messianische Juden«. Sie sind die ekklesiologisch nicht wegdenkba-

14. Siehe hierzu Conzelmann, Apostelgeschichte, 49f; M. Hengel, Zwischen Jesus und Paulus. Die »Hellenisten«, die »Sieben« und Stephanus (Apg 6,1–15; 7,54–8,3), in: ZThK 72 (1975), 151–206.

re Brücke zwischen Israel und den Völkern mit dem spezifischen Auftrag, jene unlösliche Zusammengehörigkeit zwischen beiden gerade
auch angesichts des Evangeliums zu bezeugen und einzuprägen[15].
   2. Die judenchristliche Prägung des Ursprungs der Kirche beschränkt sich durchaus nicht auf ihre gleichsam vorliterarische Anfangszeit bis hin zum Apostelkonvent. Unmittelbar in die Zeit nach
dem Konvent fällt das älteste literarische Dokument des Neuen Testaments, der 1. Brief des Judenchristen Paulus an die Thessaloni-
cher. Und was von ihm gilt, trifft auf sämtliche oder fast alle Schriften
des Neuen Testaments zu: Sie gehen auf judenchristliche Verfasser
oder Redaktoren zurück. Deren Positionen sind zwar im einzelnen
unterschiedlich. Des weiteren handelt es sich um Zeugnisse von Autoren, die der judenchristlichen Diaspora angehören. Judenchristliche Traditionen aus dem Land Israel werden hingegen nur als Bau-
elemente, insbesondere der Evangelien, greifbar. Diese notwendigen
Differenzierungen ändern jedoch nichts daran, daß die Signatur der
kirchengründenden und angesichts der Kanonizität des Neuen Testaments bis heute hin normbildenden Predigt durchweg judenchristlich
ist. Die permanente Begegnung mit – intentional bejahten – Zeugnissen von Judenchristen in Gestalt der kanonischen Texte des Neuen
Testaments hat freilich Theologie und Kirche nicht vor einem höchst
fragwürdigen Verhältnis zu diesem Teil der Gemeinde Jesu bewahrt.
Wie man vielmehr in der Alten Kirche das »Alte Testament« über-
nahm und dabei ablöste von seinen Urhebern, so rezipierte man die
neutestamentlichen Schriften, indem man sich sukzessive von den ursprünglichen, den jüdischen Trägern des Evangeliums trennte.
Spätestens um die Wende vom 2. zum 3. Jahrhundert wurden die im
Land Israel und angrenzenden Regionen verbliebenen kleinen judenchristlichen Gruppen aufgrund ihrer – keineswegs einheitlichen
und durchaus eigenständigen – Treue zur Tora von der werdenden
Großkirche in Rom als Häretiker gebrandmarkt[16]. Seither ist die

15. Vgl. die eigene Aufgabenbestimmung der Judenchristlichen Allianz, »in korpora-
    tivem Zeugnis gegenüber ihren jüdischen Brüdern, mit denen sie sich nicht nur in
    der volklichen Herkunft eins wissen, sondern vor allem in der göttlichen Berufung
    Israels und in dem Zeugnis gegenüber der Kirche, der sie den Geist des Judentums
    zu vermitteln suchen und Bürgen für die Einheit des Leibes Christi aus Juden und
    Heiden sein wollen« (zit. nach Jasper, Judenchrist, 146).
16. Vgl. H. Lietzmann, Geschichte der Alten Kirche I, 1953³, 191; H.-J. Schoeps,
    Theologie und Geschichte des Judenchristentums, 1949, 320f; G. Strecker, in: W.
    Bauer, Rechtgläubigkeit und Ketzerei im ältesten Christentum, 1964², 284f. Strek-
    ker ist die Differenzierung zu danken, daß das von Lietzmann und Schoeps auf Ost
    und West bezogene Urteil nur vom Westen gilt, die Situation der Ostkirche hinge-

konstitutive Stellung der Judenchristen weithin allein ein Stück historischer Erinnerung, gebunden an jene Anfangszeit der Kirche. Nichts
ist für viele Christen so überraschend wie die Information, daß es bis
heute Judenchristen gibt, die sich nicht als Christen im allgemeinen
Sinne, sondern eben als jüdische Christen verstehen. Weil aber die
judenchristliche Dimension der Kirche nicht nur historisches Relikt
der Anfangszeit und auch nicht allein historische Signatur der kanonischen Schriften ist, vielmehr Judenchristen bis heute hin Teil der Gemeinde Jesu Christi sind, darum kommt dem neutestamentlichen Zusammenhang besonderes Gewicht zu, in dem die bleibende Bedeutung dieser Gruppe der Gemeinde Jesu für diese selbst wie für Israel
konturiert wird – wiederum Röm 9–11.

3. In seinem Kampf gegen den urheidnisch-heidenchristlichen
Hochmut, der die Erwählung Israels für *perdu* erklärt, ist die Existenz von Judenchristen, er selbst voran, das erste Faktum, das Paulus als Argument nennt, welches jene hybride Auffassung widerlegt:
»Hat etwa Gott sein Volk (Israel) verstoßen? Beileibe nicht! Denn
auch ich bin Israelit . . .« (Röm 11,1f), ebenso wie die anderen aus
dem jüdischen Volk, die zum Glauben an das Evangelium gekommen
sind. Schon deshalb, weil diese Gruppe den verheißenen »Rest« Israels darstellt, kann von keiner Verstoßung des Gottesvolkes die Rede
sein. Das Spezifikum der paulinischen Darlegung besteht freilich darin, daß der Apostel sich anders als manch Späterer nicht mit diesem
»Rest« begnügt, ihn vielmehr auf der Basis seines Evangeliums, analog zur Erstlingschaft Jesu Christi selbst, als Anfang ganz Israels versteht. So gibt es nach Paulus in der Tat in gewissem Sinne zweierlei Israel. Aber nicht etwa das »falsche« und das »wahre Israel«[17], vielmehr Israel als den heiligen Rest (die Judenchristen) und »die übrigen«, beide aber so aufeinander bezogen, daß sich im strengen Sinne
doch nur von *einem* Israel sprechen läßt, innerhalb dessen jene beiden Gruppen für die Zeitspanne bis zum Ende zu unterscheiden sind.
Der »Rest« ist nicht das Ende, sondern der endzeitliche Anfang Israels, Gewähr der verheißenen bleibenden Teilhabe des Ganzen an
dem endzeitlichen Handeln Gottes: »Ist die Hebe heilig, so auch der
(ganze) Teig; ist die Wurzel heilig, so auch die Zweige« (Röm 11,16).

---

gen noch bis ins 3./4. Jahrhundert hinein offener ist, die analoge Einschätzung der
Judenchristen als häresiologische Größe sich dort also erst im 4. Jahrhundert einzubürgern beginnt. Zum äußerst bedenkenswerten Protest judenchristlicher
Gruppen gegen den Weg der Großkirche, insbes. ihre Liaison mit der Macht, s. Pines, Christians, 28.65 u.ö.

17. Siehe hierzu unten, 201f.

Die Deutung dieser paulinischen Aussagen auf eben die Judenchristen und insofern auf Israel dürfte dem gesamten Zusammenhang am ehesten gerecht werden. Sie ist zum einen eindeutig, zum anderen offen für weitere wesentliche Bezüge: Sofern die jüdischen Christen, der »endzeitliche Rest«, von Paulus im Horizont der biblischen Verheißungen verhandelt werden, ist in ihnen als der Wurzel ein Bezug gesetzt bis zurück zu Abraham. Sofern sie durch Jesus Christus als endzeitlicher Rest konstituiert sind, sind sie als Wurzel ihrerseits unlöslich in ihm verankert. Sofern sie aber den Anfang des ganzen endzeitlichen Israel darstellen, ist dieses potentiell in den Judenchristen als Wurzel mitgesetzt. Nur bei dieser beziehungsreichen Deutung von »Hebe« und »Israel« auf die jüdischen Christen wird schließlich auch dem Gesamtgefälle von Röm 11, das seinerseits in Röm 9–10 vorbereitet wird, Rechnung getragen: In 11,1ff weist Paulus die Behauptung der Verstoßung des Gottesvolkes Israel durch Verweis auf die Existenz des »Restes« zurück, in 11,26 mündet er ein in die Verheißung der Rettung »ganz Israels«. Die zitierten Aussagen 11,16 aber sind die Verbindungsstelle zwischen beiden Zusammenhängen. Die Existenz des »Restes« ist deshalb auch insofern Widerlegung der Verstoßungsthese, als in ihm angeldweise, erstlingshaft, die Rettung ganz Israels verbürgt ist. Weder im kleinen noch im großen läßt sich darum von einer Verdrängung des Gottesvolkes reden.

Dieser enge Zusammenhang zwischen Judenchristen und jüdischem Volk als ganzem ist nicht verheißungsvoll wie in Röm 11, vielmehr bedrückend zu ganz verschiedenen Zeiten geschichtlich zutage getreten. Die Verfolgung beider während der Nazizeit ist bereits berührt worden. Die Beispiele reichen jedoch bis in die frühe Kirchengeschichte zurück. Nach der Zerstörung Jerusalems im Jahre 70 nChr. geht der christlichen Abwendung vom jüdischen Volk die sukzessive Trennung von den Judenchristen zur Seite. In den Augen eines Judenchristen unserer Tage erscheint die in jener Zeit beginnende »Fortentwicklung der Gemeinde« wie folgt:

Der jüdische Christ »sieht erschreckt und erstaunt, daß schon sehr bald ›seine Verwandten, die Gefreundeten nach dem Fleische‹ (Röm 9,3), die judenchristlichen ›Nazorim‹ (Nazarener) zahlenmäßig immer mehr abnahmen, von den zur Mehrheit gewordenen ›Christianoi‹ (Christen) aus den andern Völkern unverstanden verdrängt, ja, als Ketzer ausgestoßen wurden. Und daß späterhin diese heidenchristliche Mehrheit ›die Stimme Jakobs‹ weder verstanden noch sprachen. Sondern – seit mindestens etwa 120 nChr. – glaubten und verkündigten: ›Die Juden sind die Alleinschuldigen an dem Leiden und Sterben Jesu Christi‹; die Juden sind in allen ihren Gliedern und Geschlechtern mit dem unschuldigen Blute Jesu Christi behaftet; die Juden sind deshalb auf ewig verworfen und verflucht; sie sind nur mehr ein Denkmal des Zornes Gottes, dem Teufel und seinen Engeln überantwortete schlimme Menschen, minderwertiges, unwertes Leben. Alle Verheißungen der Heiligen Schrift Alten und Neuen Testaments gehören jetzt der Kirche Christi, während den Juden nur mehr die Strafen, Drohungen und Verwünschungen verblieben sind.‹ So kann der Judenchrist nicht umhin im Hinblick auf die so haßvoll-lieblos (also: unchristlich!) gewordene Kirche zu denken (1.Mose 27,22): ›ha-quol qol Jaaquow we-ha-jadaim jedé Esaw‹ = ›Wohl ist es die Stimme Jakobs, aber die Hände (das Wesen) sind Esaus Hände‹!«[18]

3. Herausforderung an die Kirche

Im Verhältnis zu den Ausführungen des Apostels in Röm 11 läßt sich angesichts dieser Entwicklung nur von einer radikalen Entwurzelung der Kirche im Zeitraum von einem Jahrhundert nach ihrem Entstehen sprechen. Die Konsequenzen sind, gemessen am Evangelium des Paulus, auf das sich protestantische Theologie und Kirche mit solchem Gewicht stützen, schwerlich zu übertreiben – jedermann kennt das Geschick entwurzelter Bäume. Ohne Bild gesprochen läßt sich der Sachverhalt auch mit Hilfe der Bestimmung des Verhältnisses von Heidenchristen und Jerusalemer Judenchristen beschreiben, die Paulus wenig später in Röm 15,27 gibt und die auf derselben Linie liegt: »Denn wenn die Völker (Heidenchristen) an ihren (der Jerusalemer) geistlichen Gaben Anteil bekommen haben, sind sie umgekehrt verpflichtet, ihnen mit materiellen zu Diensten zu sein.« Mit nicht weniger als dem bedeutungsschweren Begriff der »Geistesgaben« streicht Paulus an dieser Stelle heraus, wo nach wie vor die Gaben Gottes für die Völker ihren ekklesiologischen Ursprung haben. Eine für sich und aus sich selbst heraus existierende reine Heidenkirche ohne judenchristlichen Teil wäre deshalb für den Apostel schlechterdings unvorstellbar, geschweige denn theologisch begründbar. Sie wäre vielmehr, gemessen an seinem Evangelium wie an der Bibel überhaupt mit ihrem klaren »Israel *und* die Völker«, ein durch und durch häretisches Gebilde. Mit derselben Vehemenz, mit der Paulus in Röm 11,1f der Behauptung der Verstoßung des Gottesvolkes begegnet, hätte er fraglos dort vom Ende der Kirche gesprochen, wo ungeachtet seiner Warnungen die Rede vom Ende des Judenchristentums, des »Restes« Israels, bzw. vom Ende »ganz Israels« laut geworden wäre (vgl. Röm 11,21f).

So hat die Gemeinde Jesu Christi allen Grund, dankbar zu sein, daß es nach wie vor, vereinzelt in der Diaspora, in kleinen Gruppen im Lande Israel, Judenchristen gibt als Zeichen für die Treue Got-

18. Bass, Christ, 169f.

tes[19] – in erster Linie seiner Treue ihr selbst gegenüber. Und sie hat allen Anlaß, die Einsamkeit tragen und überwinden zu helfen, die als »schweres Kreuz« in zweifacher Hinsicht auf dem Judenchristen lastet: Gilt er in seinem eigenen Volk als Apostat, so »unter seinen neuen Glaubensbrüdern« »sehr oft entweder (als) ›ein Judaizant‹ oder aber (als) ›ein Ketzer‹«[20]. Gerade weil aber jene Einsamkeit nach beiden Seiten hin besteht und weil zugleich für die Kirche das Verhalten zu den jüdischen Christen und das zum jüdischen Volk insgesamt einen unlöslichen Zusammenhang bilden, darum lassen sich die Bemühungen um ein neues Verhältnis zu den Judenchristen und zu »ganz Israel« nicht voneinander trennen. Beispiele aus der Verfolgungszeit unter den Nazis lehren, daß dort, wo sich Christen und in ihrer Mitte insbesondere Judenchristen für ein heilsames Verhalten zu (anderen) Gliedern des jüdischen Volkes einsetzen, zugleich die Offenheit der jüdischen Gemeinde ihren einstigen Gliedern gegenüber wächst und damit das Odium des Apostatentums zu weichen beginnt[21].

Beachtung und Verständnis dieser Zusammenhänge sind freilich nur ein erster Schritt. Im Zentrum steht vielmehr die Frage, ob (heidenchristliche) Theologie und Kirche wirklich *mit* dem judenchristlichen Teil der Gemeinde Jesu leben und diesen nicht als Stütze fragwürdig gewordener Absolutheitsansprüche betrachten[22]. Die tatsächliche Einstellung wird sich an der Bereitschaft erweisen, judenchristliches Zeugnis *in* der christlichen Gemeinde zu hören und die über lange Jahrhunderte hin ausschließlich heidenchristlich geprägte Gestalt der christlichen Lehre durch dies Zeugnis in Frage stellen zu lassen. Und in dieser Hinsicht sind die Zeichen der Zeit wenig ermutigend. So ist jüngst das Urteil laut geworden, daß die Aussage des Synodalbeschlusses der Rheinländischen Kirche, Jesus Christus sei der »Messias Israels«, kein dem Evangelium angemessenes christologisches Bekenntnis, ja »schlicht falsch« sei[23]. Dies Urteil läuft sachlich

19. Vgl. H. D. Leuner, Ist die Bezeichnung »Judenchrist« theologisch richtig?, in: ders., Israel, 69; Jasper, Judenchrist, 177.
20. Bass, Christ, 171f.
21. Vgl. Krolenbaum, Judenchrist, 11f, sowie das Wirken H. D. Leuners, wie es sich zB. in seinem Aufsatzband »Zwischen Israel und den Völkern« spiegelt. Eine selten vorurteilsfreie Darstellung von jüdischer Seite hat P. Lapide in seinem Werk »Hebräisch in den Kirchen« den verschiedenen judenchristlichen Gruppen zuteil werden lassen, ungeachtet seiner eigenen klaren Position in der Messiasfrage (s. ders., Messias?).
22. Siehe dazu den Exkurs unten, 157ff.
23. Hesse, Anmerkungen, 283f (Zitat 283).

auf eine Absage an judenchristliches Zeugnis und Bekenntnis hinaus. Denn dies Zeugnis lebt von eben der Gewißheit, daß Jesus der Messias Israels und als solcher zugleich der Retter der Völker ist. Ohne diese Gewißheit dürfte einem Judenchristen die Gemeinschaft mit Christen aus der Völkerkirche schlechterdings nicht möglich sein, insofern der hier und da bezeugte Jesus Christus schwerlich derselbe wäre. Deshalb ist jenes Urteil oder jener Protest nur Indiz der alten Auffassung, daß sich Judenchristen prinzipiell den Heidenchristen zu assimilieren, nicht aber mit ihrem Zeugnis ein Korrektiv unbiblischer Ausprägungen des heidenchristlichen Evangeliums zu bilden hätten. Demgegenüber kann es vorrangige Aufgabe der Völkerkirchen allein sein, nicht etwa die judenchristliche Identität aufzuheben, vielmehr den umstrittenen, angefochtenen und im dargelegten Sinne vereinsamten Repräsentanten Israels in der Gemeinde Jesu Christi gerade bei der Ausprägung ihrer Identität zu helfen, und zwar um ihrer selbst, um der Christen aus den Völkern und um Israels willen:
– um ihrer selbst willen, weil sie vom Evangelium her gesehen als *Juden* Teil der Gemeinde Jesu Christi sind und sein sollen;
– um der Völker willen, weil diese ohne judenchristlichen Teil abgeschnitten sind von der sie nährenden Wurzel im ekklesiologischen Sinne;
– um Israels willen, weil die jüdischen Christen, sofern sie dem Evangelium treu sind, als Freunde Israels *und* der Völker in erster Linie Zeugen dessen sind, was das Evangelium als anfängliche Realität in Jesus Christus verkündigt, was die Kirche freilich nur zu oft zur Utopie gemacht hat: die Stiftung des Friedens zwischen dem Gottesvolk und den Völkern.

4. Dimensionen judenchristlichen Zeugnisses

Damit ist erneut jener heute besonders umstrittene Fragenkreis berührt, der sich mit den Stichworten »Zeugnis« – »Mission« verbindet[24]. Sowenig das Neue Testament eine heidenchristliche »Juden-

24. Zur neueren Diskussion s. Eckardt, Brothers, 55ff.93; Mayer, Judentum, 162; Aring, Judenmission, bes. 1ff.255ff; ders., Absage an die Judenmission, in: Klappert/Starck, Umkehr, 207–214; Lenhardt, Auftrag; R. Rendtorff, Judenmission nach Auschwitz, in: Ginzel, Auschwitz, 539–556; Schweikhart, Mission, 119ff, H. Kremers, Judenmission heute?, 1979; Klappert, Jesus, 152ff. Eine kritisch abwägende Zusammenfassung der auf beiden Seiten vorgebrachten Argumente bringt Schweikhart, 34ff.59ff.119ff. Es ist schade, daß Aring im auswertenden Schlußkapitel seiner wichtigen Untersuchung die Judenchristen nicht einbezogen hat (vgl.

mission« vorsieht, so selbstverständlich ist in seinen Dokumenten die
Verkündigung des Evangeliums durch Judenchristen unter Juden
vorausgesetzt und deshalb auch von ihm her grundsätzlich begründbar. Doch gilt es insbesondere in diesem Zusammenhang die verän-
derten Umstände jener und der heutigen Zeit zu bedenken.

Erstens ist Mission heute in ermutigender Breite nicht mehr das,
was sie durch lange Jahrhunderte hin war – Ausdruck eines christlichen Imperialismus, der sich nur zu oft mit politischem Kolonialismus
verbunden hat. Vielmehr sind, zu einem beträchtlichen Teil durch
den Anblick wirtschaftlicher Not und durch die Einsicht in die Notwendigkeit materieller Hilfe motiviert, Diakonie sowie den Partner
in seiner Identität respektierender Dialog die entscheidenden Me-
dien christlichen Zeugnisses.

Zweitens hat, ausgelöst durch die Verbrechen der Judenverfolgung und des Judenmordes in der Nazizeit, in den letzten Jahrzehnten in Teilen der Kirchen das unmittelbare Verhältnis von christlicher
Gemeinde und jüdischem Volk eine Gestalt gewonnen, die schlechterdings nicht mit den Gegebenheiten zur Zeit des Neuen Testaments
vergleichbar ist. Intensivster Ausdruck des Verhältnisses sind die gemeinsamen Gottesdienste von Christen und Juden, die von Zeit zu
Zeit stattfinden, etwa im Rahmen der Deutschen Katholischen und
Evangelischen Kirchentage. Wenn sie auch gewiß nicht als exemplarisch für das heutige generelle Verhältnis von christlicher Gemeinde
und jüdischem Volk angesehen werden können, so ist doch im Vergleich zu früher die Erkenntnis des trotz des Trennenden gegebenen
Gemeinsamen zwischen Synagoge und Kirche beträchtlich gewach-
sen[25].

255ff). Die Problematik »Mission« hätte sich dann wahrscheinlich noch etwas dif-
ferenzierter darstellen lassen. Daß umgekehrt die Bonner »Erwägungen« in ihrem
Schlußpunkt (Nr. 10, S. 17) hervorheben, »die Verkündigung des Evangeliums von
Christus für Juden« könne diese »weder als Heiden anreden noch verlangen, daß
Bekehrung zum Christusglauben die Loslösung aus der jüdischen Volks- und Tra-
ditionsgemeinschaft zur Folge haben müsse«, ist ein Lichtstrahl, der freilich vorweg bereits abgeschwächt ist, indem die Juden als »*Nachkommen* des von Gott
auserwählten Volkes« (Nr. 9, ebd.) bezeichnet werden (Hervorh. O.-S.). So hat
denn Punkt 10 insgesamt keine erkennbare inhaltliche Relevanz.

25. Vgl. aus dem deutschsprachigen Raum die Studie »Christen und Juden« des Rates
der EKD, 1975, 9ff.31f, den Beschluß der Synode der Evangelischen Kirche im
Rheinland »Zur Erneuerung des Verhältnisses von Christen und Juden« und die
beigefügten Thesen, in: Immer, Erneuerung, 9ff.12ff, sowie die Erklärung der
deutschen Bischöfe »Über das Verhältnis der Kirche zum Judentum« vom 28.
April 1980, hg. v. Sekretariat der Deutschen Bischofskonferenz, 1980, 5ff.26ff.

Deuten Faktizitäten wie diese die Unangemessenheit und Fraglichkeit mancher der herkömmlichen Kategorien und Begriffe zur Umschreibung des Verhältnisses von Christen und Juden an, so ist der dennoch bestehende Streit um »Mission« oder »Dialog« Indiz, daß es im Hintergrund noch einmal um andere, zumindest weiterreichende Fragen geht. Ein Beispiel mag dies verdeutlichen.

Exkurs: Zur sogenannten Ausschließlichkeit des Heils in Jesus Christus

Der entscheidende Differenzpunkt zwischen den Vertretern der sogenannten Judenmission und des sogenannten Dialogs besteht heute kaum mehr in der Frage des Zeugnisses, das vielmehr für beide Seiten konstitutives Moment christlicher *und* jüdischer Existenz ist[26], wenn vielleicht auch hier und da die Akzente anders gesetzt werden. Der trennende Unterschied liegt vielmehr im Bereich der Absolutheitsfrage bzw. der Frage nach der Ausschließlichkeit des Heils in Jesus Christus, wie zuletzt von judenmissionarischer Seite Arnulf H. Baumann in einem bedenkenswerten Beitrag mit Recht unterstrichen hat[27]. Baumann unterscheidet eine angemessene und eine unangemessene Verwendung des Absolutheitsbegriffs, indem er diagnostiziert:

»Im Bekenntnis zu Jesus als dem Messias wurden das gesamte biblische Erbe und die außerbiblische jüdische Tradition aufgenommen, zusammengefaßt und konzentriert. Das fand seinen Ausdruck in der Erweiterung und Abrundung der Bibel durch das Neue Testament, im christlichen Sonntags- und Festkalender und im christlichen Gottesdienst: Alles wurde ausgerichtet auf das zentrale Bekenntnis zu Jesus Christus.

Von hier aus sehe ich die Lösung. Der Fehler liegt nicht in dem Bekenntnis, daß ›in keinem anderen Heil‹ ist als in Jesus Christus (Apg 4,12). Bekenntnisse sind ihrer Natur nach eindeutig, auf Ausschließlichkeit angelegt, sie können sich nicht mit einem ›sowohl-als auch‹ begnügen.

Der Fehler liegt darin, daß aus einem absoluten Glaubensbekenntnis zu Jesus als dem Messias ein Absolutheitsanspruch des Christentums gemacht wurde, daß sich die Kirche an die Stelle ihres Herrn gesetzt hat. Von daher erschien jede Weigerung, sich der Christenheit anzuschließen, als ein Angriff auf Christus. Diese Fehlentwicklung ist ohne Frage in Verbindung mit der Entwicklung des Christenglaubens zur Staatsreligion in der Zeit der Alten Kirche zu sehen«[28].

Die Folgerungen Baumanns bergen so bedeutende Aspekte, daß auch sie wörtlich wiedergegeben zu werden lohnen:

26. Für die Dialogseite vgl. Beschluß und Thesen der Synode der Evangelischen Kirche im Rheinland, für die Seite der Judenmission außer dem Beitrag von Baumann (Zeugnis) das vom Arbeitskreis »Kirche und Judentum« der Vereinigten Lutherischen Kirche Deutschlands und des DNK herausgegebenen Faltblattes Nr. 21 der Reihe »Was jeder vom Judentum wissen muß«: Jüdisches Zeugnis, in: FüI 64 (1981), 73–75.
27. Baumann, Zeugnis.
28. Ebd., 29f.

»Wir sind heute dabei – nicht zuletzt unter dem Eindruck der von dem Holocaust ausgehenden Erschütterung –, uns aus dem konstantinischen Zeitalter und seinen Denkstrukturen herauszuarbeiten, in dem Christentum und Macht miteinander verknüpft waren und christliche Theologie im Gewande des Triumphalismus einherkam. Wenn wir ganz Ernst mit der Erkenntnis machen, daß alle Mission von Gott ausgeht, daß nicht wir das Subjekt der Mission sind, sondern Gott, daß es nicht in unserer Hand liegt, über Rettung und Verderben anderer Menschen zu entscheiden, dann kann auch Juden gegenüber das Bekenntnis zu Jesus, dem Messias, bezeugt werden, ohne daß sie dadurch in ihrer Selbstachtung getroffen werden. Wenn wir ganz damit Ernst machen, daß auch die Christenheit noch in der Erwartung der vollkommenen Offenbarung Gottes lebt, dann können wir es aushalten, wenn Juden unserem absoluten Bekenntnis zu Jesus Christus ihr ebenso absolutes Bekenntnis zur Tora als ihrem Zugang zum Vater entgegensetzen. Wir können es ruhig Gott überlassen, was er aus dem Zeugnis von Christen und Juden werden läßt. Dabei wird es zu Übertritten einzelner Suchender kommen wie zu einer Veränderung des Verhältnisses von Christentum und Judentum insgesamt, das sie nicht dabei stehen läßt, sich als einander ausschließende Gegensätze zu verstehen.

Durch ein so verstandenes Christuszeugnis braucht sich kein Jude bedroht zu fühlen; er ist frei, es aufzunehmen oder bei seinem Bekenntnis zu bleiben. Durch ein so verstandenes Christuszeugnis braucht aber auch kein Christ zu befürchten, durch das christlich-jüdische Gespräch werde das Herzstück seines Glaubens undeutlich oder abgeschwächt. Im Gegenteil: Durch eine Begegnung, die dem Wirken des Gottesgeistes Raum läßt, werden Christen und Juden in die Tiefe ihres Selbstverständnisses und Glaubenszeugnisses geführt«[29].

Es lohnt freilich auch, die Implikationen der Ausführungen Baumanns näher in Augenschein zu nehmen. Wie vertragen sich das absolute, auf Ausschließlichkeit insistierende Bekenntnis, es sei nicht nur für die Bekennenden, sondern für alle »in keinem anderen Heil«, einerseits und die erwartete und erhoffte Änderung, daß sich Juden und Christen *nicht* »als einander ausschließende (!) Gegensätze« verstehen, andererseits? Tatsächlich dürfte diese »Änderung« doch noch einmal ein kräftiges Fragezeichen hinter die zuvor genannte Ausschließlichkeit setzen. Als gravierender Faktor kommt hinzu, daß die beiden von Baumann zuvor gegeneinandergestellten Größen »absolutes Bekenntnis zu Jesus Christus« christlicherseits und »absolutes Bekenntnis zur Tora« jüdischerseits nicht so symmetrisch sind, wie er zu glauben scheint. Denn anders als das christliche hat das jüdische »absolute Bekenntnis« eine heilsame Lücke. Mit der – seit der Zeit des rabbinischen Judentums gültigen – Lehre von den »Gerechten aus den Völkern«, die aufgrund ihrer Gerechtigkeit Anteil an der kommenden Welt haben[30], birgt die jüdische Tradition ein retardierendes Moment in sich, welches

---

29. Ebd., 30.

30. Belege bei C. G. Montefiore/H. Loewe (Hg.), A Rabbinic Anthology (1938), Nachdr. Cleveland/New York/Philadelphia 1963, 556ff; G. Levi, Das Buch der jüdischen Weisheit (o.J.), Nachdr. 1980[3], 199f; Cohen, Talmud, 65f. Als Beispiele aus neuerer Zeit vgl. zB. Bubers Beiträge in dem Zwiegespräch mit K. L. Schmidt (Kirche, bes. 560ff.570), die Arbeiten Lapides sowie Levinson, Jude, bes. 204, und Talmon, Community, 610.615; Aschkenasy, Mensch. Schmidts Beiträge (zu-

verhindert, daß Heilsaussagen über Israel notwendig zu einschränkungslosen Unheils-
aussagen über die Völker werden. Dem steht in der christlichen Dogmatik nichts Ver-
gleichbares gegenüber. Der gelegentliche Hinweis auf die Aussage Joh 3,6, der Geist
wehe, wo er wolle, könnte möglicherweise eine vergleichbare Öffnung bedeuten, müßte dann freilich in Spannung zu seinem immanenten Gefälle wie auch zur gesamten johanneischen Konzeption (vgl. Joh 14,6) interpretiert werden, wozu in Diskussionen gerade die, die auf Joh 3,6 verweisen, in der Regel am wenigsten bereit sind. Eine echte
Entsprechung liegt hingegen in der für diese Untersuchung grundlegenden – bereits
entfalteten und deshalb nur in Erinnerung zu rufenden – Unterscheidung Jesu zwischen Sündern und Gerechten in Israel vor. Sie gibt der Nachfolge Jesu und dem Bekenntnis zu ihm Raum, ohne doch zugleich die Gefahr impliziter oder expliziter Absolutismen heraufzubeschwören, die den anderen – wenn vielleicht auch in verschiedenen Graden – *in toto* »das Heil« abspricht, sofern sie nicht die eigenen Glaubensvoraus-
setzungen teilen. Denn so nachhaltig auch den Schlußsätzen Baumanns beizupflichten
ist – bleibt das »Bekenntnis zur Ausschließlichkeit des Heils in Jesus Christus«[31] nicht
auf den bekennenden einzelnen bzw. die bekennende Gemeinde beschränkt, sondern
wird das Motiv der Ausschließlichkeit zum Lehr- oder Verkündigungsgegenstand,
dann dürfte unvermeidlich bereits der erste folgenschwere Schritt in die Richtung getan sein, die Baumann mit Recht ausgeschlossen sehen möchte: die Entscheidung –
und das kann ja sachlich nur heißen das Urteil – über »Rettung und Verderben anderer
Menschen«.

Aufweisen läßt sich dieser Zusammenhang an einer Predigtmeditation von Bischof
Gerhard Rost zum 10. Sonntag nach Trinitatis über Joh 2,13–22, die jüngst in der von
Baumann selbst herausgegebenen Zeitschrift »Friede über Israel« erschienen ist[32]. Der
Verfasser greift gleich zu Beginn jenes Stichwort von der »Ausschließlichkeit des Heils
in Christus« auf und sieht es in seinem Text »in kaum noch zu überbietender Weise« als
dessen Botschaft zum Ausdruck gebracht[33], der sich zu beugen kein Wagnis zu scheuen
sei: »Diese Ausschließlichkeit aber ist schon immer ein Ärgernis gewesen. Für moder-
nes Toleranzdenken ist sie in besonderer Weise unzeitgemäß. Gegenüber dem Judentum und seiner Religion scheint sie vollends unangemessen zu sein. Der Schock des
Holocaust will uns die Botschaft unseres Textes kaum noch über die Lippen lassen.

sammen mit Bubers nachgedr. in: K. L. Schmidt, Neues Testament – Judentum –
Kirche, hg. v. G. Sauter, 1981, 149ff.163f) verdeutlichen die Grenze, die dem
Christen traditionell gesetzt ist. Kontinuität und Diskontinuität zwischen jüdischer und christlicher Auffassung sind mit feinem Gespür von Guttmann (Umwelt, 314f) beschrieben: »Die Idee der Auserwähltheit steigerte sich im alten Christentum bis zur Konzeption der alleinseligmachenden Kirche. In der Auserwähltheit *Israels* wird man vergeblich nach dieser letzteren Theorie suchen« (Hervorh.
G.). Zur ungeachtet dessen gegebenen Ambivalenz des Verhältnisses Israels zu
den Völkern nach der rabbinischen Literatur s. Urbach, Sages, 541ff; L. J. Eron,
You who Revere the Lord, Bless the Lord, in: JES 18 (1981), 63–73, sowie unten,
170ff.
31. Baumann, Zeugnis, 29.
32. Rost, Tempel.
33. Ebd., 57.

Von manchen wird sie als die tiefste Wurzel eines verderblichen Antisemitismus angesehen. Und wer sie dennoch unmißverständlich laut werden läßt, kann nichts anderes als das Kreuz Christi erwarten. Billiger als unter diesem Wagnis kann dieser Text nicht gepredigt werden«[34]. Zweifelhafter als mit solchen Wendungen kann man sich freilich zugleich auch nicht der vom Verfasser selbst angesprochenen Problematik entziehen. Die Verwechslung einer möglichen kritischen Analyse eigener theologischer Aussagen mit dem »Kreuz Christi« ist genauso fragwürdig wie der Umgang mit dem Holocaust. Seine Erwähnung in Gestalt der Wendung »Schock des Holocaust«, der die Botschaft kaum noch über die Lippen lasse, verweist die Frage nach Verwicklungen der Theologie und Konsequenzen für sie in den Bereich psychischer Störungen. Die Erwähnung dient dem Verfasser einzig und allein als Alibi dafür, unbeirrt in den alten Geleisen des christlichen Antijudaismus weiterzufahren. Mit Goppelt qualifiziert er »*den* jüdischen Gottesdienst« als Mißbrauch von Tempel und Gesetz, um »sich gegen Gott zu sichern«, und prägt mit dessen Worten von neuem ein, »daß Jesus tatsächlich *das* Judentum *von der Wurzel her* durch Neues aufhebt«[35]. Dem hier fortgeschriebenen Antijudaismus entgeht Rost auch dadurch nicht, daß er wenig später gemäß dem Modell, »die Juden« als Repräsentanten der Welt zu verstehen, herausstellt, »das jüdische Mißverständnis Gottes und seiner Gerechtigkeit«, nämlich »sich gegen Gott gleichsam vertraglich abzusichern«, sei »gar nicht spezifisch jüdisch«, sondern das »des natürlichen Menschen«[36]. Denn zwar könnte dieser Satz heilsam sein, wenn er mit Paulus gegen den Strich gelesen würde und die Gleichsetzung von Juden und natürlichen Menschen als *prōton pseudos* aufgedeckt würde. Aber so ist er von Rost nicht gemeint, vielmehr im Sinne der Nivellierung aller Unterschiede zwischen Juden und Heiden angesichts der Offenbarung. Zu Differenzierungen ist der Verfasser auch nicht in der Frage der Schuld am Tode Jesu bereit. Von neuem sind es »die Juden«, die »Jesus, den Sohn und Offenbarer Gottes, ans Kreuz liefern«[37]. Mit einem hinkenden Vergleich mündet Rost in die Gegenwart ein, indem er die jüdische Gemeinde, die Jesus nicht erkennt oder abweist, einer – erfundenen – Braut vergleicht, die die Ankunft des Bräutigams ignoriert, sich statt dessen mit seinen Liebesbriefen begnügt und so »gegenstandslos« (!) auf ihn wartet. Weil dies ein »Verhängnis« wäre, »bleibt dies die Liebespflicht der christlichen Kirche, den Juden glaubwürdig und liebevoll zu bezeugen, daß der Messias in Jesus gekommen ist und daß nun die *einzige* Möglichkeit des *wahren* Gottesdienstes, der Gott *wirklich* erreicht, an seine Person geknüpft ist. Bei aller Problematik nach dem Holocaust: Es wäre *die schlimmste Form des Antisemitismus*, den Juden dieses Zeugnis zu verweigern«[38]. Enthüllt der letzte Satz, mit dem dem Prediger theologische Daumenschrauben angelegt werden, angesichts dessen, was die *wirklich* »schlimmste Form des Antisemitismus« in unserem Jahrhundert angerichtet hat, die ganze lieblose und unglaubwürdige Gedankenlosigkeit des Verfassers, so erweist seine inhaltliche Beschreibung der christlichen Liebespflicht, wohin die Auslegung des

---

34. Ebd.
35. Ebd., 58 (Hervorh. O.-S.). Das Zitat Goppelts ist seiner »Theologie« (I, 148) entnommen. Vgl. zur Sache auch oben, 87ff.
36. Ebd.
37. Ebd., 59.
38. Ebd., 61 (Hervorh. O.-S.).

Evangeliums unter dem Vorzeichen der »Ausschließlichkeit des Heils in Christus« führt: zur inklusiven Bestreitung der Möglichkeit wahren, Gott wirklich erreichenden Gottesdienstes im jüdischen Volk[39].

Der erörterte Beitrag hat weder Baumann zum Verfasser noch auch ist es vorstellbar, daß er selbst eine Meditation dieser Art verfaßt hätte. Aber dennoch trägt er als Herausgeber eine Mitverantwortung, und so scheint es angesichts des hier bezeugten exegetisch-homiletischen Umgangs mit dem Ausschließlichkeitsanspruch von Grund auf fraglich, ob »der Fehler« im Umgang mit der Absolutheitsfrage tatsächlich in der Unterscheidung zwischen »absolutem Glaubensbekenntnis zu Jesus Christus als dem Messias« und dem »Absolutheitsanspruch des Christentums« liegt. Vielmehr scheint das Spiel mit dem Begriff des Absoluten überhaupt bereits als der Beginn einer falschen Weichenstellung. Er proklamiert formal, was doch in jedem Fall inhaltlich zu explizieren wäre und sich dann, wenn dies wirklich – dazu gesprächsweise – geschähe, wie von selbst in seiner heilsamen Relativität zeigte. Die schlagwortartige Rede von »dem Heil«, mit der man nur zu oft aufgrund der Positivität des Begriffs bereits alles Nötige gesagt zu haben meint, obwohl das Gemeinte erst noch zu entfalten ist, wirkt hier in der Regel eher verdunkelnd als erhellend. Wenn jemand tatsächlich »das Heil« in und durch Jesus Christus gefunden hat, so besteht aller Grund zur Freude. Worin aber liegt die Notwendigkeit, es durch das Prädikat des Absoluten abzusichern? Das Ganze gleicht dem Spiel von Kindern, die sich nicht mit der Freude an ihrem eigenen Spiel zu begnügen vermögen, sondern überhaupt erst glücklich sind, wenn es von der Behauptung begleitet ist, es sei schöner als das der anderen, wenn nicht überhaupt das schönste. Die theologische Fragwürdigkeit solchen Umgangs mit dem eigenen Glauben hat Lothar Steiger präzise mit der Folgerung formuliert, eine sich von Israel verabsolutierende Kirche verliere »ihr partitives Verhältnis zum Ganzen und somit zur Wirklichkeit und zur eigenen Wahrheit«[40]. So dürfte sich aufgrund der aufgewiesenen Sachverhalte, allen voran die destruktiven Implikationen, weder der Topos »zuerst den Juden« noch auch die Existenz von Judenchristen als Motiv für das Insistieren auf der Absolutheit des Messiasbekenntnisses oder auf der »Ausschließlichkeit des Heils in Christus« nehmen lassen.

39. Andere, tröstliche Möglichkeiten bischöflichen Redens zeigen der Beitrag des Bischofs der Episcopal Church in den USA, J. S. Spong, The Continuing Christian Need for Judaism, in: CJR Nr. 73 (1980), 3–10. Siehe ferner K. Immers »Einführung in das Synodalthema ›Christen und Juden‹«, in: Immer, Erneuerung, 5ff, sowie E. Lohse, Frieden für Israel (Hebr. 1,1–6), in: Osten-Sacken, Gottesdienst, 138–142, und M. Kruse, Folgerungen, ebd., 147–151.
40. Steiger, Schutzrede, 57. Vgl. zur Absolutheitskritik ferner Mayer, Judentum, 163; Talmon, Community, 616f; Marquardt, Feinde, 334ff; Baum, in: Ruether, Nächstenliebe, 9ff; Osten-Sacken, ebd., 244ff; Thyen, Holocaust, 142ff. Zum Umgang mit der ähnlich gelagerten sog. Wahrheitsfrage s. Metz, Ökumene, 128. Erwägungen zu einem heilsam eingeschränkten Gebrauch des Absolutheitsbegriffs finden sich bei Schoeps, Religionsgespräch, 153f; U. Mann, Christentum und Toleranz, in: H. Storck (Hg.), Mut zur Verständigung. Fünfundzwanzig Jahre Evangelische Akademie Loccum, 1977, 109–132; Gollwitzer, Judentum, 173.

Von mindestens gleicher Bedeutung wie die zuletzt erörterten Zusammenhänge dürften die Tatbestände sein, die vor dem Exkurs mit
den Hinweisen auf den Wandel sowohl im Missionsverständnis überhaupt als auch in der Praxis des Verhältnisses von Juden und Christen
bezeichnet wurden. Von diesen Realitäten können auch Judenchristen heute schwerlich absehen. Bleiben sowohl das zuvor angedeutete weithin desolate Verhältnis der Kirche zu ihrem judenchristlichen Teil als auch die neue Begegnung zwischen Kirche und jüdischem Volk vor Augen, so lassen sich einige wesentliche Dimensionen judenchristlichen Zeugnisses markieren.

Mehr als alle anderen bedarf als erstes die Völkerkirche des Zeugnisses der jüdischen Christen, und zwar gerade auch des verbalen
Zeugnisses, durch das die Kirche insgesamt der Wurzel gewahr wird,
der sie entstammt. Je mehr sie dies Zeugnis vernimmt, und zwar auch
das Zeugnis solcher judenchristlicher Kreise, die nicht in eine der
großen anerkannten Kirchengemeinschaften eingefügt sind[41], desto
kräftiger wird nicht nur ihre Bindung an die Bibel Alten und Neuen
Testaments sowie an »ganz Israel« sein, desto größeren Gewinn wird
sie vielmehr auch für ihr eigenes Zeugnis unter den Völkern erzielen.
Die Erkenntnis, daß ihre ökumenischen Bekenntnisse aus der Zeit
der Alten Kirche ohne judenchristliche Gemeinden bzw. deren Vertreter formuliert sind, könnte sie um der Gemeinschaft mit ihnen und
im Hören auf ihr Verständnis Jesu Christi in eine heilsame Distanz zu
diesen Bekenntnissen bringen[42]. Die europäischen Kirchen könnten
dadurch beweglicher werden in ihrer Begegnung mit den jungen Kirchen, denen zwar weder Plato noch Mose in die Wiege gelegt ist, die
sich jedoch im Zweifelsfalle nicht in der griechischen Philosophie,
wohl aber in der jüdischen Bibel und im Judenchristentum wiederfinden[43]. An weitere Aspekte wie das Gedenken an »ganz Israel« in der
Kirche aufgrund des Zeugnisses der Judenchristen, dh. »Israels in der
Kirche«, ist nur noch einmal zu erinnern.

Das judenchristliche Zeugnis im Verhältnis zu Israel dürfte insbesondere dann angemessene Gestalt haben, wenn es sich von jener
Form leiten läßt, die durch die rabbinische Überlieferung wie durch

41. Vgl. zB. die bei Jasper (Judenchrist, 163f) und Lapide (Hebräisch, 160ff.200f) genannten Gruppen.
42. Vgl. hierzu zB. H. D. Leuner, Die Messiasfrage im jüdisch-christlichen Gespräch,
    in: ders., Israel, 44ff, bes. 52ff.
43. Vgl. J. Downey, Der Christus der jüdischen Christen: Ein pluralistisches Modell
    für afrikanische Theologie, in: Zeitschrift für Mission 1 (1975), 197–214; Talmon,
    Anfrage, 141.150ff.

das Neue Testament gleichermaßen als spezifisch jüdisch und in Anlehnung an das jüdische Verständnis als spezifisch christlich belegt
ist. So heißt es in der Mechilta, dem frühen rabbinischen Kommentar
zum Buch Exodus, im Rahmen von Erörterungen über den Sabbat
(zu Ex 31,14):

»Denn er (sc. der Sabbat) ist heilig für euch« – dh. daß der Sabbat Israel Heiligkeit
zufügt (wie sich an folgenden Beispielen erkennen läßt): Warum ist das Geschäft von
N. N. geschlossen? Weil er den Sabbat hält. Warum hat N. N. von seiner Arbeit abge-
lassen? Weil er den Sabbat hält. So legt er Zeugnis ab für den, der sprach und es ent-
stand die Welt, der die Welt schuf in sechs Tagen und am siebten Tag ruhte. Entsprechend heißt es ja: ›Ihr sollt meine Zeugen sein – Spruch des Herrn –, daß ich Gott bin‹
(Jes 43,12).«

Ganz in Übereinstimmung damit sagt Jesus an zentraler Stelle in
der Bergpredigt nach der Bezeichnung der Gemeinde als »Licht der
Welt« und nach den Sprüchen über die Stadt auf dem Berge und dem
Licht auf dem Leuchter: »So soll auch euer Licht leuchten vor den
Menschen, damit sie eure guten Werke sehen und euren Vater im
Himmel preisen« (Mt 5,14–16)[44]. In diesem Sinn läßt sich der Auftrag
der Judenchristen im Verhältnis zu ganz Israel als gelebtes Zeugnis
dessen verstehen, *daß* sie als Christen zugleich Juden, Kinder Israel
sind, Söhne Abrahams, Isaaks und Jakobs, die vom übrigen Israel allein das Bekenntnis zu Jesus als Messias und im Gefolge dieses Bekenntnisses ekklesiologisch die Gemeinschaft mit »den Völkern« unterscheidet; denn mit dem Kommen Jesu Christi ist – jedenfalls nach
dem Neuen Testament – nicht der Unterschied, wohl aber die Schranke zwischen Israel und den Völkern gefallen. In Gestalt dieser Gemeinschaft mit den Völkern wiederum bezeugen die Judenchristen,
daß sie sich selbst als »verlorene Schafe des Hauses Israel« verstehen,
denen durch Jesus Christus die Barmherzigkeit des Gottes Israels widerfahren ist, und bekunden, daß sie schon jetzt mit den Völkern *zusammen* aus der Gnade Gottes und in der Hoffnung auf sie leben.
Und wenn denn solches gelebte Zeugnis die neugierige Frage auslöst:
»Warum hat sich N. N. der Gemeinde Jesu angeschlossen?«, dann ist
– wie in einem analogen Fall der Jude – der Judenchrist gefordert, der
Weisung von 1Petr 3,15 zu entsprechen: »Seid ständig zur Antwort
bereit gegenüber jedem, der von euch Rechenschaft fordert über die
Hoffnung, die in euch ist.«

44. Zur Bedeutung dieses Zusammenhangs für die Auslegung der Bergpredigt s. C.
    Burchard, Versuch, das Thema der Bergpredigt zu finden, in: G. Strecker (Hg.),
    Jesus Christus in Historie und Theologie. Festschr. f. H. Conzelmann, 1975, 409–
    432.

5. Teilhabe am Selbstverständnis Israels als Staat

Die Überlegungen derer, die sich weigern, das Verhältnis nicht nur
der Heidenchristen, sondern auch der Judenchristen zum jüdischen
Volk unter traditionellen missionarischen Gesichtspunkten zu sehen,
dürften noch aus einem anderen Grund schwerlich von der Hand zu
weisen sein. Die Gründung des Staates Israel in unserem Jahrhundert, die auf eine ganze Kette von Faktoren zurückgeht, hat in jedem
Fall die Treue des jüdischen Volkes zu seinem Weg des Lebens mit
der Tora in den vergangenen beiden Jahrtausenden zur Voraussetzung und ist ohne die in dieser Treue durchgehaltene Bindung an das
Land Israel nicht zu denken. Wenn deshalb heute Judenchristen in Israel existieren, dort wie ein großer Teil des jüdischen Volks eine Zu-
fluchtsstätte und die Möglichkeit gefunden haben, ihr Leben als Judenchristen authentischer zu führen als in der Diaspora der Völkerkirchen, so haben sie das in ganz wesentlichem Maße dem jüdischen
Volk als ganzem zu danken. Sie haben damit implizit schon immer die
positive Bedeutung »ganz Israels« für sich in dieser grundlegenden
Hinsicht anerkannt. Sie ist nicht allein politischer Art, vielmehr – zumindest für einen Teil der Judenchristen – zugleich theologisch bestimmt. So heißt es in dem Glaubensbekenntnis einer kleinen Gruppe
von Judenchristen, die sich den Namen »Messianische Gemeinde Israels« gegeben haben, im dritten Artikel: »Wir glauben an den Heiligen Geist; wir glauben an die Hebräische Bibel als an Gottes Wort;
wir glauben an die staatliche und geistige Wiedergeburt Zions gemäß
der festen Zusage des HERRN«[45]. Die Schlußsätze beziehen sich
zum einen auf die Realität des Staates Israel, die damit im Lichte der
Verheißungen der Schrift gedeutet wird. Sie sind zum anderen so offen formuliert, daß diese Realität, von der hebräischen Bibel her gedeutet, nicht statisch verstanden wird, die »Wiedergeburt Zions gemäß der festen Zusage des HERRN« vielmehr zugleich Gegenstand
vertrauenden Hoffens ist. Im Rahmen dieses dynamischen Verständnisses wird nun aber doch die Neugründung einer staatlichen Gemeinschaft Israels im Land der Väter durch das jüdische Volk als
Ausdruck der Treue Gottes zu seinem Wort und, sofern dies Wort Israel betrifft, zu seinem Volk als ganzem verstanden und damit theologisch begriffen. Wenn deshalb in dem Synodalbeschluß »Zur Erneuerung des Verhältnisses von Christen und Juden« der Rheinländischen

---

45. Nach M. Krupp, Vergesse ich dein, Jerusalem. Kleine Geschichte des Zionismus,
    1965, 195. Siehe auch Lapide, Hebräisch, 161; ebd. auch eine nähere Charakteri-
    stik der Gruppe.

Kirche im Staat Israel ein Zeichen der Treue Gottes gesehen wird, so ist hier eine Gewißheit bekannt, die die Christen aus den Völkern sowohl mit den Judenchristen als auch mit »ganz Israel« – endlich einmal – verbindet und die traditionellen Schemata der allein abgrenzenden Gewißheiten überschreitet[46]. Es ist diese Kundgabe konkreter Gewißheit der Treue Gottes zu seinem Volk, mit der es eine Kirche vermocht hat, zu bezeugen, was ihr gemäß dem paulinischen Evangelium aufgetragen ist: daß nämlich Israel nicht irgendwann, sondern »jetzt« Gottes Barmherzigkeit widerfährt (Röm 11,31).

Obwohl die Wendung »Zeichen der Treue Gottes« zurückhaltend genug ist, hat sie heftigsten Widerspruch erfahren[47]. Berufen hat man sich unter anderem auf das paulinische Evangelium und seine lutherische Rezeption in Gestalt der Lehre von der Rechtfertigung des Sünders »allein aus Gnade«. Übersehen ist dabei, daß gerade diese Lehre jene Deutung ermöglicht, ohne daß mit ihr zugleich fragwürdige Regierungsentscheidungen in Israel legitimiert würden. Christliche Existenz wird der Rechtfertigungsverkündigung nach authentisch durch die Formeln *peccator in re, iustus in spe* (»faktisch Sünder, der Hoffnung nach Gerechter«) und *simul iustus et peccator* (»Sünder und gerecht zugleich«) beschrieben. Sie bringen die Gewißheit einer Zuwendung Gottes zum Sünder zum Ausdruck, die unter der Voraussetzung des menschlichen Vertrauens auf den sich zuwendenden Gott bleibt, auch wenn der Mensch bis zu seinem Lebensende seinerseits nicht den Status des Sünders verläßt, vielmehr stets von neuem das angemessene Verhalten im Verhältnis zu Gott und der Gemeinschaft, in der er lebt, schuldig bleibt. Die Frage, ob etwa Paulus in seiner Verkündigung wesentlich am einzelnen interessiert ist oder nicht, kann hier nicht erörtert werden[48]. Wie auch immer es sich damit verhalten mag, in jedem Fall spricht der Apostel in Röm 9–11, insbesondere im 11. Kapitel, von Israel nicht als von lauter einzelnen, vielmehr gut biblisch als Volk. Vom Volk Gottes beteuert er, daß Gott es nicht verstoßen habe (Röm 11,1f), die Rettung »ganz Israels« offenbart er als Mysterium (Röm 11,26). Läßt sich gerade aufgrund dieser

---

46. Siehe oben, 59 mit A. 48. Der Beschluß bezieht sich dabei freilich nicht im Sinne der oben entfalteten Darlegung auf die Judenchristen. Daß sie in der Synodalerklärung nicht erwähnt werden, wie Baumann (Zeugnis, 26) mit Recht hervorgehoben hat, ist fraglos eine Schwachstelle dieses ungeachtet dessen vorwärtsweisenden Dokuments.

47. Erwägungen, Nr. 4.14f.

48. Siehe jedoch die überzeugende Kritik eines am isolierten Individuum orientierten Paulusverständnisses von E. Käsemann, Das theologische Problem des Motivs vom Leibe Christi, in: ders., Perspektiven, 178–210.

Offenbarung die Deutung *peccator in re, iustus in spe* von Paulus her authentisch auf »ganz Israel« anwenden, so angesichts der die Gegenwart Israels betreffenden Aussagen über die Treue Gottes zu Israel und angesichts der Interdependenz der beiden Formeln auch die scheinbar weitergehende Deutung *simul iustus et peccator*.

In dieser Perspektive ausgelegt, dürfte das Verständnis der Existenz Israels als Zeichen für die Treue Gottes zugleich bekräftigt und vor Mißbrauch geschützt sein. Die Erwägungen zu dieser Deutung haben ihren Ausgangspunkt bei der bejahten Partizipation der Judenchristen im Land Israel am Staat Israel sowie an seinem Selbstverständnis genommen. Sie haben gezeigt, wie von hier aus besonders nach dem Synodalbeschluß der Evangelischen Kirche im Rheinland eine Verbindung hinüberläuft zur Völkerkirche. Vielleicht wird deshalb an diesem Beispiel besonders deutlich, wer die Judenchristen in Übereinstimmung mit Paulus und ihrem eigenen Selbstverständnis nach sind: Israels Gegenwart in der Kirche und zugleich die Gegenwart der Kirche in Israel[49].

Nicht weniger bedeutsam ist freilich die Dimension, die sich gerade in dem zuletzt erörterten Zusammenhang unübersehbar angedeutet hat. Weder die Existenz der Kirche im allgemeinen noch die Existenz von Judenchristen im besonderen schließt die Negation der bleibenden Bedeutung Israels ein, sofern es nicht ans Evangelium glaubt. Dieser Bedeutung, insbesondere für die Kirche bzw. die Völker, gilt es im folgenden weiter nachzuspüren. Im Rahmen der in diesem Kapitel entfalteten Erwägungen nun wurde zunächst nach der Bedeutung der Judenchristen (Israels in der Kirche) für die Kirche und erst dann nach ihrer Relevanz für Israel gefragt. Entsprechend soll im

---

49. Vgl. Krolenbaum, Judenchrist, 8f; W. Grillenberger, Begegnung mit jüdischen Christen in Israel, in: FüI 51 (1968), 130. Als eine weitere bedeutsame Weise der Gegenwart der Kirche im Staat Israel in Gestalt einer heidenchristlichen Gemeinschaft ist die christliche Siedlung Nes Ammim zu nennen. Vgl. zu ihrer Geschichte und Funktion S. Schoon/H. Kremers, Nes Ammim. Ein christliches Experiment in Israel, 1978. Zu den theologischen Problemen, die mit dem Selbstverständnis der Nes Ammim-Gruppe gegeben sind, vgl. neben der genannten Arbeit selber Aring, Judenmission, 255ff. Die in der vorliegenden Untersuchung unter Einbeziehung der Judenchristen entfalteten christologischen und ekklesiologischen Perspektiven können vielleicht helfen, die Schwierigkeiten ein Stück weiter zu überwinden. Zum Verhältnis von Nes Ammim zu den Judenchristen in Israel s. Kremers Ausführungen in dem genannten Band, 192f. Zur problematischen Situation der Judenchristen in Israel sowie zu weiteren Aspekten der »Möglichkeit eines kirchlich-christlichen Lebens inmitten einer mehrheitlich jüdischen Gemeinschaft« s. auch Lenhardt, Auftrag, 122ff.

nächsten Teil nach der Darlegung der Bedeutung »ganz Israels« noch einmal neu überlegt werden, welchen Dienst umgekehrt die Kirche als ganze möglicherweise dem jüdischen Volk leisten könnte[50].

---

50. Ein Teil dessen, was in diesem Zusammenhang zu erwägen ist, ist bereits im Rahmen der christologischen Ausführungen zur Sprache gekommen. Vgl. oben, 108ff.

V. Israel und Kirche: Existenz im Miteinander

1. Israels Bedeutung für die Kirche

Israels Herkunft gründet in dem Verheißungswort an Abraham. Die Gegenwart des Gottesvolkes wird gekennzeichnet durch die unverbrüchliche Geltung seiner Erwählung (Röm 9,1–5; 11,29). Seine Zukunft ist bestimmt durch die unumstößliche Gewißheit: »Ganz Israel wird gerettet werden« (Röm 11,26). All das gilt, obwohl und auch wenn das jüdische Volk seiner Mehrheit nach das Evangelium als Medium der Teilhabe an endzeitlicher Rettung ablehnt. Dies ist die in Röm 9–11 niedergelegte Sicht und damit die Perspektive eines Zeugnisses, das zu dem kanonisch gewordenen Evangelium der Frühzeit gehört. Aus diesem Zeugnis gehen das – theologisch begründete – Existenzrecht und die bleibende Begabung des Gottesvolkes Israel mit solcher Eindeutigkeit hervor, daß die theologisch geläufige Rede vom »Ende Israels« und dergleichen mehr, gemessen am paulinischen Evangelium, pure Häresie darstellt, wie lutherisch, evangelisch, katholisch, orthodox oder christlich auch immer sich die Vertreter dieser Auffassung geben mögen. Ihre für lange Epochen bestimmende Gestalt hat sie spätestens mit Augustin gefunden. Israel war für den Kirchenvater – und ist es seit seiner Zeit – einzig dazu da, Zeuge für die Kirche zu sein[1]. Darin bestand sein angebliches Existenzrecht, vom Stärkeren diktiert und in den Dienst seiner ideologischen Bereicherung gestellt. Die in mannigfachen Variationen begegnende Skulptur der Synagoge mit den verbundenen Augen belegt dies als ein mittelalterliches Beispiel unter vielen, das auch noch heute die Auffassung beträchtlicher christlicher Kreise repräsentiert.

Erst in jüngster Zeit ist neben dies von Absolutheitswünschen und Identitätsängsten bestimmte theologische Denken eine Einstellung im Verhältnis zu Israel getreten, die durch die Bereitschaft zum Hören der »Stimme Jakobs« geprägt und in ihrem schriftlichen und

---

1. Bei Augustin ist die Zeugenschaft noch darauf bezogen, die Echtheit der heiligen Schriften zu verbürgen. Sie wird dann jedoch auch für andere Phänomene bemüht. Vgl. B. Blumenkranz, Die Juden als Zeugen der Kirche, in: ThZ 5 (1949), 396–398; ders., Die Entwicklung im Westen zwischen 200 und 1200, in: K. H. Rengstorf/S. v. Kortzfleisch (Hg.), Kirche und Synagoge. Handbuch zur Geschichte von Christen und Juden I, 1968, 93ff. Siehe auch Isaac, Antisemitismus, 345.

mündlichen Zeugnis mehr zu vernehmen gewillt ist als das ohnehin bekannte überkommene Eigene. Dort, wo dies geschieht, wird das jüdische Volk nicht länger als Zeuge für die Wahrheit der Kirche, vielmehr sehr viel eher als Zeuge für die Wahrheit Gottes gegenüber der Kirche zu Gehör gebracht. Einige exemplarische Arbeiten aus den USA wurden bereits eingangs vorgestellt. Hierzulande ist besonders der Name Friedrich-Wilhelm Marquardts zu nennen und unter seinen diesbezüglichen Arbeiten vor allem der wegweisende Beitrag »Feinde um unsretwillen. Das jüdische Nein und die christliche Theologie«[2]. Das Ringen um das Verständnis der Positivität des jüdischen Neins zum Evangelium, das allein den christlichen Antijudaismus zu überwinden vermag[3], führt Marquardt zu der – in Aufnahme von Röm 11,28 (». . . um unsretwillen«) gewonnenen – tiefgreifenden Erkenntnis:

> Das »Zeugnis des jüdischen Nein (wurzelt) im Urteil und Willen Gottes selbst . . ., der die Vollendung aller Dinge ›noch nicht‹ hat kommen lassen und der sich damit, gerade nach reformatorischer Erkenntnis, alles Entscheidende, Letzte, das Verwirklichen der Wirklichkeit ›noch‹ vorbehalten und uns Christen und Juden entzogen hat. Israel ist der weltgeschichtliche Zeuge für dies Noch-nicht des göttlichen Willens. Es repräsentiert mit seinem Nein den eschatologischen Vorbehalt Gottes selbst. Es widersteht dem christlichen Pathos der endgültigen Zeit, Wahrheit und Urteile. Es existiert als Ferment der Dekomposition falscher Vollkommenheiten. Es bezeugt mit seinem Bekenntnis zur Transzendenz Gottes *trotz* Christus nicht einen götzenhaft abstrakten ›Gott über Gott‹ und keinen ›verborgenen Gott‹, sondern den auch in der Sendung Jesu Christi nicht aufgehobenen eschatologischen Vorbehalt in Gott selbst, den Paulus mit dem Gedanken der eschatologischen Unterwerfung Jesu Christi verkündigt hat, ›damit Gott sei alles in allem‹ (1Kor 15,28). Ebenso ist Israels Nein Zeuge der Freiheit Gottes gegen sich selbst und des Vorbehaltes, den er gegen sich selbst und seine Ziele bisher noch macht«[4].

Angesichts der großen Fülle der im Thema »Dienst Israels zugunsten der Kirche« enthaltenen Gesichtspunkte[5] liegt es nahe, den von Marquardt angesprochenen Zusammenhang des Gottesverständnisses aufzunehmen und in komplementärer Perspektive weiter zu be-

---

2. Augenmerk verdienen in diesem Zusammenhang weiter vor allem die Beiträge von B. Klappert, Erinnerung; ders., Bibelarbeit über Hebräer 11,1.32–40; 12,1f, in: Immer, Erneuerung, 79–100. Vgl. unten, 173f.
3. Marquardt, Feinde, 311.
4. Ebd., 335 (Hervorh. M.).
5. Vgl. weiter Geis, Auftrag; E. Simon, Das Zeugnis des Judentums, in: Deutscher Evangelischer Kirchentag Köln 1965. Dokumente, 1965, 654–667; Mayer, Judentum, 188f; J. Moltmann, Kirche in der Kraft des Geistes, 1975, 156ff; Heschel, Gott, 325f.

denken. Gemeint ist das Bekenntnis Israels zum einen Gott, das den
Leitfaden jüdischer Existenz bildet: »Höre, Israel, der Herr, unser
Gott, der Herr ist einer. Und du sollst den Herrn, deinen Gott, lieben
mit deinem ganzen Herzen, mit deiner ganzen Seele und mit all deinem Vermögen« (Dtn 6,4f). So wie dies Bekenntnis ins Zentrum jüdischen Lebens führt, so auch in die Tiefe seiner Geschichte. Um die
Bedeutung, die das Leben des jüdischen Volkes mit diesem Bekenntnis für die Kirche hat, weiter zu konturieren, und um das Motiv des
möglichen wechselseitigen Dienstes einzubeziehen, scheint es hilfreich, den durch die biblische Geschichte gegebenen Horizont dieser
Bindung des Volkes Israel an seinen Gott als den einzigen zu skizzie-
ren.

Exkurs: Das Bekenntnis Israels zum einen Gott

Über lange Zeiten seiner Geschichte hin ist die Gottesvorstellung Israels zunächst he-
notheistisch bestimmt. Seinen klassischen Ausdruck hat dies Verständnis beim Propheten Micha gefunden: »Alle Völker wandeln ein jedes im Namen seines Gottes; wir
aber wandeln im Namen des Jhwh, unseres Gottes, immer und ewiglich« (Mi 4,5). Die
Existenz der Götter anderer Völker und deren Bedeutung für die betreffenden Völker-
gemeinschaften wird nicht bestritten, sondern anerkannt, ohne daß darin jedoch eine
Antastung der eigenen religiösen Welt gesehen würde. Die Basis dieser religiösen Ko-
existenz ist die eigene Scholle[6]. Solange ihre Integrität gewährleistet ist, gilt deshalb
das in Mi 4,5 beschriebene Nebeneinander. Erst wenn der Existenzraum des Volkes
bedroht wird, flammt der Kampf auf, dann freilich, aufgrund der jeweiligen Einheit
der Völker und ihrer Götter, auf beiden Ebenen, der irdischen und der himmlischen.
Dies geschieht im Land Israel durch die Zeiten hin in relativem Gleichmaß. Begründet
ist dies freilich weniger in Israels Friedlosigkeit, als vielmehr in seiner politischen Lage,
zwischen den Mühlsteinen der Großmächte in Nordost und Südwest, sowie in seinem
Willen, nicht zu sein wie die Völker ringsum, vielmehr Israel zu bleiben, auch wenn
diesem Willen oft nur von einzelnen Ausdruck verliehen wird, den Propheten hier, den
Stillen im Lande dort.

Die skizzierte Auffassung vom Verhältnis Israels zu den Völkern zieht sich durch die
Geschichte der ersten Jahrhunderte im Lande hin, dürfte freilich trotzdem kaum das
Ganze widerspiegeln. Vielmehr scheint sie überlagert zu werden von weiterreichenden
Perspektiven. Hier ist etwa an die Verheißung an Abraham in Gen 12,1–3 zu denken,
in ihm, und das heißt ja durch den Gott Israels, würden alle Geschlechter der Erde ge-
segnet werden, oder aber an die Psalmen aus dem Jerusalemer Kult, die den Gott Israels antizipierend als Herrn aller Welt bekennen (Ps 93; 96–99).

Zwei einschneidende Ereignisse bestimmen die weitere Ausprägung der Beziehung
des Gottesvolkes zu den Völkern seiner Umwelt und damit zugleich des Gottes Israels
zu den Göttern der anderen. Im Jahre 722 vChr. wird das Nordreich, Israel, von den

---

6. Es dürfte lohnen, diesem Aspekt intensiver nachzugehen, als es hier geschehen
   kann. Andeutungen finden sich bei Guttmann, Umwelt, 127.

Assyrern erobert, die Oberschicht in den Osten deportiert und durch neue, fremde Herren ersetzt. Gut ein Jahrhundert später erleidet das Südreich, Juda, mit der Hauptstadt Jerusalem durch den Babylonier Nebukadnezar ein ähnliches Geschick. 597 wird die Oberschicht nach Babylonien weggeführt, elf Jahre später ein großer Teil des Volkes. Schließlich wird auch der Tempel, Ort der Gegenwart Gottes, zerstört. Wie kein anderes Geschehen haben beide Ereignisse, insbesondere die Zerstörung von Stadt und Tempel, ihren Niederschlag in den Zeugnissen der Schrift gefunden.

Wider alle Erwartung kommt der Gott Israels mit der zweifachen Niederlage des Volkes, insbesondere mit dem Verlust des Landes, nicht zum Verstummen, sondern erhebt sich im Zeugnis Israels mächtiger denn je. Die Grundschrift des Deuteronomiums spiegelt nach den Erwägungen Albrecht Alts das Ringen um programmatische, die Zukunft ins Auge fassende Neugestaltung des Lebens in jenen Kreisen im Nordreich wider, die von der Deportation verschont blieben[7]. Deuterojesaja bezeugt das Neubegreifen des Gottes der Väter durch die aus dem Südreich Weggeführten im babylonischen Exil. Hier wie da gewinnt das Motiv der Einzigkeit des Gottes Israels zentrale Bedeutung. In den Kreisen der Träger der deuteronomischen Überlieferungen wird eben jenes Bekenntnis Israels laut: »Höre, Israel, Jhwh, unser Gott, Jhwh ist einer« (Dtn 6,4). Diesem Bekenntnis zum einen-einzigen Gott entspricht im Deuteronomium die Forderung einer einzigen Kultstätte und der Aufruf, alle Altäre der Götter anderer Völker im Lande zu zerschlagen (Dtn 12), ferner auch die expansive Deutung, Gott habe Israel mit seiner Erwählung die Vorbewohner des Landes zur Vernichtung übergeben (Dtn 7,1ff; 9,1ff). Das gesteigerte Bekenntnis zur Einzigkeit Gottes hat damit im Deuteronomium eine Intensivierung des Verhältnisses Israels zu den Völkern als Verhältnis der Feindschaft zur Folge.

Die Trägergruppe der Traditionen des Deuteronomiums kennzeichnet, daß sie, wenn auch unterdrückt, noch im Lande weilt. Entsprechend dieser andauernden Bindung an den Grund und Boden der Väter ist die Grenze zwischen sogenanntem Heno- und Monotheismus hier noch fließend. Anders verhält es sich mit der Exilsgemeinde in Babylon. In der Trennung vom Land Israel, ausgesetzt der Mehrheit ihrer Unterdrükker und deren Götter, lernt sie den Gott Israels als den begreifen, vor dessen Einzigkeit alle Götter der Völker zunichte werden, nichts anderes sind als seine gehorsamen Diener oder, wo sie dennoch verehrt werden, stumme Herren, Brennholz gleich. Die Existenz als Minderheit in einer feindlichen Umwelt führt zu einer polemischen, aggressiven Ausgestaltung der eigenen Glaubensüberlieferung in ihrem Verhältnis zu den Völkern; sie bringt zugleich – als andere Seite desselben Sachverhalts – die Ausprägung eines missionarischen Selbstverständnisses des jüdischen Volkes im Verhältnis zu den Gojim mit sich. Wiewohl die Völker, hier Babylon, über das Gottesvolk gesiegt haben, sind sie dennoch – so heißt es einerseits – »wie ein Tropfen im Eimer«, »wie ein Stäublein auf der Waage«, nichtig und wesenlos, wie es auch nur eines Hauches bedarf, um ihre Fürsten und Könige zu stürzen; ist doch der Heilige Israels identisch mit dem Schöpfer des Himmels und der Erden und damit auch Herr über die anderen Völker,

---

7. A. Alt, Die Heimat des Deuteronomiums, in: ders., Kleine Schriften zur Geschichte des Volkes Israel II, 1965³, 250–275, bes. 253f.273f. Zum im folgenden betonten Einheitsmotiv im Deuteronomium vgl. außer den Ausführungen Alts G. v. Rad, Theologie des Alten Testaments I, 1962⁴, 240.242.

nicht nur über sein seit eh erwähltes Volk (Jes 40,12ff). Andererseits sieht die Gemeinde in Babylon den Knecht Gottes, sich selbst, damit beauftragt, Gottes Weisung zu den Völkern zu bringen (Jes 42,1–4), und schaut in Übereinstimmung damit die Völker auf dem endzeitlichen Weg zum Zion (Jes 45,14ff; 49,22ff). Die Existenz in der Diaspora hat ein weiteres Phänomen zur Folge. Wie Israel in den Jahrhunderten zuvor im Rahmen der Auseinandersetzung mit den kanaanäischen Vorbewohnern des Landes Motive aus deren religiöser Überlieferung aufgenommen und sich zu eigen gemacht hat, so vollzieht sich auch in der neuen Situation des Exils ein Geben und Nehmen, geht mit der Abgrenzung die Aufnahme von Aussagen aus den Religionen der anderen Völker einher, zurückhaltender noch zu Beginn, stärker in der anschließenden Zeit.

In diesen nachfolgenden Jahrhunderten halten sich, wenn auch in wechselnder Ausprägung, die beiden Seiten des Verhältnisses Israels zu den Völkern durch, wie sie bei Deuterojesaja begegnen. Israel ringt um seinen besonderen Weg als Gottesvolk mit dem Auftrag, die Einzigkeit seines Gottes zu bezeugen und darum allem Götzendienst bei sich und anderen mit aller Schärfe abzusagen. Und es wirbt um die Völker, wobei es sich an manche ihrer Auffassungen annähert. Im 3. und vor allem im 2. Jahrhundert, als Israel nach der friedlichen Zeit der Perserherrschaft erst unter die Oberhoheit der hellenistischen Herrscher Ägyptens, dann Syriens gerät, nimmt die Angleichung der Jerusalemer Oberschicht an die Kultur der hellenistischen Welt solche Formen an, daß seine Identität als Gottesvolk aufs höchste gefährdet ist. So kommt es, als der Toragehorsam verboten und der Tempel profaniert wird, zum Aufstand derer, die dem Gott Israels in überkommener Form die Treue halten (167 vChr.).

Der Fortgang der Geschichte Israels in den beiden folgenden Jahrhunderten ist bereits früher angedeutet worden[8]. So mag es hier damit sein Bewenden haben, die Ereignisse jener Jahre bis zur Wiedereinweihung des Tempels, insbesondere die damals bewährte Treue Israels zu seinem Gott, in ihrer Bedeutung abzuwägen.

Mit Recht gilt der am Anfang der Makkabäerkämpfe zugunsten der Treue zu Tempel und Tora geleistete Widerstand gegen die totale Hellenisierung des jüdischen Volkes im Lande Israel und damit gegen seine völlige Angleichung an seine Umwelt als eines der entscheidenden, wenn nicht überhaupt das bedeutsamste Ereignis in der Geschichte des antiken Judentums, dh. der Bewährung Israels in seiner Bindung an seinen, den einen Gott. Treffend hat Elias Bickermann die Dimension des Sieges der Toratreuen über die hellenisierten und rückhaltlos hellenisierenden Gruppen im eigenen Land mit wenigen Sätzen zum Ausdruck gebracht:

»Wären sie (sc. die Makkabäer) geschlagen worden, so wäre auch das Licht des Monotheismus erloschen. Eine äußere Unterdrückung hätte zu seiner Vernichtung nicht führen können, da immer ein Bruchteil des zerstreuten Volkes den wahren Glauben würde erhalten haben. Anders aber, wenn das Volk selbst der Vielgötterei verfallen wäre, wenn den Wallfahrern nach dem Zion in der Umfriedung des Tempels Hierodulen begegnet wären, die den Fremden zum Altar einer Allat oder eines Dusares (sc.

8. Siehe oben, 98.

Götter aus der Umwelt Israels) geleiteten. Durch ihr Blut haben die Märtyrer, durch ihr Schwert die Gottesstreiter die Losung des Judentums gerettet: ›Höre, Israel, der Herr ist unser Gott, der Herr allein‹«[9].

Von diesem bewahrenden Widerstand zehrt bis heute nicht nur das jüdische Volk, sondern auch die Kirche. Denn ohne jenen Kampf wären weder Auftreten, Lehre und Wirken Jesu mit seiner tragenden Verkündigung des nahen Anbruchs der Herrschaft Gottes noch auch die Entstehung des Christentums überhaupt denkbar, das – in welcher abgeschwächten Form auch immer – bis heute hin von der fundamentalen Gewißheit lebt, daß der Vater Jesu Christi identisch ist mit dem Gott Abrahams, Isaaks und Jakobs (Mk 12,26f), dem Gott Israels[10].

Diese Perspektive ist in der römisch-katholischen Kirche lebendiger als in den evangelischen. Am 1. August ehrt sie das Andenken jener »heiligen Makkabäer«, von denen das 2. Makkabäerbuch in Kap. 7 erzählt, der Mutter mit den sieben Söhnen, die in der Religionsverfolgung unter Antiochus IV. den Märtyrertod erleiden. Gegenüber insbesondere heute beliebten Tendenzen, vor allem die enge Verknüpfung von hellenistischem Judentum der Diaspora und frühem Christentum zu sehen und zu betonen, bedeutet dies Makkabäer-Gedenken ein heilsames Korrektiv. Bertold Klappert ist zu danken, daß er am Beispiel des Hebräerbriefes die Bedeutung dieser Phase authentischen jüdischen Zeugnisses im Lande Israel auch für das Neue Testament und im Horizont der Verfolgungs- und Leidensgeschichte des jüdischen Volkes in unserem Jahrhundert für die christliche Kirche herausgearbeitet hat. Diese Leidensgeschichte habe unübersehbar zutage gebracht, daß – wie beispielhaft in den Tagen der Makkabäer bezeugt – die »besondere Berufung des Volkes Israel und der Synagoge . . . die Heiligung des göttlichen Namens«, der *kiddush hashem* ist, wie er mit der Rezitation des »Höre, Israel« und dem diesem Bekenntnis konformen Leben vollzogen wird[11]. Insofern der Angriff auf das jüdische Volk in der Zeit von Verfolgung und Mord auch der christlichen Kirche galt, sei Israel in jener Zeit des Leidens »als Mär-

---

9. E. Bickermann, Der Gott der Makkabäer, 1937, 138.

10. Gegen die – weil von einem Alttestamentler kommende, umso erstaunlichere – Bestreitung durch Hesse, Anmerkungen, 285.

11. Klappert, Erinnerung, 196 (bei K.́ kursiv), und vor allem Marquardt, Feinde, 318f: Jüdisches Leben mit dem »Höre, Israel« ist tägliche Hinwendung zum Gott Abrahams, Isaaks und Jakobs als Existenzgrund und Kampf um die Geltung des ersten Gebots. Vgl. auch ders., Freiheit, bes. 154ff, sowie Eckardt, Brothers, 150; Kraus, Reich, 124f.

tyrer des Glaubens auch für die christliche Kirche« bestätigt worden[12]. Gemeinsam »zu Zeugen der tätigen Hoffnung« zu werden, ist deshalb der Auftrag an Juden und Christen, der nach Klappert gleichermaßen aus dem Zeugnis des Hebräerbriefes und dem stellvertretenden Leiden Israels in unserem Jahrhundert resultiert[13]. Mit all dem führe das jüdische Volk der Kirche bis in unsere Zeit hinein und insbesondere in unserer Zeit leibhaft vor Augen, wer sie selber von Gott her ist und zu sein hat – Gemeinde im Leiden für Gott, dh. »Gemeinde des Kreuzes«[14].

2. Wechselseitige Begrenzung als heilsamer Dienst

Nicht, daß irgendeiner der zuvor genannten Gesichtspunkte zu revidieren wäre. Trotzdem lohnt es, neben die oben wiedergegebene Deutung des religiös-politischen Widerstands in der Makkabäerzeit durch Bickermann eine zweite, teils übereinstimmende, teils abweichende zu stellen. Sie vermag gerade in ihrer differierenden Gestalt dazu beizutragen, eine weitere Dimension der radikalen Bindung Israels an den einen Gott und damit des Dienstes Israels zugunsten der Kirche in den Blick zu fassen. Und da sich diese weitere Dimension des Dienstes letztlich nur zusammen mit der Frage nach dem Dienst der Kirche zugunsten Israels erörtern läßt, führt sie zugleich in diesen Bereich hinüber.

Auch Morton Smith sieht in dem Sieg der Makkabäer über die Vertreter der Assimilation an hellenistische Standards ein Ereignis von erheblicher Tragweite, stimmt also hierin prinzipiell mit Bickermann überein. Sein Resümee nimmt sich freilich inhaltlich sehr viel anders aus, wenn er urteilt:

> »Judas' (sc. des Makkabäers) Erfolg rettete den monolatrischen Jahwekult und bewahrte damit für die westliche Welt die Tradition religiöser Unduldsamkeit – entweder Jahwe oder die anderen Götter, entweder die ›wahre‹ Religion oder die ›falsche‹ – eine Tradition, die durch das Christentum, das rabbinische Judentum und den Islam einer der Hauptfaktoren in der geistigen und politischen Geschichte geblieben ist«[15].

12. Klappert, Erinnerung, 199 (bei K. kursiv).
13. Ebd., 204.
14. Ebd., 199.
15. M. Smith, Das Judentum in Palästina in der hellenistischen Zeit, in: P. Grimal (Hg.), Der Hellenismus und der Aufstieg Roms, 1965, 265. Siehe auch Thyen, Holocaust, 143.

Es wäre nun nichts unangemessener, als die Deutungen Bickermanns und Smiths gegeneinander auszuspielen. Vielmehr scheint es am ehesten sachgemäß, sie im Rahmen einer komplementären Betrachtungsweise aufzunehmen. Diese schließt freilich kritische Rückfragen nicht aus. So dürfte es gewiß angesichts der jeweils völlig anderen sozio-politischen Gegebenheiten äußerst problematisch sein, Bewegungen wie das rabbinische Judentum und das Christentum in dem fraglichen Punkt unterschiedslos nebeneinander zu nennen. So hat in dem letzten Drittel des 1. Jahrhunderts das beginnende rabbinische Judentum etwa im Verhältnis zur Gruppe der Judenchristen fraglos am längeren Hebel gesessen und diesen Hebel nachweislich der Ausdehnung der *birkat ha-minim*, der Verfluchung der Häretiker, auf die Judenchristen auch betätigt[16]. In den nachfolgenden Jahrhunderten beginnen sich die Verhältnisse jedoch sukzessive zu verschieben. Nach der in manchem analogen Existenz von Synagoge und Kirche als Minderheiten im Römischen Reich in der Zeit des 2. und 3. Jahrhunderts wandelt sich das Bild im Laufe des 4. Jahrhunderts Zug um Zug durch die schrittweise Konstituierung des Christentums als Staatsreligion. Seither und bis in unser Jahrhundert hinein waren die jüdischen Gemeinden stets Minderheit in einer mehr oder weniger feindlichen (christlichen) Umwelt, geduldet, unterdrückt oder tödlich verfolgt. Die christlichen Kirchen, dissidente Gruppen ausgenommen, hingegen standen überwiegend auf der Seite der Herrschenden bzw. stellten diese selbst dar. Die »Tradition religiöser Unduldsamkeit«, von der Smith spricht, hat sich deshalb in der Geschichte des rabbinischen Judentums wesentlich ideologisch ausgeprägt, in der Geschichte des Christentums seit dem 4. Jahrhundert demgegenüber in wechselnder Intensität massiv politisch mit allen bedrückenden, oft entsetzlichen Folgen für die davon Betroffenen. Ohne Erkenntnis dieses gravierenden Unterschiedes muß die – in diesem Sinne von vornherein eingeschränkte – Parallelisierung von rabbinischem Judentum und Christentum ein völlig schiefes Bild ergeben[17].

Nachdem diese in mehr als anderthalb Jahrtausenden sich widerspiegelnde Differenz markiert ist, kann die Judentum und Christentum theoretisch in verwandter Weise betreffende theologische Dimension des von Smith angedeuteten politisch-gesellschaftlichen Problems religiöser Intoleranz näher ins Auge gefaßt werden. Wie

16. Siehe oben, 147 mit A. 9.
17. Siehe ferner den bereits oben (158f) durch das Stichwort der »Gerechten aus den Völkern« angedeuteten Unterschied.

Smiths Formulierung »entweder Jahwe oder die anderen Götter« in Erinnerung bringt, ist das Phänomen ideologischer oder praktischer religiöser Intoleranz eine Konsequenz des Bekenntnisses zum einen Gott, dh. des sogenannten Monotheismus, wie er Judentum, Christentum und auch Islam gemeinsam ist[18]. Das Stichwort »Monotheismus« deutet an, daß grundlegendes theologisches Thema im Judentum wie im Christentum die Herrschaft (eines einzigen) Gottes über die ihm allein gehörende Welt ist. Dem Monotheismus wohnen deshalb – formal und gewissermaßen auf der Ebene Gottes betrachtet – imperiale, totale Züge inne. Selbst wenn die Schöpfung in der Gegenwart noch nicht der Herrschaft Gottes unterworfen ist, so besteht doch im Judentum wie im Christentum das Ende aller Wege in Zeit und Geschichte darin, daß Gott »alles in allem ist« (1Kor 15,28). Natürlich ist sofort das inhaltliche Besondere dieser »totalen Herrschaft« zu bezeichnen. Sie zielt auf »Frieden und Segen, Ehre und Freude und Länge der Tage« (1QM I,9), auf gelungene Neuschöpfung, die allem Unrecht ein Ende macht, und unterscheidet sich darin zutiefst von allem totalitären Herrschen von Menschen. Trotzdem ist damit das Problem noch nicht aus der Welt. Der eine Gott wird von bestimmten Trägergruppen bezeugt, die in seinem Dienst stehen – und in deren Dienst *er* steht[19]. Der Treue der für Gott als Zeugen eintretenden Gruppen entspricht die Erwartung der Teilhabe an seiner Herrschaft. So wird nach Dan 7,27 mit dem Kommen der neuen Welt die Herrschaft über alle Welt von Gott »dem Volk der Heiligen des Höchsten«, Israel, übergeben werden[20]. Analog erwartet Paulus, daß

18. Es ist damit hier zugleich theologisch der Ort bezeichnet, an dem sich der Islam in die Überlegungen einbeziehen ließe, doch sollen die Ausführungen auf die thematische Orientierung an Israel und Kirche begrenzt bleiben. Vgl. als gewichtige neuere Untersuchung zum Verhältnis von christlichem Glauben und Islam J. Bouman, Das Kreuz und das Bekenntnis zu Allah. Die Grundlehren des Korans als nachbiblische Religion, 1980.

19. Deshalb ist es zwar richtig, wenn A. Schindler in dem von ihm herausgegebenen Band »Monotheismus als politisches Problem. Erik Peterson und die Kritik der politischen Theologie« (1978, 67) urteilt, der Monotheismus sei »nicht *an sich* ein politisches Problem« (Hervorh. S.). Aber wann existiert er an sich? Petersons Konzeption (Der Monotheismus als politisches Problem, 1932, in: ders., Theologische Traktate, 1950, 45–147) und ihre in dem genannten Band überzeugend geführte kritische Diskussion bewegen sich im übrigen auf anderen Gleisen und können deshalb hier auf sich beruhen bleiben.

20. In 1QM XVII,7f ist die Erwartung interpretiert als »Herrschaft Israels unter allem Fleisch«. Rabbinische Belege für die Unterwerfung der Völker in der messianischen Zeit bei Billerbeck IV, 899. Vgl. auch die Argumentation von Isaac Troki mit Dan 7,27 in seiner Arbeit zur Widerlegung des christlichen Glaubens (Faith

die Gemeinde Jesu Christi durch ihn im Leben (der kommenden Welt) herrschen (Röm 5,17) und sogar über die Engel zu Gericht sitzen wird (1Kor 6,2f)[21]. Es ist genau dieser Zusammenhang, an dem sich Stärke und Schwäche dieses Glaubens zeigen: seine Stärke darin, daß er allem menschlichen Herrschen in Gestalt der konkret, geschichtlich bewährten Erwartung der Herrschaft Gottes eine heilsame Grenze setzt; seine Schwäche darin, daß in dem Augenblick, in dem die politischen Verhältnisse es erlauben, die erwartete und erleidend bezeugte totale Himmelsherrschaft bereits hier nicht durch göttliche, sondern menschliche Gewalt aufgerichtet zu werden in Gefahr steht. Der alte Ruf »Zwingt sie hineinzugehen«, nämlich in die Kirche, weil es außerhalb ihrer kein Heil gebe, ist nicht etwa erst der Beginn eines solchen Mißbrauchs der geglaubten und bezeugten Herrschaft Gottes, sondern stellt bereits dessen fortgeschrittenes Stadium dar. Am Anfang steht vielmehr der verbale Mißbrauch, der sich in mannigfachen Formen äußern kann, sich am schärfsten jedoch wohl in Gestalt der Perhorreszierung der Gegner oder Andersgläubigen Ausdruck verschafft. Dieser verbale Mißbrauch der eigenen Gewißheit und Erwartung begegnet bereits im Neuen Testament in beträchtlichem Maße[22]. Er ist durchaus auch im antiken Judentum in verschiedener Gestalt vorhanden, handle es sich um die Polemik gegen die Ägypter in der aus der Diaspora stammenden Schrift »Joseph und Aseneth«, handle es sich um die Perhorreszierung und Verfluchung der »Kinder der Finsternis« durch die Gemeinde von Qumran als »Kinder des Lichts«, handle es sich um rabbinische Aussagen abwertender Art über die Völker[23]. Hier sollte von keiner Seite etwas beschönigt, vielmehr versucht werden, solche Überlieferungen aufzuspüren, in denen Gewißheit und Erwartung nicht destruktiv, vielmehr in heilsamer Weise entfaltet werden. Und solche Traditionen sind sowohl im Judentum als auch im Christentum zu finden[24].

strengthened [= *chizzuk emunah*]. 1200 Biblical Refutations to Christian Missionaries, eingel. v. Trude Weiss-Rosmarin, New York 1970, 34.196ff) sowie Schechters Ausführungen zur nationalen Dimension der Königsherrschaft Gottes (Aspects, 97ff).

21. Wie angedeutet wird die Erwartung relativiert durch die Aussage in 1Kor 15,28, daß am Ende »Gott alles in allem« sein werde – das gleiche gilt auch für die rabbinische Überlieferung, in der sich der Sieg Israels auf die Zeit des Messias bezieht (vgl. Billerbeck IV, 881). Ungeachtet dessen ist die Herrschaftserwartung hier wie da im genannten Sinne gegeben.

22. Vgl. 1Thess 2,14–16; Mt 23; Joh 8,40–44 u.a.   23 Vgl. Cohen, Talmud, 66.

24. Vgl. zur jüdischen Überlieferung oben, 158f, zur christlichen ebd. sowie zB. Mk 12,28–34 und dazu Osten-Sacken, Anstöße, 209f.

Man wird, was jene Polemiken und Verzerrungen der jeweils anderen betrifft, zwar im einzelnen erheblich zu differenzieren haben. So läßt sich zB. die Polemik der Qumrangemeinde wie auch die früher judenchristlicher Kreise gegen das übrige Israel durchaus noch als »Familienstreit« verstehen, dessen Aussagen in dem Augenblick eine völlig andere Wertigkeit gewinnen, da sie von der zunehmend heidenchristlichen Kirche übernommen und nun von außen gegen das jüdische Volk gewendet werden. Oder aber man wird der Polemik von Minderheiten gegen die sie befehdende Umwelt mehr Verständnis entgegenbringen können als der jeweiligen Mehrheit mit ihren Aktionen und Reaktionen. So sind – ähnlich wie im Falle Qumrans – die neutestamentlichen Zeugnisse durchweg in einer Zeit entstanden, in der nicht nur das Judenchristentum, sondern die christlichen Gemeinden insgesamt im Verhältnis zum jüdischen Volk im Land Israel und in der Diaspora eine Minderheit darstellten. Diese Konstellation hat in den Schriften des Neuen Testaments in Gestalt der Einheit von antijüdischer Polemik und Ausformung der eigenen Botschaft ihren Niederschlag gefunden, allen voran im Johannesevangelium. Sie legitimiert keineswegs eine Verteufelung der Gegner, wie sie im buchstäblichen Sinne etwa in Joh 8,44 begegnet, und zwar um so weniger, als sich das vierte Evangelium auf Jesus von Nazareth beruft, dessen Leben nach Ausweis der Evangelien durch Machtlosigkeit *und* Feindesliebe geprägt ist. Trotzdem macht jene Situation eine Reihe von Verhärtungen erklärlich und bewegt dazu, der nun eben doch sehr menschlichen Trägergruppe dieser Polemik ein gewisses Verständnis entgegenzubringen. Um einen völlig anderen Sachverhalt handelt es sich jedoch, wenn es um die Exegese und Interpretation der betreffenden Dokumente als Zeugnisse des neutestamentlichen Kanons geht, die heute in Theologie und Kirche zu hören sind. Die seit der Zeit des Neuen Testaments verlaufene Kirchengeschichte hat, gemessen an zwei Jahrtausenden, schon nach relativ kurzer Zeit erstens jenen zuvor bezeichneten Wandel mit sich gebracht, der umgekehrt die Juden zu Minderheiten in feindlicher Umwelt gemacht hat. Und sie ist zweitens voll von Beispielen dafür, daß die neutestamentlichen Schriften unter Verkennung des Situationswandels zu Legitimationstexten für endlose Judenfeindschaft und auch Judenverfolgung gemacht worden sind[25]. Theologen und andere Ausleger der Schrift, die diese Verwertungszusammenhänge mit ihren leidvollen, ja tödlichen Folgen hermeneutisch ignorieren und auf jede mögliche Weise versuchen, die antijüdischen Polemiken

---

25. Belege in bedrückender Fülle zB. bei Isaac, Jesus.

des Neuen Testaments dadurch zu verharmlosen, daß sie sie in die
Gewänder zeitloser Wahrheiten kleiden, handeln nicht nur theologisch verantwortungslos; sie sind auch angesichts ihrer Geschichts-
flucht nicht das, was sie doch im allgemeinen sein möchten: histo-
risch-kritisch[26].

An den extremen Gemeinde- und Lehrformationen der Gemeinschaft von Qumran und der Trägergruppe des Johannesevangeliums
läßt sich der im Rahmen des Exkurses bereits an einzelnen alttestamentlichen Zeugnissen ansatzweise nachgewiesene Zusammenhang
noch einmal deutlicher ablesen: Je mehr eine Gemeinschaft ihr –
durch welches Medium auch immer erschlossenes – Bekenntnis zum
einen Gott absolut setzt und in Übereinstimmung damit sich selbst als
ausgegrenzte Einheit auslegt, desto dualistischer und damit destruk-
tiver bestimmt sie ihr Verhältnis zu ihrer Umwelt[27]. So entsprechen
einander zB. in Qumran Selbstbezeichnung und Leben der Gemeinde als Einung *(jachad)* und die dualistische Auslegung ihres Verhältnisses zur Welt ebenso wie im Johannesevangelium die starke Betonung der Einheit in christologischer (Joh 10,30) und ekklesiologi-
scher Hinsicht (Joh 10,16; 17,11) und das gleichfalls dualistische
Weltverhältnis. Die unbewegliche Verabsolutierung beruht dabei auf
der Meinung, Gott habe sich dieser Gemeinschaft in voller Authentizität, gewissermaßen restlos offenbart. Unschwer ist diese Auffassung als Versuch zu erkennen, die empirisch zwingend notwendige
Unterscheidung zwischen der gegenwärtigen verborgenen, dh. par-
tiellen, und der kommenden offenbaren, dh. vollkommenen Herrschaft Gottes durch Berufung auf einschränkungslos letztgültige Offenbarung zu überspielen und die angefochtene Identität durch duali-
sierende Selbstauslegung zu stärken. Konsequent herrscht in diesen
Gemeinschaften eine außerordentlich starke Neigung zu einer sogenannten präsentischen Eschatologie, die allerdings ebenso notwen-

26. Vgl. als Beispiel E. Grässer, Die antijüdische Polemik im Johannesevangelium,
in: NTS 11 (1964/65), 74–90, und dazu Osten-Sacken, Kreuzestheologie, 168ff.
Vgl. zum dargelegten Zusammenhang auch Stegemann, Paulus, 117ff; Stendahl,
Heiden, sowie oben, 31, und unten, 190f.198ff.
27. Unter den im Exkurs genannten alttestamentlichen Zeugnissen kommt dem das
Deuteronomium mit seiner Einheitsforderung und seiner verschärften Bestimmung des Verhältnisses Israel-Völker am nächsten (s. oben, 171). Zu Konventikel-
struktur und dualistischem Weltverhältnis der johanneischen Gemeinde s. im übrigen E. Käsemann (Jesu letzter Wille nach Johannes 17, 1971³) und Schottroff
(Welt), zum Zusammenhang zwischen beidem Osten-Sacken, Kreuzestheologie,
156f.

dig in der Gabe allein der Erkenntnis aufgeht[28]. Die durchweg am Johannesevangelium orientierte Theologie Rudolf Bultmanns ist ein hervorstechendes gegenwärtiges Beispiel für den angedeuteten Zusammenhang von Offenbarungsabsolutismus, Dualismus und präsentischer Erkenntniseschatologie[29]. Und folgerichtig ist insbesondere für Schüler Bultmanns und andere Vertreter eines christlichen Absolutismus das Postulat, etwas von diesem fragwürdigen und exegetisch fragwürdig praktizierten Besitz der absoluten Wahrheit zu lassen, Grund zu hektischen, darum auch um so weniger überzeugenden Reaktionen[30].

Angesichts dessen, was sich hier auf der ideologischen Ebene beobachten läßt, ist alles andere wünschenswert, als daß einmal von Christen (oder auch Juden oder Muslimen) die Herrschaft Gottes auf Erden aufgerichtet würde. Wie die im Laufe der Geschichte unternommenen Versuche in dieser Richtung lehren, wäre das Ende wohl stets nur eine totalitäre staatliche Gemeinschaft. Als heilsames Geschehen läßt sich die Errichtung der vollendeten Herrschaft Gottes deshalb nur als von Gott selbst (oder von allen seinen Geschöpfen *gemeinsam*) in Gang gesetztes Werk vorstellen. Dort, wo dieser Vorbehalt in dieser oder jener Weise fällt, wird der Monotheismus zu einer Gefahr sondergleichen. So ist es diese latente Gefahr bzw. jener Vorbehalt – beides nur zwei Seiten desselben Sachverhalts –, die dazu einladen, jüdisches Volk und christliche Gemeinde in der Perspektive der Hilfe füreinander in ihrer jeweiligen besonderen Bindung an den einen Gott zu sehen. Die Erkenntnis der Gefahr bzw. des Vorbehalts führt deshalb dahin, die Begrenzung, die die Existenz jüdischer Gemeinden für die Kirche und umgekehrt die Existenz christlicher Gemeinden für die Synagoge bedeutet, nicht als Gefährdung, vielmehr als heilsames Phänomen zu betrachten. Man mag sich schließ-

---

28. Zur Frage präsentischer Eschatologie in Qumran s. H.-W. Kuhn, Enderwartung und gegenwärtiges Heil. Untersuchungen zu den Gemeindeliedern von Qumran, 1966; zur Relevanz der Erkenntnisterminologie für die Gemeinde vom Toten Meer s. zB. F. Nötscher, Zur theologischen Terminologie der Qumran-Texte, 1956, 15–79, zum Johannesevangelium R. Bultmann, Artik. *ginōskō*, in: ThWbNT I (1933), 711ff; C. H. Dodd, The Interpretation of the Fourth Gospel, Cambridge 1963[6], 151–169.
29. Vgl. Osten-Sacken, Kreuzestheologie, 169f.173ff.
30. So bedarf es zB. wahrscheinlich eines besonderen Sensus, um die abenteuerliche Folgerung zu verstehen, man könne sich im christlich-jüdischen Gespräch dann nur noch »über fromme Folklore vor 2000 Jahren unterhalten« (so M. Hengel, Kein Steinbruch für Ideologien. Zentrale Aufgaben neutestamentlicher Exegese, in: LM 18, 1979, 26).

lich auch fragen, wie es um die eigene Gewißheit bestellt ist, wenn sie durch eine Begrenzung solcher Art sofort schweren Schaden erleidet, anstatt durch deren Verständnis als wechselseitige Bereicherung gestärkt zu werden.

All diese Überlegungen mögen schwer mit einem Modell christlicher Frömmigkeit vereinbar sein, wie es im Johannesevangelium erscheint. Sie sind es – ungeachtet problematischer Strukturen auch hier[31] – um so mehr mit der paulinischen Sicht christlicher Existenz in ihrer Spannung zwischen Jetzt und Dann. So stellt der Apostel in dem sogenannten Hohenlied der Liebe, in dem er das Kriterium aller Kriterien von Theologie und Kirche entfaltet, im Hinblick auf die Frage nach der Erkenntnis fest: »Denn wir sehen jetzt (wie) durch einen (trüben) Spiegel, andeutungsweise, dann aber in direktem *vis-à-vis*. Jetzt erkenne ich teilweise, dann aber werde ich erkennen, wie auch ich erkannt bin« (1Kor 13,12). Und wie wenig es sich bei dieser Aussage über die Grenzen gegenwärtiger Erkenntnis um eine theologische Arabeske handelt, belegt die bereits früher berührte, der Struktur nach gleiche Feststellung des Apostels in Phil 2,12f: »Nicht, daß ich's schon ergriffen hätte . . ., ich jage ihm aber nach, ob ich's wohl ergreifen möchte, nachdem ich von Christus Jesus ergriffen bin!«

Die formale Herausarbeitung der Hilfe, die Juden und Christen angesichts der aufgewiesenen latenten Gefahr des Monotheismus füreinander in Gestalt der heilsamen gegenseitigen Begrenzung sein können, wäre freilich mißverständlich, würde sie nicht durch die inhaltliche Erörterung dieses Zusammenhangs präzisiert. An dieser Stelle ist deshalb neuerlich an das Ungleichgewicht zu erinnern, das die christlich-jüdische Geschichte kennzeichnet. Das jüdische Volk ist den größten Teil dieser Geschichte in der Position der Minderheit, die Kirche hingegen auf seiten der Mehrheit gewesen. In Anbetracht der jahrhundertelang praktizierten kirchlichen Judenfeindschaft wäre eine Geschichte des Mißbrauchs der Bindung an den einen Gott deshalb auch in dem fraglichen Punkt weithin eine Geschichte des Christentums, kaum des – durch »die unermeßliche Gnade der Machtlosigkeit« gekennzeichneten[32] – Judentums. Angesichts der tatsächlichen Geschichte dürfte es deshalb wohl so sein, daß vor allem christliche Theologen herausgefordert sind, im Hören auf jüdisches Zeugnis in den mit Marquardt und Klappert bezeichneten Bahnen weiter über die Frage nachzusinnen, welche Bedeutung dem Bekenntnis Israels zum einen Gott und der Bewährung dieser Bindung

31. Vgl. Ruether, Nächstenliebe; Osten-Sacken, Verständnis.
32. Geis, Auftrag, 203.

in der Leidensgeschichte des jüdischen Volkes mit ihrem Protest »gegen jedes Heidentum . . ., ganz gleich, ob das nun als Vergötzung der Natur, der Macht oder der Religion auftritt«[33], für die christliche Gemeinde zukommt. Es wäre dies wohl der allererste Dienst, den die Kirche Israel zu leisten vermöchte, indem er dazu führte, Israel »errettet aus der Hand der (christlichen) Feinde, vor Gott in Heiligkeit und Gerechtigkeit dienen« zu lassen (Lk 1,74f) *und* es auf diesem seinem spezifischen Weg als Zeuge Gottes ernst zu nehmen.

3. Folgerungen für die Christologie

All dies gilt erst recht, wenn man über die bisherigen Erwägungen hinaus noch einmal den Bereich der Christologie einbezieht. Bereits an früherer Stelle wurde deutlich, daß die Geschichte der frühen Christologie durch eine vielleicht verständliche[34], aber schwerlich zu legitimierende Entwicklung gekennzeichnet ist. Die Erfahrung der sich dehnenden Zeit wurde nicht etwa als Indiz der Schwere des Kampfes Jesu Christi gegen die widergöttlichen Mächte verstanden, mithin als Zeichen der Ohnmacht, die der Liebe eigen ist. Vielmehr erhielt der »Kyrios« im Bekenntnis der Gemeinde Zug um Zug eine unvergleichliche Machtfülle zugesprochen. So ist es auch die Christologie, in der sich der angedeutete Prozeß der Abschwächung der klaren Differenz zwischen gegenwärtiger partieller und künftiger umfassender Herrschaft Gottes abspielt. »Mir *ist* gegeben *alle* Macht im Himmel und auf Erden« (Mt 28,18) – »Der Vater liebt den Sohn und *hat* ihm *alles* in seine Hand gegeben« (Joh 3,35), diese und ähnliche Sätze sind Marksteine dieser Entwicklung bereits im Neuen Testament. Zwar liegt dabei weithin das Motiv der Machtübertragung des Vaters an den Sohn, das die Einzigkeit des Vaters nicht antastet, zugrunde. Doch sind bereits noch im Neuen Testament, dh. im Johannesevangelium, Ansätze einer folgenreichen, Jesus deifizierenden Ausprägung seines Verhältnisses zu Gott zu beobachten. Hierher gehören das Bekenntnis des johanneischen Jesus: »Ich und der Vater sind eins« (Joh 10,30), die Anrede des auferweckten Jesus als »Mein Herr und mein Gott« durch Thomas den Zweifler (Joh 20,28) sowie die Bezeichnung des Logos als *theos* im Prolog des Johannesevangeliums (Joh 1,1). Hans Conzelmann hat zu dieser letzten Stelle bemerkt: »Der Logos ist bei Gott, und er ist Gott. Herrscht hier Ditheis-

33. Ebd.
34. Siehe oben, 72f.131.

mus? Die jüdische Weisheit (sc. als vergleichbare Gestalt) ist das erste Geschöpf und damit von Gott abgerückt. Der johanneische Logos dagegen ist nicht geschaffen. In der Tat schimmert die Vorstellung von zwei Göttern durch«[35]. Damit ist der Bereich angezeigt, in dem das jüdische Bekenntnis zum einen Gott für die christliche Theologie noch einmal von besonderer Bedeutung ist. Zwar belegt auch der jüdische Theologe Philo von Alexandrien die berührte Vorstellung, indem er vom Logos, dem Schöpfungsmittler, als »zweitem Gott« spricht[36]. Aber von der peripheren Bedeutung dieses Titels und der funktionalen Deutung des Logos bei Philo abgesehen[37], ist es nun doch bezeichnend, daß Philos Theologie in der Geschichte des Judentums, zumal in diesem Punkt, eine exzeptionelle Ausprägung bleibt, während das Johannesevangelium geradezu symptomatisch für den Fortgang ist, den die Christologie in den folgenden Jahrhunderten nimmt. Ohne daß sich dieser Fortgang näher einbeziehen, geschweige denn auf der Basis der bisherigen Überlegungen ein generelles Urteil fixieren ließe, dürfte sich doch so viel sagen lassen: Das Zeugnis Israels von dem einen Gott ist eine für die Kirche bleibend bedeutsame Anfrage an die Integrität ihres hinsichtlich der Einheit gleichlautenden Bekenntnisses. Es ist damit Krisis einer jeden Christologie, die nicht eindeutig subordinatianisch orientiert ist, dh. von der Voraussetzung der klaren Unterordnung des Sohnes Gottes unter Gott selbst aus entworfen und so zugleich funktional orientiert ist[38]. Das Gewicht dieser Anfrage dürfte sich nicht zuletzt darin zeigen, daß sie die volle Unterstützung der Zeugnisse des Neuen Testaments hat, die – das Johannesevangelium vielleicht ausgenommen – durchweg eine subordinatianische Christologie vertreten. Die Behauptung, daß das Wirken Jesu Christi in Wort und Tat nur unter der Voraussetzung seines Verständnisses als Gott »zur Rettung für jeden Glaubenden« (Röm 1,16) aussagbar und gültig sei, hätte allenfalls einen Zeugen im Neuen Testament als Stütze, nicht die biblisch erforderlichen zwei oder drei.

Es könnte freilich sein, daß die Bibel Alten Testaments zusammen mit der rabbinischen Überlieferung eine Tradition aufbewahrt hat, die weiter zu bedenken lohnte. In Ex 7,1 erfährt Mose von Gott: »Sie-

---

35. H. Conzelmann, Grundriß einer Theologie des Neuen Testaments, 1967², 366.
36. Philo, Leg. Alleg. II, 86.
37. Vgl. H. Hegermann, Die Vorstellung vom Schöpfungsmittler im hellenistischen Judentum und Urchristentum, 1961, 70ff.
38. In dem christologischen Teil dieser Studie (III) wurde dem zu entsprechen gesucht.

he, ich habe dich zum Gott gesetzt für Pharao.« Nach der rabbinischen Tradition berührt dieser Akt, weil sich das Gottsein Moses auf das Verhältnis zu Pharao beschränkt[39], nicht das erste Gebot, vielmehr gilt die Einsetzung gerade der Wahrung der Einzigkeit Gottes. Pharao, der sich selber zum Gott gemacht hat, soll von diesem Thron von eigenen Gnaden gestürzt werden. So könnte es sein, daß sich die Einzigkeit Gottes bei den Völkern in ihrem Bestreben zur Selbstvergötzung nur in analogem christologischem Sinne durchzusetzen vermag: gesetzt zum Gott für die Völker, zum Gott *nur* für die Völker – wie einst Mose nur für Pharao, nicht für Israel[40].

4. Jüdisches und christliches Leben im Zeichen der Gottesherrschaft

Jüdisch-christliche Bindung an den einen Gott heißt Bindung an den Gott Abrahams, Isaaks und Jakobs als den einzigen und gelebtes Bekenntnis seiner nach Vergangenheit, Gegenwart und Zukunft zu unterscheidenden Herrschaft. Zu den Überlegungen auf der im engeren Sinne theologischen und der christologischen Ebene gehören solche auf der synagogalen bzw. ekklesiologischen, um das Verständnis von Herrschaft Gottes hier wie da zumindest im Ansatz noch breiter zu erfassen.

Wenn der Jude das »Höre, Israel« spricht, dann nimmt er im Gedenken dessen, was Gott für ihn mit und seit dem Exodus aus Ägypten getan hat, das »Joch der Himmelsherrschaft« auf sich. Diese Wendung bezeichnet sowohl die Rezitation des Schma Jisrael selber wie das gegebenenfalls in der Treue zu diesem Bekenntnis und seinen Implikationen erlittene Martyrium. Das, was dies Bekenntnis einschließt, läßt sich allgemein als »jüdische Lebensweise« bezeichnen, als Gestaltung des Lebens nach den Normen der Halacha. Indem der Jude das Joch der Himmelsherrschaft auf sich nimmt, dh. den Gott Israels als einzigen und damit als Herrn bekennt, übernimmt er zugleich das »Joch der Gebote«. Beides steht in einem direkten Zusammenhang. Die Herrschaft Gottes gewinnt Raum in Gestalt des Gehorsams gegenüber den Geboten, wie er durch die Halacha bestimmt wird. Ein Beispiel für viele ist die Fortsetzung des »Höre, Israel« nach den oben zitierten Eingangssätzen (Dtn 6,4f): »Und diese Worte, die ich dir heute gebiete, sollst du zu Herzen nehmen und deinen Kindern

---

39. Tanchuma B *wayyera* § 7ff (1b). Vgl. Billerbeck II, 462f.
40. Vgl. hierzu auch die – allerdings nicht auf den Exodus-Text bezogenen und durch ihn begrenzten – Ausführungen van Burens, Way, 68ff.

einschärfen und davon reden, wenn du in deinem Hause sitzt oder unterwegs bist, wenn du dich niederlegst oder aufstehst. Und du sollst sie binden zum Zeichen auf deine Hand, und sie sollen dir ein Merkzeichen zwischen deinen Augen sein, und du sollst sie schreiben auf die Pfosten deines Hauses und an deine Tore« (Dtn 6,6–9). Jede im traditionellen Sinne toratreue jüdische Familie bezeugt bis heute hin durch Befolgung dieser Weisungen in der Form, die sie in der jüdischen Tradition gewonnen haben, die Einzigkeit des Gottes Israels und seine Herrschaft über sein Volk. Das zitierte Beispiel bietet dabei nur einen, wenn auch Wesentliches berührenden Ausschnitt. Es lehrt vor allem, daß es sinnlos ist, von »Herrschaft Gottes« zu reden, wenn sie nicht mit der je eigenen Existenz durch ein Leben nach der Weisung der Tora und damit konkret bezeugt wird, und zwar sowohl kultisch als auch ethisch durch ein von Barmherzigkeit bestimmtes Miteinander.

Dem »Höre, Israel« läßt sich aus der christlichen Tradition ebenso exemplarisch ein frühes Bekenntnis gegenüberstellen, das Paulus in 1Kor 8,6 überliefert hat: »Wir haben nur einen Gott, den Vater, von dem alle Dinge sind und wir auf ihn hin, und einen Herrn, Jesus Christus, durch den alle Dinge sind, und wir durch ihn.« Die Ergänzung des Bekenntnisses zum einen Gott durch das Bekenntnis zu Jesus Christus als Herrn bringt den dargelegten Zusammenhang zum Ausdruck, daß sich für die christliche Gemeinde die Herrschaft Gottes christologisch, durch Jesus Christus als stellvertretend mit ihr Beauftragten, erschließt. Wie das Bekenntnis zum Gott Israels für das jüdische Volk die Annahme des Jochs der Gebote Gottes einschließt, so gilt Entsprechendes für die christliche Gemeinde. Ihr Bekenntnis zum Kyrios Jesus impliziert die Übernahme »seines Joches« (Mt 11,30), dh. des Joches seiner die Tora aufrichtenden Gebote (Mt 5–7) bzw. seiner Tora (Gal 6,2). Und so wie seine »Herrschaft« in Gestalt seines »Daseins für . . .« das Gegenteil von Herrschen nach menschlicher Weise, nämlich Diakonie ist, so hat das im Lebensvollzug seiner Gemeinde abgelegte Zeugnis seiner Herrschaft die Gestalt des Dienstes füreinander, in dem »die ganze Tora erfüllt« ist (Gal 5,13f).

Das zitierte Bekenntnis in 1Kor 8,6 spielt auf eine Vorstellung an, die erst nach Paulus größeres Gewicht gewonnen hat, die Schöpfungsmittlerschaft Jesu Christi. Im Judentum entspricht ihr die Auffassung von der Schöpfungsmittlerschaft der Tora. In beiden Vorstellungen ist in die Urzeit zurückgedacht, was zunächst einmal eine Erfahrung der Gegenwart ist: Wesentliches Medium der Herrschaft Gottes ist im jüdischen Volk die Tora, in der christlichen Gemeinde Jesus Christus. Dies Nebeneinander oder Gegenüber ist zwar nicht aus jüdischer, wohl aber aus christlicher Perspektive freilich nur scheinbar. Denn insofern sowohl nach Matthäus als auch nach Paulus Jesus Christus die – anfangsweise – Erfüllung der Tora ist[41], kommen Tora und Jesus Christus in ein enges Beziehungsverhältnis zueinander zu stehen.

Mit beiden Größen – Tora und Jesus Christus – geht es um die Herrschaft (des einen) Gottes. Christen vermögen sodann Jesus Christus als Medium dieser Herrschaft nicht ohne die Tora zu begreifen. Darum dürfte auch in dieser Hinsicht jüdisches Tora-Zeugnis für Theologie und Kirche von eminenter Bedeutung sein. So ist wohl insbesondere von der Halacha neu zu lernen, daß die Herrschaft Gottes ins Detail geht, das vom allgemeinen Liebesgebot nur schwer erfaßt wird. Umgekehrt kann die christliche Orientierung der Tora an diesem Liebesgebot eine Hilfe sein, Leichtes und Schweres im Gesetz zu unterscheiden (Mt 23,23)[42]. Die umgreifende Stellung, die der Tora hier, Jesus Christus da beigemessen wird und die etwa in dem Motiv der Schöpfungsmittlerschaft zum Ausdruck kommt, bedingt es, daß sich in der rabbinischen wie in der neutestamentlichen Überlieferung weitere analoge Aussagen finden. So heißt es im Hinblick auf die Tora: »Wende sie hin und wende sie her, denn es ist alles in ihr« (Abot V,25). Ähnlich bekennt der Kolosserbrief: »In ihm (sc. Christus) sind alle Schätze der Weisheit und Erkenntnis verborgen« (2,3). In dieser jeweiligen Gewißheit nehmen Juden und Christen ihren Auftrag wahr, als Zeugen Gottes Licht der Völker zu sein.

Die dargelegten Erwägungen mögen hinreichender Grund sein, die Faktizität der je anderen Gewißheit nicht im Sinne der wechselseitigen Negation, vielmehr wie als heilsame Begrenzung so als konstruktive Herausforderung zu begreifen, den aufgetragenen Dienst aneinander und an der Herrschaft Gottes auf der Basis des Lernens voneinander authentischer zu leben. Die Grundkonstellation des christlich-jüdischen Verhältnisses ließe sich in diesem Sinne in Anlehnung an Mi 4,5 wie folgt umschreiben: Juden und Christen wandeln im Namen des einen Gottes, die einen im Hören auf das Wort der Tora, die anderen in der Bindung an Jesus Christus. In Aufnahme einer rabbinischen Überlieferung zum Streit zwischen den Häusern Hillel und Shammai aber ließe sich ergänzen: »Diese und jene sind Worte des lebendigen Gottes« (jBerachot I,7,3b). So gilt auch in diesem Zusammenhang die bereits früher gekennzeichnete Perspektive: Wenn die Kinder Israel einmal über eine lange Zeit haben verneh-

41. Vgl. zu diesem Zusammenhang auch oben, 56.
42. Vgl. oben, 47f.

men und erleben können, daß mit dem Evangelium wirklich der Gott
Abrahams, Isaaks und Jakobs, der Gott Israels, unter den Völkern zu
Worte kommt, vielleicht werden sie dann selber stillschweigend oder
auch mit Freude das Handeln Jesu Christi bzw. seiner Gemeinde in
Richtung auf die Völker als stellvertretendes Handeln für Israel verstehen, ohne deshalb Christen zu werden und ihres eigenen Auftrags
verlustig zu gehen[43].

5. Das Phänomen christlicher Israel-Proselyten

Vorerst läßt sich freilich eine eher gegenteilige Strömung beobachten. In einem früher nicht gekannten Ausmaß werden Christen Juden, hin und wieder hierzulande, sodann in Israel und vornehmlich in
den USA[44]. Wie im vorigen Kapitel der Frage nach der Bedeutung
des Bekenntnisses von Juden zu Jesus Christus nachgegangen wurde,
soll am Ende dieses Teils der Übergang von Christen ins jüdische
Volk zumindest gestreift werden. Mehr dürfte allerdings schon deshalb nicht möglich sein, weil es für eine sachgemäße Erörterung vor
allem wichtig wäre, daß dies Phänomen zunächst von jüdischer Seite
aus zu deuten versucht würde. Handelt es sich um Proselyten im traditionellen Sinne? Oder kommt dem Faktor besonderes Gewicht zu,
daß die Betreffenden als Christen kommen und damit das Bekenntnis
zum einen Gott ebenso wie die Bindung an die Bibel Alten Testaments vorgegeben sind? Führen diese Tatbestände zu einer Deutung
dieser Gruppe, die sie von Proselyten anderer Art unterscheidet, und
damit zu einer speziellen theologischen oder religiösen Verortung,
die formal derjenigen der Judenchristen in der Kirche vergleichbar
ist? Wenn auf diese Kette offener Fragen einmal von jüdischer Seite
aus geantwortet worden ist, wird auch ihre christlich-theologische
Reflexion leichter sein. Vorerst mag der ganze Zusammenhang anhand von zwei Beispielen abgewogen werden.

Vor wenigen Jahren sind der frühere Erlanger Alttestamentler Georg Fohrer und seine Familie zum Judentum übergetreten und ins
Land Israel übergesiedelt. Geraume Zeit nach seinem Übertritt hat

43. Vgl. oben, 93.
44. Vgl. H. D. Leuner, Juden werden Christen, Christen werden Juden, in: ders., Is-
    rael, 57ff. Nach Leuner (67) werden in den USA jährlich etwa 3000 Proselyten in
    die jüdische Gemeinde aufgenommen. Lapide (Hebräisch, 205) belegt für die Zeit
    von 1948 bis 1968 die Aufnahme von 2288 Personen ins jüdische Volk in Israel, da-
    von 85% Christen. Umgekehrt beläuft sich die Zahl der Juden, die von 1948 bis
    1964 in Israel Christen oder Muslime wurden, auf 201 (ebd.).

Georg Fohrer in der Absicht, »aus der abgrundtiefen Unkenntnis des Judentums« herauszuführen, ein kleines Bändchen mit dem Titel »Glaube und Leben im Judentum« veröffentlicht[45], das Rudolf Pfister treffend durch das Urteil gewürdigt hat, hier werde »uns in sachlicher und liebevoller Weise ein Zugang zum Judentum bereitet«[46]. So scheint es, daß ein Jude gewordener Christ aufgrund seiner Kenntnis christlicher Traditionen über das Judentum und christlicher Einstellungen gegenüber dem jüdischen Volk prädisponiert ist, das Judentum christlichen Lesern besonders einfühlsam darzustellen und nachhaltiger als sonst zur Korrektur unsachgemäßer Vorstellungen vom jüdischen Volk beizutragen.

Gelegentlich kommt es sodann vor, daß auch hierzulande Christen sich einer der kleinen, wiederbestehenden jüdischen Gemeinden anschließen. Es könnte wohl sein, daß solchen Entscheidungen nicht nur mit dem ihnen grundsätzlich gebührenden Respekt zu begegnen ist, sondern daß Übertritte dann, wenn sie – mit ganzem Ernst – erfolgt *sind*, gerade auch für Christen in Deutschland einen Aspekt der Freude zu haben vermögen, insofern sie eine Stärkung der in unserem Land verstümmelten und oft aufgrund ihrer geringen Zahl kaum mehr lebensfähigen Gemeinden bedeuten – so wenig auch eine solche Stärkung Motiv des Übertritts sein kann[47].

Wie immer man auch im einen oder anderen Fall urteilen mag – daß es auf jüdischer Seite einen Bodo, auf christlicher einen Pfefferkorn gegeben hat, sollte die Offenheit für neue Dimensionen des Verstehens nicht hindern[48].

45. G. Fohrer, Glaube und Leben im Judentum, 1979, 5.
46. Vgl. seine Rezension des Buches, in: Deutsches Pfarrerblatt 81 (1981), 190.
47. Ich füge diesen Zusatz an, um nicht dahingehend zitiert und ausgelegt zu werden, ich hätte zum Übertritt zum Judentum aufgefordert. Leider besteht angesichts der bedauerlichen Art und Weise, in der E. Grässer im Rahmen der Auseinandersetzung über Fragen des christlich-jüdischen Verhältnisses dazu übergegangen ist, Zitate verkürzt sowie aus dem Kontext gerissen wiederzugeben und verzerrend zu deuten, Grund zu solcher Befürchtung. Vgl. seine Auslassung in der Mußner-Festschrift (Zwei Heilswege. Zum theologischen Verhältnis von Israel und Kirche, in: P.-G. Müller/W. Stenger [Hg.], Kontinuität und Einheit. Festschr. f. F. Mußner, 1981, 428, A. 56) mit dem von ihm inkriminierten Beitrag selbst.
48. Bodo, Hofkaplan Ludwigs des Frommen, trat zum Judentum über und polemisierte danach aufs allerheftigste gegen die Kirche. Vgl. B. Blumenkranz, Jüdische und christliche Konvertiten im jüdisch-christlichen Religionsgespräch des Mittelalters, in: Miscellanea Mediaevalia 4 (1966), 266ff. Der zum Christentum übergetretene Pfefferkorn spielte bekanntlich eine höchst unerfreuliche Rolle im Zeitalter der Reformation. Vgl. Artik. Pfefferkorn, Johann Joseph, in: Jüdisches Lexikon IV/1 (1930), 890–893.

VI. Die Kirche in ihrem Verhältnis zu Israel und Schöpfung

1. Analogien

Jüdisches Volk und christliche Gemeinde existieren beide nicht allein um ihrer selbst willen. Sie sind ebenso nicht nur um ihres wechselseitigen Dienstes aneinander da. Insofern sie vielmehr jeweils auf ihre Weise – die einen von Tora und Propheten, die anderen von Jesus Christus her – zum »Licht der Völker« gesetzt sind[1], reicht ihr Existenzauftrag über sie hinaus und hinein in die Welt der Völker insgesamt. Eine ausführliche Erörterung dieser Dimension jüdischen und christlichen Daseins für die Welt würde den Rahmen dieser Untersuchung übergreifen[2]. In ihren engeren Umkreis gehört jedoch ein Aspekt, dessen Erkenntnis aus Beobachtungen zu den jeweiligen Beziehungen der Kirche zu Israel und zur Schöpfung erwächst. Mit einer anscheinend systemimmanenten Beharrlichkeit entsprechen einander in christlich-theologischen Entwürfen und in praktisch-kirchlichem Handeln die jeweilige Einstellung zu Israel auf der einen Seite und zu den Völkern bzw. zur Schöpfung insgesamt auf der anderen.

Ein krasses Beispiel bildet im 2. Jahrhundert der von der römischen Gemeinde exkommunizierte Marcion[3]. In seinem gnostischen System ersetzt er die Schrift, dh. die jüdische Bibel, durch einen eigenen Kanon aus Lukasevangelium und zehn paulinischen Briefen, die er zuvor konsequent möglichst weitgehend von allen biblisch-jüdischen Bezügen gesäubert hat. Denn die Bibel ist seiner Auffassung nach nicht Urkunde der Geschichte *des* Gottes mit seinem Volk, der zugleich der Vater Jesu Christi ist. Vielmehr offenbart Jesus nach Marcion den bis dahin unbekannten guten Gott, der in krassem Gegensatz zum schwächlichen Gott Israels steht. Dieser ist für Marcion der die Menschheit knechtende Gott der kalten Gerechtigkeit, der eine mißglückte Schöpfung ins Werk gesetzt hat und erfolglos über Is-

---

1. Vgl. Jes 43,11; Mt 5,13; Apg 13,46.
2. Vgl. hierzu R. R. Geis, Juden und Christen – ihr biblischer Friedensauftrag, in: ders., Minorität, 200–219; B. Klappert, Perspektiven einer von Juden und Christen anzustrebenden gerechten Weltgesellschaft, in: FrRu 30 (1978), 67–82.
3. Vgl. A. v. Harnack, Marcion: Das Evangelium vom fremden Gott, 1924², bes. 30f.93ff.

rael als »das schlimmste Volk« regiert[4]. Das Heil besteht demgemäß
in der Absage an alle drei: die Bibel Israels, den Gott Israels und die
von Gott gewirkte Schöpfung, damit auch an das Volk Israel. In der
vulgärchristlichen Anschauung vom Gott des Alten Testaments als
sogenanntem Gott der Rache und vom Gott des Neuen Testaments
als sogenanntem Gott der Liebe lebt diese Auffassung, die bereits in
der Alten Kirche als häretisch gebrandmarkt wurde, bis heute in
christlichen Kreisen fort. In theologisch verfeinerter und gemildeter
Form begegnet sie mehr noch bis in allerjüngste Zeit hinein in Publi-
kationen namhafter Theologen, in denen Aussagen zum Verhältnis
von Altem und Neuem Testament und über das hier und da bezeugte
Gottesverständnis gemacht werden. So sieht zB. Hans Conzelmann
die Einheit der Schrift in der »Identität des Gottes des Gesetzes mit
dem Vater Jesu Christi, der des Gesetzes Ende ist«[5] – und damit *no-
lens volens* dem »Gott des Gesetzes« die Grundlage entzieht. Conzelmanns Fortsetzung, das Evangelium mache das Gesetz dennoch nicht
ungültig, sondern bringe es zum Zuge als das, »was es ist, geschichtliche Verfügung des Schöpfers, aber nicht Heilsmittel in der Hand des
Menschen«[6], sucht zu retten, was zu retten ist, offenbart aber nur die
Unangemessenheit der Rede vom »Ende des Gesetzes«, insofern erkennbar wird, daß ein bestimmtes *Verhältnis* zum Gesetz gemeint
ist[7]. Wie irreführend die Ersetzung einer kritisierten Relation zum
Gesetz durch das Gesetz selbst und die Übertragung der damit gegebenen Pejorisierung des Gesetzes auf Gott durch seine Kennzeichnung als »Gott des Gesetzes« ist, tritt noch angesichts eines anderen
Zusammenhangs zutage: Für Paulus, den Conzelmann zur Geltung
bringen will, ist der Gott Israels – und zwar gerade in den angespiel-
ten einschlägigen Textzusammenhängen (Gal 3f; Röm 9–11) – von
Anfang an der Gott der *Verheißung und* des Gesetzes[8].

4. Ebd., 106, A. 2; vgl. auch 289*f.
5. Conzelmann, Heiden, 3.
6. Ebd.
7. Zur Kritik der Wiedergabe von *telos nomou* in Röm 10,4 mit »Ende des Gesetzes« s.
   oben, 56. Wenn Conzelmann (238 mit A. 116) meine Arbeit über Röm 8 als Nachweis dafür zitiert, daß Paulus das Gesetz christologisch erschließt, so ist dies zutreffend. Damit, daß er sie gleichzeitig als Beleg für das Verständnis von Christus als
   »Ende des Gesetzes« anführt, sind die tatsächlichen Verhältnisse jedoch auf den
   Kopf gestellt.
8. Siehe hierzu Osten-Sacken, Römer 8, 321f; ders., Das Evangelium als Einheit von
   Verheißung und Gesetz. Grundzüge paulinischer Theologie, in: ThViat 14 (1977/
   78), 87–108, bes. 87ff.

Wie das vorgeführte Beispiel lehrt, ist damit dem Objektivität heischenden Anspruch von Conzelmanns Untersuchung, »unmittelbar aus den Quellen geschöpft«[9] zu sein, zumindest mit einiger Wachsamkeit zu begegen. Conzelmanns eigene Theologie hat jedenfalls kräftig Pate gestanden, was sich unter anderem in den unzulänglichen und viel zu kurzen Abschnitten über das Neue Testament und die Frage eines möglichen Antijudaismus seiner Schriften erweist[10]. Diese Zurückhaltung ist freilich insofern nicht verwunderlich, als Conzelmann selbst vom »unmenschlichen Antisemitismus« im »Abendland« lediglich sagt, er habe »eine religiöse *Komponente*« gehabt[11]. Defizite spiegeln sich auch darin wider, daß der Problemhorizont des christlich-jüdischen Verhältnisses bis auf den begrüßenswerten Appell, »die unerträglichen, theologisch unmöglichen Streitereien über die Schuld am Tode Jesu« zu beenden[12], vor allem in Gestalt einiger kräftiger polemischer Schläge berührt wird, die von der Sorge geleitet sind, man müsse bei einem Wandel der Verhältnisbestimmung christlicherseits »den Laden einfach schließen«[13]. Von diesem bemerkenswerten Kirchenverständnis abgesehen, vermag schließlich auch Conzelmanns Plädoyer nicht zu überzeugen, den Anspruch der Ausschließlichkeit des »Heils« in der Bindung an Jesus Christus nicht durch eine »historische Relativierung der paulinischen Gesetzeslehre« zu entschärfen, weil solche Versuche das »Gespräch« zwischen Juden und Christen nur »unfruchtbar« und »menschlich unerfreulich« machten[14]. Es setzt die irrtümliche Annahme voraus, als seien die langen Zeiten, in denen Christen sich im Verhältnis zu Juden von der absolut genommenen paulinischen Gesetzeslehre haben bestimmen lassen, durch »fruchtbare Gespräche« und »menschlich erfreuliche« Begegnungen gekennzeichnet gewesen. Und wie soll fernerhin ein »fruchtbares Gespräch« denkbar sein, wenn die Direktive lautet: »Den Christen ist keine Anerkennung Israels als eines heiligen Volkes und seines Gesetzes möglich, wohl aber die menschliche, nicht religiöse Verständigung, da die Christen in der Welt unter dem Liebesgebot, des Gesetzes Ende, stehen«[15]. In dieser Form behaupten kann man dies freilich nur, wenn man sich konstant weigert, auf Paulus (Röm 9,4: Gesetz; Röm 11,1f: Volk) zu hören, dem Conzelmann denn auch für Röm 9–11 »vergeblich(es)« und »in sich widersprüchlich(es)« Bemühen bescheinigt[16]. In einer Fußnote vermerkt er, nachdem er im Text kommentarlos referiert hat, in welchem Sinne »die Juden Teufelskinder sind« (Joh 8,44), es komme »nicht nur darauf an, was der Evangelist meint, sondern wie er – nach 100 oder 1000 oder 2000 Jahren gelesen wird«[17]. Es ist schade, daß Conzelmann diese wesentliche hermeneutische Einsicht in keiner erkennbaren Weise berücksichtigt hat.

9. Conzelmann, Heiden, 1.
10. Ebd., 234ff.
11. Ebd., 4.
12. Ebd.
13. Ebd., 4. Zur Polemik vgl. zB. ebd., 3 (»heillose Verwirrung«, »pervertieren«). 4 (»Holzweg«, »Gestrüpp«, »Philosemitismus«, »Philozionismus«) u.ö.
14. Ebd., 238 mit A. 118.
15. Ebd., 120.
16. Ebd., 10.
17. Ebd., 241, A. 132.

Der zuletzt berührte Zusammenhang zwischen dem Verhältnis zu Israel und zur Schöpfung findet in der Theologie Marcions besonders markanten Ausdruck. Doch bieten bereits Zeugnisse des Neuen Testaments Belege für diese Entsprechung. Sie sind freilich – sowohl im Verhältnis zu Marcion als auch untereinander – inhaltlich durchaus verschiedener Art.

So bezeugt zwar das Johannesevangelium in den ersten Sätzen seines Prologs eine ausgeprägte Schöpfungstheologie bzw. -christologie. Aber wie ansatzweise der Prolog, dann das ganze Evangelium zu erkennen gibt, interessieren die Schöpfungsaussagen lediglich als Voraussetzung für die Rechtmäßigkeit des Anspruchs des fleischgewordenen Logos auf die Menschenwelt. Im übrigen erscheint die Schöpfung als Kosmos, der dem Teufel als seinem »Herrscher« unterworfen ist. Deshalb lautet die durchgehende dualistische Alternative, vor die der Mensch in der Begegnung mit Jesus gestellt ist, »Gott« oder »Welt«[18]. Entscheidet er sich zugunsten Gottes, indem er den Anspruch des Offenbarers annimmt, so wird er zwar als Geschöpf offenbar, das zu den »Seinen«, dem Eigentum des Logos, gehört. Dieser Gewinn der Geschöpflichkeit in Gestalt der Wiedergeburt durch Wort, Geist und Glaube zieht jedoch keine neue Einbindung in die Schöpfung nach sich. Anders als der einzelne Mensch bleibt sie Kosmos, Ort der Angst, an dem der Glaubende den Zuspruch erfährt, daß Jesus die Welt bereits überwunden hat und aus ihr heraus alle, die zu ihm gehören, zu sich ziehen wird. Eine Zukunft für die Schöpfung als ganze kennt Johannes nicht. Diesem gebrochenen Verhältnis zur Welt entspricht das Verhältnis Jesu und seiner Gemeinde zum jüdischen Volk im vierten Evangelium. Sofern Juden Jesus als den Sohn annehmen, der den Vater offenbart, stellen sie sich als wahre Israeliten dar. Sofern sie ihn als authentischen Offenbarer ablehnen, erweisen sie sich als Angehörige des Kosmos, damit als Kinder der Finsternis, ja – der Herrschaft des »Fürsten dieser Welt« über den Kosmos gemäß – als Kinder des Teufels (Joh 8,44). Mit der einander entsprechenden Verteufelung von Welt und Juden, sofern sie nicht ans Evangelium glauben, stimmt das Fehlen jeglicher Hoffnungsperspektive im einen wie im andern Fall überein: Sowenig Johannes für die Schöpfung insgesamt einen Platz im zukünftigen Handeln Jesu oder Gottes vorsieht, sowenig für das jüdische Volk. Von dem – freilich fragwürdigen – Ansatz des Evangelisten her ist dies durchaus konsequent. Echte Zukunftsaussagen sind nur wie ein dünner Firnis auf sein Werk aufgetragen, bestimmend ist vielmehr die Behauptung, die

18. Vgl. Schottroff, Welt, 228ff.

erwartete Wiederkunft Jesu sei bereits geschehen. Dann freilich bleibt in der Tat nichts mehr zu erwarten: »Keine Zukunft des Weltgeschehens wird Neues bringen, und alle apokalyptischen Zukunftsbilder sind nichtige Träume« – so resümiert Rudolf Bultmann seinen eigenen Pessimismus und der Tendenz nach zutreffend den des Johannes[19].

Das Johannesevangelium ist mit all dem Marcion mehr benachbart als dem Völkerapostel, auf den sich der Gnostiker zu Unrecht beruft. Gerade der zur Debatte stehende Zusammenhang macht dies unwiderleglich klar. Zwar kann Paulus sich an hochpolemischer Stelle für einen Moment in die Nähe von Evangelist und Häretiker begeben. In 2Kor 4,3 schwenkt er in theologisch-dualistische Bahnen ein, indem er die Christen, die nicht seinem, sondern einem anderen Evangelium folgen, als Verlorene bezeichnet, deren Gedanken »der Gott dieser Welt« verblendet habe – aus dem Zusammenhang heraus besteht immerhin die Möglichkeit, daß Israel mitgemeint ist (2Kor 2,14–3,18). Aber wie zur Genüge dargetan, hat der Apostel anders als Marcion und anders als das Johannesevangelium nun doch mit Röm 9–11 ein ausdrückliches und eindeutiges Zeugnis unverbrüchlicher Hoffnung für ganz Israel hinterlassen. Und diesem Tatbestand entspricht, daß die paulinischen Briefe zwar keine ausgeführte Schöpfungslehre überliefern, aber doch die ebenso eindeutige Erwartung, daß die ganze, durch ihre Vergänglichkeit geknechtete und seufzende Schöpfung zu jener Freiheit von der Vergänglichkeit befreit werden wird, die mit der endzeitlichen Gabe der verlorenen Doxa Gottes verbunden ist (Röm 8,19–22). Und wiederum in Übereinstimmung mit dieser die nichtmenschliche Schöpfung insgesamt einschließenden Gewißheit bekundet Paulus in Röm 11,26 im Zusam-

---

19. R. Bultmann, Das Johannesevangelium, 1940, 330. Vgl. zum Ganzen und damit zur Frage des Antijudaismus im Johannesevangelium die ausführlichere Darlegung in Osten-Sacken, Kreuzestheologie, 165ff. Thyen (Heil, 163ff) zeigt überzeugend die johanneische »Haß-Liebe« zu den »Juden« auf, mündet dann jedoch in eine apologetische Engführung ein (168 mit A. 26). Sein Rekurs auf Stellen wie Joh 3,16 oder 15,13 leistet insofern nicht das, was er in ihnen enthalten sehen möchte, als die Liebe Gottes bzw. Jesu Christi hier – anders als bei Paulus – auf die Glaubenden, die Freunde, die Seinen begrenzt wird. Der Nachweis der Behauptung, die johanneische Kreuzestheologie könne – zumal in ihrer Auswirkung auf das Verhältnis zu Israel – »ein kritisches Potential« gegenüber der paulinischen sein, ist leider nicht erfolgt. Zur Notwendigkeit eines kritischen Umgangs mit dem vierten Evangelium s. auch den Beitrag von W. Trilling, Gegner Jesu – Widersacher der Gemeinde – Repräsentanten der »Welt«. Das Johannesevangelium und die Juden, in: ThJb 22 (1980), 222–238, bes. 237f.

menhang der Entfaltung der Hoffnung für Israel die Erwartung, daß nicht dieser oder jener begnadete einzelne, sondern »die Fülle der Völker« in die Herrschaft Gottes eingehen wird. Dies andere Verhältnis des Apostels zur Wirklichkeit findet seinen Niederschlag in einer Reihe weiterer Sachverhalte, unter anderem in seiner Stellung zur Realität des Todes sowie auch zur Tora, dh. zur Schrift, doch kann dies nur noch angedeutet werden[20].

Diese Beispiele aus dem Neuen Testament mögen genügen. Ebenso muß davon Abstand genommen werden, über Marcion hinaus einen Gang in die Theologie- und Kirchengeschichte zu beginnen. Statt dessen sollen zwei Beispiele allgemeinerer Art aus der jüngeren Zeit verdeutlichen, daß die aufgezeigte Entsprechung des jeweiligen Verhältnisses zu Israel und zur Schöpfung nach wie vor virulent ist.

Günter Altner hat in seiner Arbeit »Schöpfung am Abgrund« den so beschriebenen gegenwärtigen Zustand der Welt in Anlehnung an Jean Améry auf eine »lange christliche Ungehorsamsgeschichte« zurückgeführt, »die meinte, ihren überragenden Anspruch (sc. auf Herrschaft über die Schöpfung) verewigen zu können«[21]. Es fällt schwer, an einen Zufall zu glauben, wenn in demselben Jahrhundert, in dem im Zentrum des christlichen Abendlandes das größte Verbrechen am jüdischen Volk begangen wird, die dem Menschen verfügbare Schöpfung insgesamt mit den Mitteln eben dieses Abendlandes an den Rand des Chaos geführt wird. So läßt sich die zweite Feststellung Altners sinngemäß auf Judenverfolgung und Judenermordung in der Zeit der Naziherrschaft übertragen: Ohne eine bald zweitausendjährige christliche Ungehorsamsgeschichte mit ihren gnadenlosen Folgen und ihrem überzogenen Anspruch ist der mörderische Pogrom der Jahre von 1933 bis 1945 nicht denkbar.

Im Rahmen dieses Pogroms läßt sich noch einmal, nun in politischer Gestalt, die Entsprechung des Verhältnisses zum jüdischen Volk und zur Welt überhaupt beobachten. Eingeleitet durch den »Arierparagraphen« 1933 ist das unmenschliche Verhalten der Nazis zu den Juden spätestens durch die »Nürnberger Gesetze« offenkundig geworden, in denen die Menschenwürde der jüdischen Bürger in Deutschland gesetzlich annulliert wurde. Wie das innenpolitische und außenpolitische Verhalten des Naziregimes in den folgenden Jahren unter Beweis gestellt hat, ist die Einstellung zu den jüdischen Mitbürgern, die jene Gesetze erkennen lassen, zugleich symptomatisch für ihre Einstellung zum Menschen schlechthin gewesen. Er galt

---

20. Siehe zur Differenz zwischen Paulus und Johannes weiter Schottroff, Welt, 296.
21. G. Altner, Schöpfung am Abgrund, 1977², 32.

ihnen, sofern er nicht gleichgeschalteter und damit auf andere Weise seiner Menschenrechte beraubter »Arier« war, nichts. Solange deshalb nicht bereits »Arierparagraph« und »Nürnberger Gesetze« als Ausdrucksformen kriminellen Umgangs der Nazis mit den jüdischen Mitbürgern angesehen werden, werden selbst noch Geschehnisse nach Beginn der Gewaltherrschaft unerträglich verharmlost[22].

2. Aufgaben

Die weitgreifenden Dimensionen, um die es im Gedenken an Judenverfolgung und Judenmord jener Jahre geht, hat Elie Wiesel, eines der überlebenden Opfer von Auschwitz, in den folgenden Sätzen angedeutet:

> »Falls ich versuchen könnte zu verstehen – aber das wird mir nie gelingen –, weshalb mein Volk zum Opfer wurde, so werden andere Leute verstehen müssen, oder den Versuch machen müssen zu verstehen, warum die Mörder Christen – sicher schlechte Christen, aber doch Christen – waren. Irgend jemand wird erklären müssen, warum so viele Mörder Intellektuelle waren, Akademiker, Hochschulprofessoren, Rechtsanwälte, Ingenieure, Ärzte, Theologen. Die Einsatzkommandos, die das Töten befahlen, wurden von Intellektuellen angeführt. Sie haben gezeigt, daß Wissen ohne Moral zerstört, daß Wissenschaft ohne ethisches Fundament zu einem Instrument der Unmenschlichkeit ausartet«[23].

Es sind nicht nur, aber vor allem amerikanische Theologen und Wissenschaftler anderer Fakultäten gewesen, die lange, bevor »Holocaust« hierzulande ein Begriff wurde, diese Erkenntnis ernst genommen und darauf hingearbeitet haben, daß mit der Aufnahme des Holocaust in Unterricht und Studium die aus ihm resultierenden umgreifenden unterrichts- und wissenschaftsethischen Fragen gestellt und erörtert werden, um generell in Verantwortung einzuüben[24]. Es ist dies vielleicht die bedeutsamste Gestalt, in welcher derzeit jener

22. Vgl. zum Ganzen die diesem Zusammenhang entsprechende allgemeine Beobachtung H. Miskottes, daß der Antisemit in dem Juden die Menschheit haßt (Das Judentum als Frage an die Kirche, 1970, 20ff).
23. E. Wiesel, Die Massenvernichtung als literarische Inspiration, in: Kogon, Gott, 45.
24. Vgl. vor allem Littell, Crucifixion, 8ff; ders., The Credibility of the Modern University, in: H. Friedlander/Sybil Milton, The Holocaust: Ideology, Bureaucracy, and Genocide, New York 1980, 271–283, sowie M. Stöhr, Erinnern, nicht vergessen, in: ders. (Hg.), Erinnern, nicht vergessen, 1979, 156–174; ders., Holocaust oder: Konsequenzen nach Auschwitz, in: Jud 35 (1979), 103–112; H. Schmid, Holocaust, Theologie und Religionsunterricht, ebd., 5–11.

unlösliche Zusammenhang zwischen dem Verhältnis zum jüdischen Volk und zur Welt, der Schöpfung insgesamt, zur Geltung gebracht wird. Die Reflexion der Mitverantwortung für die Schöpfung ist dabei der Bereich, in dem Zusammenarbeit von Juden und Christen die wenigsten Hürden zu nehmen hat, da die traditionell am schwersten zu überbrückenden divergierenden theologischen Auffassungen eher im Hintergrund bleiben.

Der mit verschiedenen Beispielen belegte Tatbestand, daß das Verhältnis zu Israel und zur Schöpfung oder zur Welt einander in auffälliger Gleichmäßigkeit entsprechen, schließt die Konsequenz ein, daß ein verwandeltes Verhältnis zum jüdischen Volk eine Änderung auch in der Beziehung zur übrigen Schöpfung bedeutet. Kann die zuletzt genannte amerikanische Bewegung der »Theologie nach dem Holocaust« dafür als Beispiel aus der Gegenwart gelten, so soll im folgenden diese Linie nicht weiter ausgezogen, vielmehr noch einmal der Rückbezug zum Neuen Testament hergestellt werden. Dies scheint um so dringlicher, als selbst Paulus bei allen Differenzen zu Johannes die Schöpfung bzw. die Völker zwar in die Hoffnung des Evangeliums einbezieht, aber nun doch in der Gewißheit des baldigen Vergehens der Gestalt dieser Welt das Verhältnis der Gemeinde zu nichtchristlichen Gruppen oder Gemeinschaften, Israel ausgenommen, nicht thematisiert. Trotzdem bietet er an zentraler Stelle einen Ansatzpunkt für weitere Überlegungen.

Wer dem Evangelium glaubt und damit in Jesus Christus ist, der ist nach dem Apostel »neues Geschöpf«. Die Kraft der Neuschöpfung bildet der Geist Gottes, der durch Evangelium, Glauben und Taufe zuteil wird. Die Gabe des Geistes manifestiert sich konkret in den einzelnen Gaben oder Charismen, die den Gemeindegliedern eigen sind und die von ihnen im Dienst füreinander gelebt werden (1Kor 12). Scheint all dies, insofern es Umschreibung »neuer Schöpfung« oder »neuer Geschöpfe« ist, wenig mit der alten Schöpfung zu tun zu haben, so ändert sich das Bild, sobald die Charismen näher ins Auge gefaßt werden, die Paulus im einzelnen aufzählt. Es sind – wie zB. Prophetie, Lehre, Heilen, Verwaltung, Hilfeleistung (1Kor 12,28) – überwiegend Fähigkeiten, die auf sogenannter natürlicher oder durch Ausbildung erworbener Begabung beruhen, kaum aber auf numinose Weise als Himmelsgeschenk gegeben sind. Das, was diese bereits in der Zeit vor der »Neuschöpfung« potentiell oder real vorhandenen Begabungen zu Charismen im paulinischen Sinn macht, ist der Tatbestand, daß sie von ihren Trägern in den Dienst der Gemeinde Jesu Christi gestellt und dort im Zeichen der Liebe untereinander gelebt werden. Mögen sie auch erst »Charismen« genannt werden, wenn sie bewußt als solche, dh. in der Bindung an Jesus Christus und in der Gemeinde, gelebt werden, so sind doch jene Begabungen der alten Schöpfung kaum weniger eigen als der neuen. Und nur wer, geleitet von der stolzen Gewißheit »Außerhalb der Kirche kein Heil«, dem Geist Gottes selber Grenzen ziehen möchte, wiewohl er weht, wo er will, wird bestreiten, daß Begabungen auch außerhalb der Gemeinde Jesu Christi diakonisch, dh. im Zeichen selbstloser Liebe, gelebt werden, wie menschenunmöglich diese auch immer ist.

Die Charismen Israels (Röm 11,29) sind bekannt und von Paulus in Röm 9,4f in Erinnerung gerufen, die Charismen der Schöpfung oder der Völker unbekannt und deshalb zu entdecken. Christen haben die Gaben des jüdischen Volkes vergessen und die der Völker allzulange nicht gesucht, vielmehr hier wie da allein geistlich geben und nur zu oft im Gegenzug materiell nehmen zu können geglaubt. Diese ihre Geschichte bedingt es, daß sie im Verhältnis zu beiden Größen vor eine entsprechende, wenn auch je spezifische Aufgabe und Verheißung gestellt sind: herauszufinden, was auf seiten der anderen »wahrhaftig, ehrbar, gerecht, rein, liebenswert und erfreulich« ist (Phil 4,8) und als solches eingebracht wird. Deshalb auch ist der Dialog das Kommunikationsmittel, dem mit Recht im Verhältnis sowohl zu Israel als auch zu den Völkern zunehmend alles Gewicht beigelegt wird[25].

25. Vgl. C. Gestrich, Der »Absolutheitsanspruch« des Christentums im Zeitalter des Dialogs. Erwägungen zur theologischen Begründung der Mission in der Gegenwart, in: ZThK 77 (1980), 106–128.

VII. Zum Umgang mit der Schrift

1. Von der Willkür alttestamentlicher Hermeneutik: Ein Beispiel

Alle Wege jüdisch-christlicher Begegnung gehen von der Schrift aus und führen erneut auf sie hin. Ein Verhältnis zum jüdischen Volk, das nicht durch seine Negation bestimmt ist, schließt auch ein anderes Verhältnis zur Juden und Christen gemeinsamen Bibel ein, dem Tenach dort, dem Alten Testament hier. Wer in Anlehnung an Paulus die dogmatische, destruktive These vom »Ende Israels« nicht teilt und Juden als Gesprächspartner durch die Zeiten hin ernst nimmt, kann nicht ignorieren, daß sich überhaupt erst nach jener Zeit, in der es mit Israel angeblich theologisch vorbei ist, die jüdische Erforschung der (hebräischen) Bibel in ihrem ganzen Reichtum entfaltet. Was Helmut Gollwitzer einmal im Hinblick auf die Bedeutung des Gesprächs mit Juden für die Auslegung der Schrift festgestellt hat, gilt in gleicher Weise hinsichtlich dieser umfassenden Auslegungstradition: »Kann man das Neue Testament nicht verstehen ohne das Alte Testament, dann kann man die ganze Bibel nicht verstehen ohne Gespräch mit den Juden. Welcher christliche Hochmut zu meinen, sie hätten uns nichts zu sagen«[1].

Auf dem Wege zu solchem Hören liegen freilich schier unüberwindliche Hindernisse, aufgebaut und verteidigt zwar nicht von *den* christlichen Schriftgelehrten beider Testamente – vor allem die Arbeiten von Hans-Joachim Kraus, Walther Zimmerli und Rolf Rendtorff lehren teils durch die Jahrzehnte hin, daß es Ausnahmen gibt –, wohl aber von einer beträchtlichen Zahl[2]. Gerade auch Exegeten, die sich besonders viel auf ihre historische Forschung zugute halten, le-

---

1. H. Gollwitzer, Israel – und wir, 1958, 23. Vgl. auch Eckardt, Brothers, 134.
2. Vgl. zu Kraus den im Ansatz wegweisenden Aufsatz von 1951 »Freude an Gottes Gesetz« (s. unten, 213, A. 30) und den kürzlich erschienenen Beitrag »Jüdisches und christliches Verständnis der Hebräischen Bibel«, zu Zimmerli insbes. seine Beiträge zum christlich-jüdischen Gespräch, in: ders., Israel und die Christen. Hören und Fragen, 1980[2], zu Rendtorff unten, 211f. Ohne daß die Aufzählung erschöpfend wäre, sind außerdem noch einmal J. C. Rylaarsdam (s. oben, S. 20) und H. Miskotte (s. oben, S. 29) in Erinnerung zu rufen. Besonderer Erwähnung wert sind schließlich die Arbeit von M. A. Beek, Geschichte Israels. Von Abraham bis Bar Kochba, 1961 (vgl. bes. deren kurzen, doch gewichtigen Schluß, 168f), sowie die Beiträge von H. Schmid (s. unten, S. 204, A. 14, und S. 216, A. 36).

gen die Schrift bedenkenlos mit Hilfe von theologischen Kategorien aus, die in historischer Perspektive völlig unangemessen sind. Hierzu gehört die Anwendung der lutherischen Antithese von »Gesetz und Evangelium« auf die paulinische Theologie oder auch die Rede vom »Alten Testament« statt von »der Schrift« oder von »Gesetz und Propheten« bei Paulus, um zwei besonders gravierende gängige Beispiele aus dem Bereich neutestamentlicher Exegese zu nennen. Auf seiten alttestamentlicher Ausleger entspricht dem das häufige Verfahren, das christliche Verständnis der hebräischen Bibel durch fundamentaltheologische Erwägungen von vornherein als das einzig authentische zu legitimieren oder aber alttestamentliche Untersuchungen, dh. Arbeiten über die jüdische Bibel, durch Versuche des Nachweises der Überholung, Erfüllung oder Ausweitung der untersuchten Zusammenhänge im Neuen Testament indirekt zu christianisieren.

Allzuleicht führt hier theologische Dogmatik die Feder, wird die sonst vielgepriesene und verteidigte historisch-philologische Forschung zugunsten überkommener theologisch-dogmatischer Interessen außer Kraft gesetzt. Exemplarisch mag dies an einem wesentlichen und für die Thematik dieser Untersuchung zentralen Abschnitt aus einer neueren Arbeit zur Sache verdeutlicht werden, verfaßt und 1977 im Rahmen der Reihe »Grundrisse zum Alten Testament« veröffentlicht von A. H. J. Gunneweg: »Vom Verstehen des Alten Testaments. Eine Hermeneutik«.

In Kap. II, in dem er »Das Alte Testament als Erbe« behandelt, widmet der Verfasser einen der neun Teile dem »Bruch mit der jüdischen Vergangenheit«. Er siedelt ihn in der weiten Zeitspanne zwischen Jesus selbst und dem Heidenchristentum nach der Zerstörung Jerusalems an:

> »In der Freiheit dem Gesetz gegenüber, *schon bei Jesus*, *dann* vor allem in der Theologie und Verkündigung des *Paulus*, *endlich* überhaupt *im Heidenchristentum*, das alsbald, zumal nach der Zerstörung Jerusalems (70 nChr.), das Judenchristentum weit an Bedeutung zu überflügeln begann, kommen mit schwerwiegenden praktischen Folgen die Unterschiede zum Judentum und, was die Judenchristen anbelangt, der Abstand von der eigenen religiösen Herkunft symptomatisch zum Ausdruck. Zwischen Vätern und Söhnen, zwischen dem Erbe und denen, die es verwalten, ja ausschließlich für sich in Anspruch nehmen, hat sich ein Bruch vollzogen«[3].

Auffällig ist die Verschwommenheit der Ausführungen. Sie scheinen dahin zu tendieren, den besagten Bruch im Heidenchristentum festzumachen, sehen ihn jedoch zugleich »schon bei Jesus« begründet, so daß die Überschrift hier den Sinn erhält, Jesus selber habe

---

3. Gunneweg, Verstehen, 21 (Hervorh. O.-S.).

»mit der jüdischen Vergangenheit« gebrochen. Das ist etwa so sinnvoll wie die Behauptung, Luther habe an seiner Wende »der christlichen Vergangenheit« abgesagt[4]. Die Unschärfe der Ausführungen Gunnewegs scheint freilich gezielt zu sein. Deshalb auch soll er mit einem längeren Zitat, in dem er jenen Bruch unter Berufung auf das Selbstverständnis der christlichen Gemeinde näher ausführt, zunächst selbst zu Worte kommen:

»Bekanntlich hat sich die christliche Gemeinde als das wahre Israel Gottes (Gal 6,16) im Gegensatz zu dem empirischen Volk, das nur Israel nach dem Fleisch ist (1Kor 10,18), und als die wahren Söhne Abrahams (Röm 4,12–15; 9,6–8; Gal 4,22–28) verstanden. Ist die Kirche aus an Christus glaubenden Juden und Heiden nach eigenem Selbstverständnis das wahre, endzeitliche Israel, so ist das väterliche Erbe in Wahrheit der Christenheit Eigenstes, und alle in ihm enthaltenen Verheißungen und Zusagen, aber auch Warnungen und Ermahnungen gelten der Gemeinde der Endzeit. Mit dieser hermeneutischen Vereinnahmung ist das Erbe bejaht und angenommen, aber das hermeneutische Problem noch nicht gelöst. Das gilt für die alte Kirche ebenso wie für die gegenwärtige theologische Rechtfertigung der christlichen Beibehaltung des Alten Testaments. Der Verweis auf das Erbe als solches und der Titel des neuen, wahren Israels reichen hier nicht aus. Denn das neue oder wahre Israel war und ist *nicht die historische Fortsetzung* des alten Israels; ebensowenig war und ist es eine Sekte innerhalb des israelitisch-jüdischen Religionsverbandes, als welche es anfangs für eine rein äußerliche Betrachtungsweise erscheinen mochte. Keine historische Entwicklung führt von Israel zum Judentum *und von dort* kontinuierlich zum Christentum, so vieles auch, historisch gesehen, Israel und das Judentum einerseits und das Christentum andererseits verbinden mag, – so vieles, daß ein angemessenes Verständnis des Christentums ohne diese historischen Zusammenhänge nicht möglich ist. Hier geht es aber nicht nur um historisches Verstehen, sondern um die Erfassung und Bestimmung des Wesens. Das Bekenntnis zu dem gestorbenen und auferstandenen Jesus als dem Messias-Christus und Herrn nimmt auch nicht nur das Gekommensein des Messias im Gegensatz zum Judentum, das auf den Messias noch wartet, vorweg; der Unterschied besteht nicht zuerst sozusagen in der Datierung des Messias, so wichtig diese gewiß ist. Vielmehr bekennt sich der Glaube an den gestorbenen und auferstandenen Jesus Christus damit zu dem eschatologischen, dh. endzeitlichen und endgültigen Handeln Gottes, das in absolut-qualitativem Sinne allem Bisherigen ein Ende setzt, es vergangen sein läßt (2Kor 5,17), vom Tode zum Leben führt (Röm 5,12–21; 6,3–11; Gal 2,20; 1Kor 15,21f; 2Kor 4,10; 13,4; Kol 3,3f) und das neue Israel als die im absolut-qualitativen Sinne neue, endzeitliche Gemeinde konstituiert, die am endzeitlichen Heil im Glauben schon jetzt teilhat. Ist aber das neue Israel durch Gottes endzeitliches Handeln in Jesus Christus vom alten Israel unterschieden und geschieden, ja geradezu aus ihm und aus aller Welt ›herausgerufen‹, so mußte und muß die Frage lauten, ob nicht dies neue Israel mit dem alten nur noch den Namen gemeinsam hat. Wie kann dann das an das alte, historische Israel gerichtete *Alte* Testament, das einen Stämmeverband Israel, ein Staatsvolk, schließlich eine volksgebundene Kult- und Gesetzesgemeinde voraussetzt, noch Bedeutung ha-

4. Siehe zu diesem Zusammenhang auch oben, 87ff.

ben für das neue Israel, das Gott in Christus endzeitlich ›herausgerufen‹ hat? Der christliche Glaube ist ja, trotz aller ererbten Schriftgläubigkeit, nicht zuerst Glaube an die Schrift, erwächst nicht aus der Schrift, auch nicht aus einer christlich neu ausgelegten Schrift, sondern ist Glaube an Christus, der sich im Zeugnis christlicher Verkündigung selbst verkündigt.

Die Gesetzesproblematik stellt sich damit als bloße Teilfrage heraus. Sie mußte sich aus naheliegenden historischen Gründen zuerst ergeben, aber das eigentliche Problem war mit der Freiheit vom Gesetz nicht gelöst. Es war und ist nicht nur ein *hermeneutisches*, wie nämlich das überkommene Erbe als ein historisch bedingtes und geschichtliches über die Distanz der Zeiten hinweg verständlich gemacht, also interpretiert und verstanden werden könne. Diese Frage stellt sich angesichts jeder Literatur und überhaupt aller menschlichen Lebensäußerungen. Das Problem ist vielmehr auch und vor allem ein im strengen Sinne *theologisches*, wie es sich nur hier und nicht auch in Hinsicht auf die neutestamentlichen Schriften stellt: wie das im qualitativen Sinne alte Erbe für die christliche Gemeinde als eine endzeitliche und als im strengen Sinne neues Israel Gültigkeit haben könne. Diese Frage wurde in der Urgemeinde, aber auch in der stark reflektierenden Theologie etwa des Paulus noch nicht mit dieser Genauigkeit und Härte gestellt. Sie war aber da, wie der faktische Umgang mit dem überkommenen Erbe – und nun nicht nur mit dem Gesetz – zeigt«[5].

Hält man sich an die von Gunneweg beigezogenen, ausschließlich den paulinischen Briefen entstammenden Schriftstellen, so drängt sich der Eindruck auf, seine Ausführungen über die christliche Gemeinde als das angeblich »wahre Israel« seien wenn auch kein Referat über Paulus, so doch zumindest durch sein Gemeindeverständnis im allgemeinen sowie durch die angegebenen Stellen im besonderen gedeckt. Eine Überprüfung anhand dieser beiden Kriterien ergibt jedoch nicht nur diese oder jene Unschärfe, sondern in erheblichem Maße geradezu das Gegenteil dessen, was Gunneweg unter Berufung auf den Apostel meint behaupten zu können. Dies gilt gleich vom ersten Satz, der in gewissem Sinne für das Ganze kennzeichnend ist. Wenn Gunneweg beginnt, »bekanntlich« habe sich »die christliche Gemeinde als das wahre Israel Gottes (Gal 6,16)« verstanden, so suggeriert er, es handle sich bei diesem Verständnis von Gal 6,16 um eine anerkannte Auslegung. Tatsächlich ist jedoch erstens bis heute ungeklärt, ob sich die fragliche Wendung in Gal 6,16[6] auf die christliche Gemeinde bezieht oder auf das nicht ans Evangelium glaubende Israel[7]. Und zweitens heißt es in Gal 6,16 »Israel Gottes«, nicht aber »das

---

5. Ebd., 22f (Hervorh. G.).
6. »Und welche nach dieser Richtschnur wandeln, Frieden über sie und Erbarmen und über das Israel Gottes.«
7. So zB. mit gewichtigen Gründen F. Mußner, Der Galaterbrief, 1974, 417; H. Kuhli, Artik. *Israel*, in: EWNT II 3/4 (1980), 500f. Selbst bei der Deutung auf die Kirche kommt ohnehin nur ihr judenchristlicher Teil in Betracht, der zur Zeit der Abfas-

wahre Israel Gottes«. An diesem Prädikat liegt nicht Paulus, wohl
aber Gunneweg nach Ausweis des ganzen Zusammenhangs außerordentlich viel.

Der Sachverhalt in den paulinischen Briefen ist rasch zusammengefaßt. Der Apostel nennt das sich Jesus Christus versagende Israel ein
einziges Mal »Israel nach dem Fleisch« (1Kor 10,18), dazu in unpole-
mischem Sinn und ohne etwa die Gemeinde Jesu Christi demgegenüber als »Israel nach dem Geist« zu bezeichnen[8]. Ist der Begriff »Israel« selbst noch in dieser Verbindung auf das jüdische Volk bezogen,
so schafft der einzige Zusammenhang, in dem sich Paulus wirklich
thematisch zur Sache äußert, völlige Klarheit, Röm 9–11. Hier sind
die das Evangelium ablehnenden Juden zusatzlos »Israeliten« (Röm
9,4) bzw. »sein (Gottes) Volk« (Röm 11,1) oder auch – zusammen
mit den Judenchristen – »ganz Israel« (Röm 11,26). Der Zusammenhang, insbesondere Röm 11, lehrt damit, daß für Paulus der Begriff
»Israel« erstens nur insoweit auf die christliche Gemeinde übertrag-
bar ist, als sie Judenchristen in sich birgt, und daß er zweitens damit
nicht dem übrigen jüdischen Volk abgerungen oder weggenommen
wird, dieses vielmehr trotzdem »Israel« im vollen Sinne des Wortes,
dh. Volk Gottes, bleibt[9]. In dem zitierten Abschnitt aus Gunnewegs
Untersuchung werden die betreffenden Passagen in Röm 9–11 freilich völlig ignoriert, und so kann er die Kirche in scheinbarer Anlehnung an Gal 6,16 unbeirrt das »wahre endzeitliche Israel«, das »neue,
wahre Israel«, das »neue oder (!) wahre Israel«, »das neue Israel als
die im absolut-qualitativen Sinne neue, endzeitliche Gemeinde« nennen und sie so tief »vom alten Israel unterschieden und geschieden«
sehen, daß die »Frage lauten *(muß)*, ob nicht das neue Israel mit dem
alten nur noch den Namen gemeinsam hat«. In der Tat, wenn man
solche Konstruktionen errichtet und die klare Darlegung des Evangeliums in Röm 9–11 beiseite tut, dann »muß« man wohl so fragen – weil
man so fragen *will.* Denn es ist zwar richtig, daß die Gemeinde Jesu
Christi durch die Gabe des Geistes nach Paulus endzeitlich geprägt ist
und in dieser Bestimmtheit in Antithese auch zum Volk Israel steht.
Aber diese Antithese ist gerade insofern nicht absolut, als das jüdische Volk *zugleich* der Verheißung Gottes gemäß bleibend auf die
Seite der von Gott Geliebten gehört (Röm 11,28). Weil Gunneweg
diesen zweiten Aspekt verdrängt – schon beim Aufweis seines frag-

sung des Galaterbriefes »ein Teil der israelitischen Nation« ist (Richardson, Israel,
74ff, Zitat 83).

8. Vgl. Richardson, Israel, 122 mit A. 5.
9. Vgl. oben, 40ff.

würdigen Gebrauchs des Israel-Begriffs kam dies zum Vorschein –, darum »muß« er im bezeichneten Sinne fragen. Doch selbst wenn seine Frage nicht höchst willkürlich erarbeitet und ferner nicht auch deshalb falsch wäre, weil Paulus von keinem »neuen, wahren Israel« redet und auch den bloßen Namen »Israel« auf keine rein heidenchristliche Gemeinde angewendet hätte, wäre sie angesichts von Röm 9–11 fraglos zu verneinen[10].

Für Gunneweg begründet die tiefe Geschiedenheit von angeblichem »altem« und »neuem Israel« die für ihn zentrale weitere Frage, wie »das im qualitativen Sinne alte Erbe für die christliche Gemeinde als eine endzeitliche und als im strengen Sinne neues Israel Gültigkeit haben könne«. Sie sei zwar in der Urgemeinde dagewesen, aber weder in ihr noch in der durchreflektierten Theologie des Paulus »mit dieser Genauigkeit und Härte gestellt« worden. Mag nach der Kritik von Gunnewegs Umgang mit Paulus die Frage nach der Genauigkeit auf sich beruhen bleiben, so trifft jedenfalls die »Härte« nicht das Alte Testament, wohl aber das »alte Israel« bzw., weil nach Gunneweg eben die Kirche »das wahre Israel« ist, die sich »Israel nennende Gemeinschaft«, wie es später heißt[11]. Die ganze Untersuchung ist dem Fach des Verfassers und dem Titel seiner Arbeit gemäß ja darauf gerichtet, gerade in Gestalt einer Lehre vom Verstehen des Alten Testaments dessen positive Bedeutung für die Kirche aufzuweisen. Das, was er in dem zitierten Abschnitt »geleistet« hat, ist freilich längst mehr als die Herausarbeitung jener »mit Genauigkeit und Härte« gestellten Frage. Die Übertragung des künstlichen Titels »neues und/ oder wahres Israel« auf die Kirche hat theologisch-terminologisch bereits die Voraussetzung dafür geschaffen, das »Alte Testament« in der Kirche seinen authentischen Adressaten und Träger finden zu lassen. Was sich am Beispiel dieser Titelübertragung zeigt, ist charakteristisch für die gesamte alttestamentliche Hermeneutik Gunnewegs wie auch verwandter Konzeptionen[12]. Sie steht – in Übereinstimmung mit der Überschrift des 2. Kapitels – im Dienst des Bestrebens, die traditionelle These von der Enterbung des jüdischen Volkes als Adressat und Träger der Schrift theologisch zu legitimieren. Konsequent wird deshalb auch das »Alte Testament« am Ende der Untersu-

---

10. Gunnewegs Sprachgebrauch ist leider auch unter Neutestamentlern geläufig. So hat zuletzt Conzelmann (Heiden, 236) lapidar mit Blick auf das Neue Testament behauptet, die Kirche verstehe sich »als das wahre Israel«. Tatsächlich begegnet der entsprechende Begriff »neues Israel« erst Mitte des 2. Jahrhunderts bei Justin. Vgl. Richardson, Israel, 9ff; van Buren, Way, 133.
11. Gunneweg, Verstehen, 144.
12. Siehe hierzu Rendtorff, Bibel, bes. 104ff.

chung als »unverzichtbarer christlicher Besitz« bezeichnet[13]. Fragwürdig ist hierbei nicht die Bindung von Evangelium, Kirche und
Theologie an die Schrift Alten Testaments, wohl aber die Ausschließlichkeit, mit der dieser »Besitz« für die Kirche als vermeintlich »wahres Israel« reklamiert wird[14].

Gunneweg läßt wider Willen die Fragwürdigkeit des behaupteten
christlichen Besitzanspruchs gerade in den Teilen erkennen, in denen
er die Schrift »Alten Testaments« christlich »heimholt«. Zwar nicht
im Hinblick auf Israel, wohl aber mit Blick auf die Schrift schlägt er
dort teilweise ganz neue Töne an. In dem zitierten und besprochenen
Abschnitt hieß es, um die Kluft zwischen jüdischem Volk und Kirche
als möglichst unüberbrückbar darzustellen, man müsse fragen, ob
nicht das vermeintliche »neue Israel« »mit dem alten nur noch (!) den
Namen gemeinsam« habe, dh. – so legt das Gefälle des Satzes nahe
(»nur noch«) – eine bloße Formalität. Wenig später, da es um »Die
Einheit von Alt und Neu«, alter und neuer Schrift geht, beteuert
Gunneweg überraschend die Untrennbarkeit von Wort und Inhalt,
Bezeichnung und Bezeichnetem: »So gewiß aber Worte und Sprache
mehr sind als bloßes Gewand oder hohles Gefäß, mehr als neutrale
und auswechselbare Bezeichnung für beliebigen Inhalt, so gewiß war
der Zusammenhang von Altem und Neuem Testament . . . von An-

---

13. Gunneweg, Verstehen, 198.
14. Zur Beurteilung s. M. Honeckers – wie das obige Beispiel lehrt, leider in die fal-
    sche Richtung gesprochenes – kräftiges Wort, »schon die Vorstellung, das Evange-
    lium als Christusbotschaft wäre verfügbarer Besitz von Kirche und Christen, ist
    monströs« (Ein gemeinsames Glaubensbekenntnis für Christen und Juden?, in:
    Kerygma und Dogma 27, 1981, 207) – denn was dem einen kanonischen Teil des
    Wortes Gottes recht ist, dürfte dem anderen billig sein, zumal wenn er wie bei
    Gunneweg vom »Evangelium als Christusbotschaft« her eingeholt ist. Wenn Ho-
    necker fragt, warum man mit dem Aufgeben des Ausschließlichkeitsanspruchs
    »nicht die Folgerung einer Liquidation von Christentum und Kirche« zöge (ebd.),
    so läßt sich zum einen darauf nur antworten, daß der Gedanke »Liquidation« sich
    nicht gleich jedem aufdrängt wie offenbar ihm selber. Und zum anderen bezeugt
    die Frage, daß er anscheinend allein in der Alternative »alles oder nichts« zu den-
    ken vermag. So geben Honecker wie Gunneweg lediglich Grund, einmal mehr die
    Notwendigkeit des Verzichts, genauer der Rückgabe unrechtmäßigen, weil nicht
    theologisch geteilten »Besitzes«, zu betonen. Zum »christlichen Raub am Juden-
    tum« s. auch Mayer, Judentum, 57f, sowie den bedeutsamen, auf einen angemes-
    senen hermeneutischen Umgang mit dem Alten Testament zielenden Beitrag von
    H. Schmid, Erwägungen zur christlichen Hermeneutik des Alten Testaments un-
    ter Beachtung der »bleibenden Erwählung Israels« (1), in: Jud 37 (1981), 16–30,
    bes. 24f.

fang an substantieller . . .«[15]. Ganz ähnlich heißt es im Schlußkapitel
erneut: »Ist das Christusereignis wesentlich ein *verkündigtes* und immer neu zu *verkündigendes* Geschehen . . ., und ist Sprache anderes
und mehr als nur die verbale Hülle und eine beliebig auswechselbare
Form für mitzuteilende Inhalte, so wird der wesentliche und sachliche
Zusammenhang der neutestamentlichen Botschaft mit der Sprache
des Alten Testaments einsichtig«[16]. »Zusammenhang« scheint dabei
als Ausdruck noch viel zu schwach, eher die Rede von Identität ange-
bracht, folgt man der unerwarteten Zuspitzung Gunnewegs: »In dieser Sprache (sc. des Alten Testaments) artikuliert sich ein Daseins-
und Weltverständnis, das trotz aller Abhängigkeiten, Querverbin-
dungen und Analogien zu Kultur und Religion der Völker ringsum
unverkennbar anders ist. Dieses Verständnis des Daseins ist aber das
gleiche wie das des Neuen Testaments, das gleiche wie das christliche
gegenüber dem griechischen, dem humanistischen oder idealisti-
schen Daseinsverständnis«[17]. Und nachdem Gunneweg es mit einem
Zitat Bultmanns umschrieben hat, fährt er ergänzend und erläuternd
fort, daß »dieser Haltung des Menschen . . . die Gottesvorstellung
(entspricht)«[18]. Wenn dies alles wirklich gilt, wenn also das Daseins-,
Welt- und Gottesverständnis des »Alten Testaments« das gleiche wie
im Neuen Testament ist, welchen Sinn ergibt dann die rhetorische
Frage, ob nicht das biblische Gottesvolk und die Kirche »nur noch
den Namen (Israel)« gemeinsam hätten? Schwerlich einen anderen,
als jene Gemeinschaft um die Schrift Alten Testaments zu bringen,
der die Kirche ihre Teilhabe an der Schrift verdankt, das jüdische
Volk, und das Alte Testament damit im angezeigten Verständnis als
»unverlierbaren *christlichen* Besitz« zu behaupten[19]. Denn daß Israel
diesem Daseins-, Welt- und Gottesverständnis sei es mehr, sei es weniger, sei es überhaupt nicht entsprochen habe, ließe sich von christlichen Theologen ja nur dann wirklich als Argument anführen, wenn
die Kirche von sich sagen könnte, daß *sie* als vermeintlich wahre Erbin im Gegensatz dazu sich als gehorsam erwiesen habe. So läßt sich
durchaus mit Gunneweg formulieren: »*sondern das ist die Frage*, ob
Israel immer erneut wie Abraham auszieht, ›wie ihm der Herr gesagt
hatte‹ (1Mose 12,1ff), Vaterland, Volk und Sippe verläßt, bereit, allen Besitz und alle Sicherung fahren zu lassen und sich nach vorne zu

---

15. Gunneweg, Verstehen, 38.
16. Ebd., 188 (Hervorh. G.).
17. Ebd.
18. Ebd., 189.
19. Hervorh. O.–S.

strecken, um aus Gottes Hand das Heil zu empfangen, bereit, Isaak
zu opfern, um dann doch und erst so Isaak und mit ihm alles Heil in
Gegenwart und Zukunft als reines Geschenk wieder zu bekommen
(1Mose 22)«[20]. Doch wenn diese Meßlatte wirklich an zweitausend
Jahre Geschichte des jüdischen Volkes und der christlichen Kirche
angelegt wird, dann dürfte wohl nur menschlicher Hochmut sich zu
der Behauptung zu versteigen wagen, die Kirche halte diesen Kriterien stand, das jüdische Volk nicht.

Solchen geschichtlichen Perspektiven ist freilich die an Bultmann
orientierte Theologie Gunnewegs nicht zugänglich. Was zählt, ist die
dogmatische Setzung des »eschatologischen Christusereignisses« und
der »endzeitlichen Gemeinde« völlig ungeachtet dessen, ob sich – gemessen an der Sprache des Alten wie des Neuen Testaments – das
Prädikat »endzeitlich« sowohl angesichts von zweitausend Jahren
Geschichte als auch angesichts der konkreten kirchlichen Existenz-
formen heute überhaupt noch ungebrochen sinnvoll gebrauchen läßt
oder ob es nicht, plakativ verwendet, von vornherein zu Verzerrungen führen muß. Erkennbar ist im wesentlichen nur noch die ideolo-
gische Funktion des Prädikats im Rahmen gegenwärtiger theologischer Argumentation: Wie Gunnewegs Umgang mit dem Begriff
»(altes/neues, endzeitliches) Israel« dient es im wesentlichen dazu,
den Absolutheitsanspruch des christlichen Glaubens biblizistisch zu
legitimieren.

»Ohne die Sprache des Alten Testaments würde der Kirche die
Sprache überhaupt ausgehen«[21]. Wie an seinen eigenen Darlegungen
aufgezeigt, impliziert dieser schöne Satz Gunnewegs eine – unfreiwil-
lige – theologische Bejahung des jüdischen Volkes als Israel. Aber
nicht nur deshalb wohnt dem Satz zugleich die Bedeutung inne: Ohne
jüdisches Volk keine Kirche. Denn jene »Sprache des Alten Testaments« existiert nicht nur in Gestalt der überlieferten schriftlichen
Zeugnisse des Kanons, sondern wird bis heute im wörtlichen und

20. Ebd., 143 (Hervorh. G.). Mit Sätzen wie diesem beantwortet Gunneweg unfrei-
     willig die Frage, die W. Zimmerli seinen Ausführungen gegenüber mit vollem
     Recht erhoben hat, nämlich »ob sich denn die volle Präformierung der Sprache, in
     der das Christusgeschehen ausgesagt wird, die auch die Sachverhalte von Mono-
     theismus und Schöpfergott enthält, so einfach unter Absehen von der Gültigkeit
     dessen, was das Alte Testament inhaltlich über Jahwe und sein Tun an Israel aus-
     sagt, verstehen läßt« (Von der Gültigkeit der »Schrift« Alten Testamentes in der
     christlichen Predigt, in: A. H. J. Gunneweg/O. Kaiser [Hg.], Textgemäß. Aufsät-
     ze und Beiträge zur Hermeneutik des Alten Testaments. Festschr. f. E. Würth-
     wein, 1979, 197).
21. Gunneweg, Verstehen, 198.

übertragenen Sinne im jüdischen Volk gesprochen. So hat sich bis
heute nicht nur der Buchstabe der Schrift Alten Testaments erhalten,
sondern mehr noch die Gemeinschaft von Menschen, die ihre ursprünglichen Träger waren und sind. Dies gilt, auch wenn diese Trägergruppe in den vergangenen zweitausend Jahren mannigfache
Wandlungen durchlaufen hat. Denn die Kirche betrifft dies in gleichem, eher noch stärkerem Sinne, und dennoch sieht sie sich in der
Nachfolge der Apostel der Frühzeit. Gerade sie müßte deshalb ein
besonders ausgeprägtes Gespür für die Kontinuität des jüdischen
Volkes als biblisches Gottesvolk im Wandel der Zeiten haben.

2. Umrisse einer verwandelten Sicht

Diesem Verständnis gemäß, wonach Israel genausowenig durch die
Kirche wie das Alte Testament durch das Neue grundsätzlich beendet, überholt oder abgelöst ist, kann nun die Frage angegangen werden, welche Perspektiven sich aus den bisherigen Darlegungen, insbesondere aus dem theologisch begründeten Neben- und Miteinander von jüdischem Volk und christlicher Gemeinde, für die Auslegung der Schrift Alten Testaments ergeben. Weil es sich vor allem um
den Aufweis von Folgerungen aus bereits Dargelegtem handelt, mag
die Skizze einiger wesentlicher Ansatzpunkte genügen.

2.1 Christologischer Zugang

Wie das Verhältnis der Kirche zum jüdischen Volk durch Jesus Christus erschlossen und bestimmt wird, so gilt dies in Einheit damit für
ihr Verhältnis zur jüdischen Bibel, der Schrift Alten Testaments.
Diese christologische Erschließung von Tora, Propheten und Hagio-
graphen ist bereits durchgängiges Kennzeichen der im Neuen Testament zusammengefaßten Zeugnisse. Das Verhältnis sowohl Jesu
Christi als auch der Kirche zur Schrift ist dabei wechselseitiger Art.
Jesus Christus eröffnet der Gemeinde den Zugang zur Schrift, und er
wird selber durch das Wort der Schrift transparent, indem sie sowohl
den geschichtlichen Horizont als auch, wie etwa von Gunneweg zutreffend hervorgehoben, die Sprache darbietet, in der zu deuten
ist. Zwar kann der Bereich dieser Sprache überschritten werden; sie
bleibt jedoch selbst dann als Korrektiv wirksam, das zu hören und gegebenenfalls zur Geltung zu bringen ist. Da dies bereits früher am
Beispiel der lukanischen Kindheitsgeschichten aufgezeigt worden ist,
kann es hier bei dieser Andeutung bleiben[22].

22. Siehe oben, 115ff.

Ohne daß die Fülle der Aspekte damit ausgeschöpft wäre, ist der vielleicht bedeutsamste Ertrag der Erschließung der Schrift durch Jesus Christus für die Kirche deren klare geschichtliche Verortung. Sie erhält durch den im Licht der Schrift gedeuteten Messias eine geschichtliche Vergangenheit, indem sie hineingenommen wird in die Verheißungsgeschichte Gottes mit seinem Volk, und damit zugleich eine Zukunft. Der Gewinn geschichtlicher Vergangenheit heißt Teilhabe an der Geschichte Israels, wie sie in der Schrift bezeugt ist. Diese Teilhabe kann verschiedenen sprachlichen Ausdruck finden und ist oft nur mehr angedeutet. Wenn so zB. Jesus Christus in den Evangelien (Mk 14,22–25/Mt 26,26–29) und bei Paulus (1Kor 5,7f) als Passahlamm verkündigt wird, so wird seine Gemeinde damit hingeführt zur Teilhabe am Gedenken an den Auszug aus Ägypten als ein Geschehen, das nunmehr auch Teil ihrer Vergangenheit ist und sie mit dem Volk Israel verbindet[23]. Oder wenn Abraham im Neuen Testament aufgrund des Handelns Gottes durch Jesus Christus als »unser Vater« oder als »Vater vieler Völker« (Röm 4,1.17f; vgl. Gal 3) bekannt wird, so zeigt dies, daß die Urgeschichte etwa der Christen in Mitteleuropa nicht in die Wälder Germaniens, sondern weit zurück in Land und Geschichte Israels führt. Die Teilhabe an der durch das Versöhnungswort Gottes begründeten Zukunft bzw. Hoffnung aber wird nirgendwo so klar bezeugt wie in Röm 9–11. Der Begriff der Teilhabe hilft hier wie da, bezüglich Vergangenheit und Zukunft, jenen Abweg vermeiden, der bereits im 2. Jahrhundert im Barnabasbrief unverhüllt beschritten worden ist. Sein Verfasser verficht unter Berufung auf die Zerschlagung der ersten Bundestafeln durch Mose am Sinai die These, es habe nie einen wirkkräftigen Bund Gottes mit seinem Volk gegeben (Barn 14). Er eliminiert damit Israel als Träger der durch die Schrift bezeugten Geschichte Gottes mit seinem Volk, bevor noch diese Geschichte recht begonnen hat.

Die Erschließung der Schrift durch Jesus Christus ist in weiten Teilen des Neuen Testaments nach dem Modell »Verheißung und (bereits geschehene sowie noch kommende) Erfüllung« vollzogen. Die Stärke dieses Schemas liegt zunächst einmal darin, daß es einen zentralen Aspekt des Verhältnisses Gottes zur Geschichte seines Volkes und der Völker zur Geltung bringt. Er verheißt und wirkt, was er verheißen hat. Diese Dimension ist im vorliegenden Zusammenhang von besonderer Bedeutung. Sie verweist darauf, daß die Gemeinde

---

23. Siehe hierzu ausführlicher Osten-Sacken, Anstöße, 11ff; A. H. Friedlander, Die Exodus-Tradition. Geschichte und Heilsgeschichte aus jüdischer Sicht, in: Henrix/ Stöhr, Exodus, 41f.

Jesu Christi an der biblisch bezeugten Geschichte Israels teilhat, indem sie Anteil bekommt an der dort lautgewordenen Verheißung. Die Identität des jüdischen Volkes als Träger dieser Geschichte bleibt damit unangetastet. Die Nichtaustauschbarkeit Israels gilt im Hinblick auf Vergangenheit, Gegenwart und Zukunft. Im Bereich der Vergangenheit wird sie jedoch in Verbindung mit dem Thema »Verheißung und Erfüllung« besonders anschaulich. Es ist keineswegs so, als ließen sich beide Begriffe in dem Sinne trennen, daß die Verheißung identisch wäre mit dem Wort der Schrift Alten Testaments, die Erfüllung mit dem des Neuen. Vielmehr kennzeichnet beides bereits die Geschichte Israels von ihren Anfängen her. So erlebt Abraham, daß die unerwartete Zusage eines Erben sich erfüllt, und Mose, daß die dem Erzvater zuteilgewordene Verheißung Realität wird, seine Nachkommen würden so zahlreich sein wie die Sterne (Gen 15,5; Dtn 1,10)[24]. Die christliche Gemeinde wird deshalb durch Jesus Christus in eine Geschichte hineingenommen, in die sich längst, bevor sie selber existiert, die Spuren von verheißendem und erfüllendem Handeln Gottes eingezeichnet haben. Der Blick auf die Konstitution der Gemeinde, die sich im Licht teils der Erfüllung, teils der Bejahung der Verheißungen durch Jesus Christus versteht, ermöglicht es, die begonnene Differenzierung im Verhältnis der Kirche zur Schrift noch ein Stück weiterzuführen.

2.2 Ekklesiologische Differenzierung

Von Bedeutung ist in diesem ekklesiologischen Zusammenhang die gruppenspezifische Unterscheidung, die Paulus in Röm 9-11 trifft und die es verwehrt, jüdisches Volk und christliche Gemeinde auf die Begriffe »altes« und »neues Israel« zu bringen. Der Apostel läßt insgesamt drei, in gewissem Sinne sogar vier Gruppen erkennen: Ausgangspunkt all seiner Überlegungen ist die Gemeinde Jesu Christi (I), die sich zusammensetzt aus Judenchristen (a) und Heidenchristen (b). Die Judenchristen sind für ihn »Rest« Israels und als solcher zugleich Anfang »ganz Israels« (II). Den Judenchristen (»Rest« Israels) und »ganz Israel« entsprechen heidnischerseits die Heidenchristen und die »Fülle der Völker« (III)[25]. Im Hintergrund steht damit das traditionelle Gegenüber von Israel und den Völkern, das in der christlichen Gemeinde durch das Miteinander von Juden und Heiden

---

24. Vgl. die nachdrückliche Bekräftigung dieses Zusammenhangs im Neuen Testament durch Apg 7,17.
25. Siehe oben, 107.151f.

antizipatorisch zur Einheit der Verschiedenen und insofern überwunden wird. Der Versuch, im Vollzug christlichen Verstehens der Schrift Alten Testaments von dieser Unterscheidung auszugehen, hat zur Folge, daß biblische Aussagen, die dem Volk Israel gelten, nicht pauschal auf die Völker (Kirche) gedeutet werden, vielmehr in jeweils zu spezifizierender Weise auf Israel in Gestalt des »Restes« und auf »ganz Israel«, während entsprechend die Aussagen über die Völker analog und wiederum spezifizierend auf die Heidenchristen und die »Fülle der Völker« zu deuten sind. Der Nachweis, daß Aussagen über die einen auch für die anderen gelten, ist dann erst die der theologischen Reflexion neu aufgetragene Aufgabe. Die Zeugnisse des Neuen Testaments sind selber bereits überall dort·in diesem Sinne verfahren, wo sie Völkeraussagen oder -verheißungen aus der Schrift auch auf die Völker zur Zeit der frühen christlichen Gemeinden bezogen haben, wie zB. Paulus in Röm 15,9–12.21. Umgekehrt wird ja in der Schriftauslegung traditionell auch die Unterscheidung zwischen der sogenannten Urgeschichte der Menschheit in Gen 1–11, der auf Israel zuführenden Vätergeschichte und der Geschichte Israels durchgehalten, dh. kaum jemand käme auf den Gedanken, hier jeweils die Trägergruppen auszutauschen.

2.3 Chronologisch-ethische Orientierung

Neben den bisher genannten christologischen und ekklesiologischen Ansatzpunkten dürfte weiter einem chronologisch-ethischen besonderes Gewicht zukommen. Die frühen christlichen Gemeinden haben sich ihrem Bekenntnis zu Jesus als Messias oder Christus gemäß als endzeitliche Gemeinschaft verstanden, zwar keineswegs vollendet, aber immerhin einen Beginn darstellend. Die baldige Nähe von Parusie und Weltende stand für sie weithin außer Zweifel. Die Geschichtlichkeit und Zeitlichkeit ihrer Existenz im Sinne der unabsehbaren zeitlichen Erstreckung haben die Gemeinden erst Zug um Zug und wohl weithin auch unfreiwillig lernen müssen, gezwungen durch die Faktizitäten der weiterbestehenden Welt. Von unschätzbarer Hilfe zur Bewahrung ihrer biblisch begründeten Identität hat sich für die Kirche in den ersten Jahrzehnten, wenn nicht Jahrhunderten, die jüdische Bibel mit ihrem festen Weltbezug, ihrer geschichtlichen Tiefendimension, ihrer Ethik erwiesen [26]. Die messianische Prägung der Anfangszeit einerseits und die ganz unmessianische Existenz in der

---

26. Vgl. M. Weber, Gesammelte Aufsätze zur Religionssoziologie III: Das Judentum, 1921, 6f.

fortgehenden Geschichte andererseits sind die beiden Pole, deren Miteinander die Spannung christlichen Lebens seit jener frühen Zeit grundsätzlich kennzeichnet. Gilt aber beides, so kann die Kirche weder die Schrift rezipieren, ohne ihrer eigenen ursprünglichen messianischen Prägung eingedenk zu sein, noch auch ihren endzeitlichen Charakter betonen, ohne die Frage von dessen geschichtlicher Bewährung zu reflektieren. In *dieser* Hinsicht läßt sich das Verhältnis der Kirche zur Schrift Alten Testaments durchaus im Sinne ganz und gar heilsamer Überbietung formulieren, dh. rhetorisch durch den Schluß *a minore ad maius* (Qal-Wachomer). Um nur ein Beispiel zu nennen: Wenn schon in der Zeit vor dem Kommen des Messias das Gebot der Liebe zum Fremden in Geltung steht (Lev 19,33f), um wieviel mehr in der Zeit nach seiner Ankunft . . . Die hier nur angedeutete und schwerlich so schnell ausschöpfbare Erschließung der Schrift Alten Testaments nach diesem theologischen Modell hat nicht nur die Intention der Bergpredigt (Mt 5,20) für sich. Sie entspricht auch der in dieser Untersuchung entfalteten Christologie. So vermag die christologisch und ekklesiologisch erschlossene und ernstgenommene Schrift Alten Testaments mit ihren aufs Konkrete gehenden Weisungen zur Hilfe zu werden, messianisches Erbe geschichtlich, zum Schalom für diese Welt, zu bewähren und es nicht zu spiritualisieren.

2.4 Freude am Gesetz[27]

Mit den letzten Erwägungen ist bereits ein Sachverhalt berührt, auf den jüngst Rolf Rendtorff aufmerksam gemacht hat. Er betrifft den ekletischen Umgang mit den Stoffen und Epochen der jüdischen Bibel in der alttestamentlichen Wissenschaft:

»Wenn man die heutige Diskussion über das christliche Verständnis des Alten Testaments betrachtet, so zeigt sich, daß die Frage des Gesetzes darin überhaupt nicht vorkommt . . .

Dazu fügt sich eine zweite Beobachtung: In den neueren ›Theologien des Alten Testaments‹ von Zimmerli (1972) und von Westermann (1978) fehlt das Stichwort ›Judentum‹ im Register. Für beide – und sie sind zweifellos repräsentativ für die heute herrschenden Tendenzen in der alttestamentlichen Wissenschaft – führt das Alte Testament auf das Neue Testament hin; aber das Judentum wird dabei nicht erwähnt. Dasselbe gilt von den verschiedenen Entwürfen einer ›Biblischen Theologie‹ . . .

Was sich hier vollzieht, wird aber erst durch eine dritte Beobachtung ganz deutlich: In den ›Theologien‹ fehlt auch das nachexilische Judentum des Alten Testaments fast völlig. Es wird zwar von der nachexilischen Prophetie und von der Apokalyptik gespro-

---

27. Diese Überschrift in Anlehnung an den Aufsatz von Kraus; zur Sache s. bes. Schechter, Aspects, 148ff.

chen – aber der Name Esra kommt nicht vor. Hier ist der Weg, der mit de Wettes Unterscheidung von Hebraismus und Judentum begann, konsequent zu Ende gegangen worden: es wird nur noch der Hebraismus behandelt; das alttestamentliche Judentum wird ignoriert, verschwiegen – oder auch: verdrängt. Das Alte Testament wird für den christlichen Gebrauch zurechtgeschnitten, indem ihm sein jüdischer Charakter genommen wird; es wird entjudaisiert. So entsteht ein christliches Altes Testament, eine Bibel ohne Tora«[28].

Dieser Sachverhalt ist aus drei Gründen noch gravierender, als es auf den ersten Blick scheint: Erstens ist die Schrift Alten Testaments insgesamt (nicht hinsichtlich einzelner ihrer Zeugnisse) ein Werk und damit eine Gabe jenes nachexilischen Judentums, das anscheinend wie der sprichwörtliche Mohr gehen kann, nachdem es seine Schuldigkeit getan hat. Zweitens ist das jüdische Volk nicht nur durch sein Leben mit der Tora immer wieder in seiner Identität als Volk Gottes bewahrt worden, sondern hat, wie am Beispiel der Makkabäer gezeigt, durch dies Leben mit der Tora entscheidend dazu beigetragen, daß eine christliche Gemeinde zwei Jahrhunderte später hat entstehen können. Und drittens zehrt die alttestamentliche Wissenschaft, indem sie ihrer Forschung den Text der Bibel mit der von den Masoreten hergestellten Vokalisation zugrunde legt, bis heute willig und gern von der Arbeit jüdischer Gelehrter aus jenen Jahrhunderten, die sogar noch weit nach der Zeit des biblisch-nachexilischen Judentums liegen. Wenn schon die theologischen Interessen den Zugang zu nachexilischem und nachbiblischem Judentum und zur Tora verlegen, so sollte doch zumindest historische Neugier fragen lassen, wie es wohl um eine Gruppe bestellt sein mag, die in einer Zeit, in der sie angeblich bereits tot oder erstarrt war, noch solche christlicherseits hochwillkommenen Gaben zu verschenken in der Lage gewesen ist.

Die angedeuteten theologischen Interessen, die ein angemessenes Verhältnis zum nachexilisch-nachbiblischen Judentum verhindern, sind unschwer zu entdecken. Zwar haben sich Alttestamentler hierzulande so weit von vulgärchristlichen Unterscheidungen freizumachen begonnen, daß ein Teil nicht bereit ist, die einfache Gleichung Altes Testament = Gesetz, Neues Testament = Evangelium mitzumachen[29]. Aber die christlich-theologische Abneigung gegenüber

28. Rendtorff, Bibel, 113f. Vgl. auch Nancy Fuchs-Kreimer, Christian Old Testament Theology: A Time for New Beginnings, in: JES 18 (1981), 76–92. Bemerkenswert ist ihre aus jüdischer Perspektive erhobene Forderung, analoge Anfragen an die jüdische Tradition zu stellen und auch hier keinen alleinigen Besitzanspruch auf die Schrift zu reklamieren, insbes. was die nachexilische Zeit (Esra) betrifft (91f).
29. Rendtorff, Bibel, 111ff.

dem Gesetz ist anscheinend geblieben und äußert sich nun, wie Rendtorff gezeigt hat, in der Weise, daß die Zeit in der Geschichte Israels, in der sich die Tora als Zentrum des Lebens herausbildet, weithin in den Bereich des Belanglosen verdrängt wird. Dies ist vor allem aus zwei Gründen bedauerlich. Einerseits steht jüdisches Verständnis der Tora noch immer unter dem Verdikt, es müsse so sein wie das Verständnis des Gesetzes in paulinisch-lutherischer Sicht. Andererseits wird die Entfaltung des neutestamentlichen Evangeliums selbst durch ein dogmatisches, äußerst vorbelastetes Gesetzesverständnis vielfach mehr behindert als gefördert. Ein um Verstehen bemühter Zugang auf die Tora von seiten alttestamentlicher Forschung könnte deshalb im Hinblick auf beide Testamente historisch und theologisch von erheblicher Hilfe sein. Erste Ansätze dazu, wie sie vor allem von Hans-Joachim Kraus dargeboten worden sind, bekräftigen dies nachhaltig[30].

Der Gewinn, den ein anderer Zugang zur Tora für Christen bedeuten könnte, erstreckt sich bis auf den Bereich, in dem das »jüdische Gesetz« für Christen den größten Schrecken verbreitet, das Gebiet der Kasuistik. Nach wie vor ist es eine gängige Charakteristik des Wirkens Jesu, er habe seine Zeitgenossen von der kasuistischen Tüftelei der Schriftgelehrten befreien wollen; und es spricht durchaus auch manches dafür, daß er sich um die Feinarbeit am Gesetz nicht gekümmert hat[31]. Die sich darauf gründende christlich-theologische Polemik gegen kasuistisches Denken hat jedoch mit dem Verhalten Jesu deshalb wenig zu tun, weil sie in völlig anderen Zusammenhängen erfolgt. Anders als in der Jüngerschar Jesu gibt es in den Kirchen ganze Bände kasuistischer Rechtssätze, die für das kirchliche Leben verbindlich sind. Und wie dies auf eine total andere Organisationsform hier und da hindeutet, geht das christlich-theologische Plädoyer für eine reine Situationsethik ebenso am Kern der Dinge vorbei. Eine solche Ethik hat ihren authentischen Sitz im Leben auf der Wanderschaft[32], im Exodus aus der konventionellen Gesellschaft, wie er Je-

30. Kraus, Freude. Er hat anhand von Ps. 1; 19B; 119 nachgewiesen, daß das nachexilische Judentum keineswegs ein erstarrtes Gesetzesverständnis hatte, vielmehr der Bundesgedanke auch in dieser Zeit »die tragende Kraft gewesen ist, ohne die die thorah nicht verstanden werden kann« (341). Vgl. sodann auch den weiterführenden Beitrag von F. Crüsemann, Tora und christliche Ethik, in: Rendtorff/Stegemann, Auschwitz, 159–177.

31. Vgl. oben, 84ff.

32. Vgl. hierzu G. Theißen, Wanderradikalismus. Literatursoziologische Aspekte der Überlieferung von Worten Jesu im Urchristentum, in: ZThK 70 (1973), 245–271; ders., Soziologie der Jesusbewegung. Ein Beitrag zur Entstehungsgeschichte des

sus und seine Jüngergruppe und wohl auch noch Teile der frühen christlichen Gemeinden gekennzeichnet hat. In dem Augenblick jedoch, da sich die Gemeinden als Kirche in dieser Welt einrichten, in Gestalt einer Makroorganisation und auf zeitliche Dauer, beschwört der einseitige Ruf nach einer Situationsethik zumindest drei Gefahren herauf:

– die Individualisierung und Privatisierung der Ethik, da allenfalls der einzelne in seiner jeweiligen Entscheidung spontan so frei ist, daß er den Normen der Situationsethik entsprechen kann;

– die Wehrlosigkeit gegenüber den tatsächlichen Einzelfällen, insofern sie nicht im gemeinsamen Bedenken von Lehrern und Schülern durchgespielt sind und so auch ethisches Denken nicht eingeübt ist;

– die Verdrängung der tatsächlichen kirchlichen Kasuistik und damit die Gewährleistung dessen, daß sie nicht »Tag und Nacht« kritisch, weiterführend, situationsgemäß bedacht wird[33].

Gestützt wird die Zurückhaltung gegenüber der üblichen raschen Polemik gegen Kasuistik nicht zuletzt durch das Neue Testament selber. Paulus, der nur zu oft als Kronzeuge gegen sie angeführt wird, beherrscht sie ebenso eindrücklich wie später Matthäus. 1Kor 7[34] bzw. Mt 18 belegen dies gleichermaßen.

2.5 Vom Nutzen jüdischer Schriftauslegung

Theologische Vorurteile gegenüber der Tora als Gesetz und in ihrem Gefolge mangelndes Verständnis für die positiven Seiten kasuistischen Denkens sind die Ursache dafür, daß nicht nur Teile der Schrift in der christlichen Theologie außer acht bleiben, sondern auch das nachbiblische, rabbinische Judentum christlichem Verstehen weithin verschlossen ist und als irrelevant betrachtet wird. Noch einmal ist deshalb an die bis heute anhaltende Verbindung zwischen jüdischer Bibel, dem christlichen Alten Testament, und jüdischem Volk zu erinnern: »Welcher christliche Hochmut zu meinen, sie hätten uns nichts zu sagen.« Gollwitzers Votum bezieht sich auf jüdische Ausleger der Schrift in der Gegenwart. Diese selbst sind eingebettet in eine jahrtausendealte und in Jahrhunderten gewachsene mündliche Trad-

---

Urchristentums, 1977, sowie die Unterscheidung Talmons, das Christentum mit seiner »ungeduldige(n) Eschatologie« sei »eine Religion des kurzen Weges mit radikaler Ethik«, das Judentum hingegen »eine Religion des langen Weges mit gemäßigter, dem Leben angemessener Ethik« (Anfrage, 144).

33. Vgl. auch Osten-Sacken, Befreiung, 355f.

34. Siehe hierzu oben, 89.

tition, die schriftlich überliefert ist vor allem in den Zeugnissen des nachbiblischen, rabbinischen Judentums, in Mischna und Talmudim sowie in den Kommentaren zur Schrift, den Midraschim. Ihre Traditionen gelten insgesamt ebenfalls als Tora vom Sinai, im Unterschied zur schriftlichen Tora, der Bibel, als mündliche. Beispiele aus diesen Sammelwerken wurden bereits im Rahmen von Teil II herangezogen, dort wurde darum auch ihre Bedeutsamkeit für das Verständnis des jüdischen Volkes zumindest angedeutet. Der mögliche Ertrag dieser jüdischen Stimmen der nachbiblischen Zeit für die christliche Theologie läßt sich vielleicht besonders klar an Zusammenhängen verdeutlichen, die einerseits tief in die Geschichte zurückreichen, andererseits sich bis in die Gegenwart erstrecken und gewissermaßen in und an ihr überprüfen lassen.

Gemeint sind die sogenannten mittelalterlichen Religionsgespräche, die vor allem in den späteren Jahrhunderten von der Kirche erzwungene Disputationen waren[35]. An ihnen nahmen Juden teil, deren geistige Heimat jene Welt des nachbiblischen Judentums bildete, wie sie sich in den genannten Sammelwerken bekundet. In diesen Disputen haben Fragen der Schriftauslegung naturgemäß das Zentrum gebildet. Die Themen waren relativ konstant, viele der auf jüdischer Seite vorgebrachten Argumente schon aus der Antike geläufig. Die Kontroversen betrafen zB. die bekannten Schriftstellen Jes 7,14 und Gen 1,26. Die christlichen Ausleger, die in der Ankündigung Jes 7,14, *ha-almah* werde einen Sohn gebären, die Verheißung der Geburt Jesu aus der Jungfrau angesagt fanden, beriefen sich für ihr Verständnis auf die lateinische bzw. die griechische Übersetzung der hebräischen Bibel. Ihnen gegenüber machten die jüdischen Kontrahenten den hebräischen Urtext geltend, der zwar von einer jungen Frau, nicht jedoch von einer Jungfrau spricht. In der Aufforderung »Laßt uns Menschen machen . . .« in Gen 1,26 wiederum sahen die christlichen Interpreten ein biblisches Zeugnis für die kirchliche Trinitätslehre, indem sie den Satz als Aufforderung des Vaters an den Sohn auslegten. Die jüdischen Schriftgelehrten hingegen erklärten ihn als Weisung an die Gott umgebenden Engel. Die alttestamentliche Wissenschaft hat, nachdem sie sich von den Normen kirchlicher Dogmatik befreit hat, beide Textstellen so interpretiert wie die jüdischen Gelehrten seit Jahrhunderten[36]. Bernhard Blumenkranz, dem die

---

35. Siehe Schoeps, Religionsgespräch, 59ff; R. R. Geis, Geschichte des christlich-jüdischen Religionsgesprächs, in: ders., Minorität, 165–195, sowie an neuerer Literatur Lasker, Polemics; Awerbuch, Begegnung; Willi-Plein/Willi, Glaubensdolch.
36. Die Deutung von Gen 1,26 ist unumstritten, da jedoch die revidierte Lutherüber-

Forschung eindringliche Untersuchungen zum christlich-jüdischen Verhältnis in der Zeit des Mittelalters verdankt, hat auf ein weiteres Phänomen aufmerksam gemacht: Zu den neuen Elementen der Polemik jüdischerseits gegen das Christentum gehören im Mittelalter vor allem – auf der Grundlage der Schrift geführte – Angriffe gegen Heiligenverehrung, Bilderkult und Zölibat. Nachdem Blumenkranz bereits im Zusammenhang mit den Disputen über die erwähnten Schriftstellen die Nähe jüdischer und christlich-häretischer Interpretationen festgestellt hat, vermag er zu resümieren: »Die Übereinstimmung jüdischer Argumente mit denen christlicher Häretiker tritt immer häufiger auf. Um von den alten, zum Teil vergessenen Häresien zu schweigen, wer erkennt nicht die Vorboten dieser jüngeren ›Häresie‹ in den jüdischen Angriffen gegen die Heiligenverehrung, gegen den Bilderkult, gegen den Zölibat?«[37]. In diesen letztgenannten Fällen ist eine breitere indirekte christliche Zustimmung zu vordem zugleich jüdischen und häretischen Argumenten[38] sehr viel früher er-

setzung von 1975 in Jes. 7,14 nach wie vor »Jungfrau« übersetzt, sei auf die umsichtige Erörterung bei H. Wildberger (Jesaja I. Teilband Jesaja 1–12, 1972, 289f) verwiesen, der zu dem klaren und von den meisten Exegeten geteilten Ergebnis kommt, daß »das Moment der Jungfräulichkeit nicht im Begriff (liegt)«. Vgl. auch das schöne, eine vermeintlich brandneue Erkenntnis in der alttestamentlichen Wissenschaft als längst rabbinisch belegt erweisende Beispiel bei Kraus (Verständnis, 2f) sowie dessen Hinweise zur Bedeutung der rabbinischen Schriftauslegung für die alttestamentliche Wissenschaft heute und bereits teilweise für die christliche Bibelauslegung in ausgehendem Mittelalter und Reformationszeit. Sie bekräftigen die bereits früher von Schmid (Auseinandersetzung, 27) formulierte Einschätzung: »Heutige Forschung erscheint zum Teil deswegen als ›neu‹, weil – wenn ich recht sehe – die rabbinische Exegese des Mittelalters keine kontinuierliche Fortsetzung in die Neuzeit fand und die Arbeit der Rabbinen aus dieser Zeit auf christlicher Seite im allgemeinen wenig oder gar nicht zur Kenntnis genommen wird.« Zur christlichen Rezeption jüdischer Schriftdeutung im Mittelalter s. ausführlicher die in der vorigen Anm. genannten Arbeiten von Awerbuch und Willi-Plein/Willi sowie H. Hailperin, Jewish »Influence« on Christian Biblical Scholars in the Middle Ages, New York 1963; ders., Rashi and the Christian Scholars, Pittsburgh 1963. Weitere Lit. bei Awerbuch, 237ff.

37. B. Blumenkranz, Die jüdischen Beweisgründe im Religionsgespräch mit den Christen in den christlich-lateinischen Sonderschriften des 5. bis 11. Jahrhunderts (1948), in: ders., Juifs et Chrétiens. Patristique et Moyen Age, London 1977, 147.

38. Nach Lasker (Polemics, 164f) haben dabei eher die Vertreter der jüdischen Seite Argumente häretischer Kreise aufgenommen als umgekehrt. Sicher ist dieser Vorgang belegt für das polemische Werk Isaac Trokis *chizzuk emunah* aus dem 16. Jahrhundert (Schoeps, Religionsgespräch, 73). Zur verwandten Nähe judenchristlicher Gruppen zu häretischen Kreisen in der Alten Kirche s. Pines, Christians, 13.

folgt als bei der Deutung der zuvor genannten Bibelstellen – die von Blumenkranz angedeutete »jüngere ›Häresie‹« wird bekanntlich durch niemand anders als durch Luther und die übrigen Reformatoren vertreten.

Soweit diese exemplarische Veranschaulichung. Sieht man, wie hier jeweils Positionen der jüdischen bzw. jüdischen und häretischen Seite – sei es durch die Reformation, sei es durch die spätere wissenschaftliche Schriftgelehrsamkeit – zu selbstverständlichen Elementen evangelisch-christlicher Theologie und Kirche geworden sind, so kann die Synagoge des Mittelalters (wie auch der Kreis der Häretiker) schwerlich von der Blindheit gewesen sein, die ihr auf den Skulpturen jener Zeit in Gestalt der Augenbinde umgehängt wird. Zwar steht eine schier unübersteigbar anmutende und von manchem sorgsam konfessorisch gepflegte theologische Tradition gegen ein neues und anderes Verständnis des jüdischen Volkes und seines Lebens mit der Tora. Doch sollte zumindest diese eigene theologie- und kirchengeschichtliche Erfahrung, daß Jahrhunderte später jüdische Einsicht und Erkenntnis christlicherseits bejaht worden sind, nachhaltig zu denken geben und dazu bewegen, neugierig dem jüdischen Schriftgelehrten zuzuschauen, wie er ähnlich dem matthäischen »Neues und Altes aus seinem Schatzkästlein hervorholt« (Mt 13,52)[39].

39. Und zwar, wie nach den Ausführungen dieser Studie deutlich sein müßte, nicht nur um des Gewinns rein philologischer, sondern gerade auch theologischer Erkenntnis willen. Einen schönen und leicht zugänglichen Einstieg in rabbinische Überlieferungen bieten die von J. J. Petuchowski herausgegebenen Bände: »Es lehrten unsere Meister . . .«. Rabbinische Geschichten, 1979; »Ferner lehrten unsere Meister . . .«. Neue rabbinische Geschichten, 1980; Die Stimme vom Sinai. Ein rabbinisches Lesebuch zu den Zehn Geboten, 1981. Es muß – aus verschiedenen Gründen – nicht immer Billerbeck sein. Vgl. als Beispiele für den Versuch einer konstruktiven Interpretation solcher Traditionen im Rahmen der Auslegung des Neuen Testaments Osten-Sacken, Anstöße, 43ff.53ff.169ff.201ff.209f; ders., Geist im Buchstaben. Vom Glanz des Mose und des Paulus, in: EvTh 41 (1981), 230–235.

VIII. Konturen eines Resümees

Die vorgetragenen Überlegungen zum Umgang mit der Schrift haben sich auf die jüdische Bibel bzw. das Alte Testament und anschlie-ßend, wenn auch in gebotener Kürze, auf die nachbiblische Rezeption der schriftlichen Tora im jüdischen Volk konzentriert. Es läge nahe, nun Erwägungen zum Umgang mit dem Neuen Testament als zweitem Teil der christlichen Bibel anzuschließen. Da die vorliegende Untersuchung immer wieder vom Neuen Testament her angelegt und in ihr insgesamt versucht worden ist, einen anderen, nicht-antijüdischen Umgang mit dessen Zeugnissen zu reflektieren und zu praktizieren, liefe dies freilich im Kern auf eine Zusammenfassung der gesamten Studie hinaus. In Gestalt eines letzten Beispiels für einen anderen Umgang mit dem Neuen Testament und gleichnishaft zumindest für einen namhaften Teil der vorgetragenen Grundzüge einer Theologie im christlich-jüdischen Gespräch soll sie hier, anders als vielleicht naheliegend, folgen.

Jesus und das jüdische Mütterchen

Für Matthäus war sie des Guten zuviel, so hat er sie fortgelassen. Andere Ausleger haben sie später wohl aus demselben Grund als »arme Witwe ›Kirche‹« gedeutet (vgl. Gnilka). Doch das Mütterchen mit seinem Scherflein ist jüdisch, ein Stein im Getriebe dogmatischer Sätze.

»So preist die kleine Geschichte jene stille, selbstverständliche und ganze Hingabe, die von ihrer Tat keine Geschichte macht, in der der Mensch aber sehr praktisch sich selbst und alle seine Sicherungen fahren läßt und sich ganz Gottes Barmherzigkeit ausliefert.« Mit diesen Worten resümiert Eduard Schweizer die Perikope Mk 12,41–44 und wertet sie insgesamt als »ein Beispiel wahrer jüdischer Gottesfurcht« – mit Joachim Gnilka ließe sich freilich auch von (wahrer jüdischer) »Liebe zu Gott« sprechen. Ganz ähnlich sieht Gustav Stählin in der Gabe der Witwe ein »totales Vertrauen auf Gott und seine Fürsorge« vorausgesetzt, versteht Helmut Gollwitzer das Opfer der Frau in der Parallele Lk 21,1–4 als »Gabe eines befreiten und hingegebenen Glaubens«, als »eine Tat der freien Liebe und des kindlichen Vertrauens«.

Welcher dieser Sätze wäre nicht beliebig oft in christlichen Dogmatiken als Umschreibung des »Wesens des christlichen Glaubens« zu finden? Nicht, daß sie deshalb anzutasten wären – wohl aber gilt es, die ganze Konkretheit dieser Erzählung zu wahren. Sie bringt solche dogmatischen Definitionen ins Wanken, die das Heil ausschließlich vom Bekenntnis »Kyrios Jesus« abhängig machen. Denn die Geschichte preist nicht »die Hingabe« im allgemeinen, auch keine christliche Hingabe, sondern sie preist die Hingabe dieser jüdischen Frau, die unbekümmert dem so oft geschmähten Kult in Jerusalem folgt. Sie gibt für den Gottesdienst, was sie hat. »Du sollst dem Herrn, deinem Gott, Liebe erweisen mit deinem ganzen Herzen, mit deinem ganzen Leben und mit all deinem Vermögen«, weiß sie vom »Höre, Israel« (Dtn 6,4) und nimmt's wörtlich. Und wenn denn jener Schriftgelehrte wenige Verse früher (Mk 12,28–34) nicht fern vom Reiche Gottes ist, weil er verständig auslegt, so ist *sie* mittendrin, weil sie den Worten folgt und handelt. Sie gibt, ohne zu zählen, besorgt nur um das Reich Gottes und seine Gerechtigkeit – eine Gerechte.

Jesus erzählt vom jüdischen Mütterchen mit Liebe, ohne Wenn und Aber christologischer Art. Die von Paul Billerbeck gesammelten rabbinischen Parallelen umgeben sie auch nach der Mk 13 angekündigten Zerstörung des Tempels mit solcher Zuwendung:

»Gott sprach: Wer pflegt ein Speiseopfer darzubringen? Der Arme. Ich rechne es ihm an, als ob er sein Leben vor mir darbrächte . . .«

»Einmal brachte eine Frau eine Handvoll Mehl. Der Priester verachtete es und sprach: Seht, was diese darbringen! Was davon soll man essen, und was davon soll man opfern? Da sah der Priester im Traum: Verachte es nicht; denn sie ist wie eine, die ihr Leben dargebracht hat.«

»Es ist jüdische Humanität, die aus diesen Sätzen (sc. Jesu in Mk 12,43f) spricht«. Dies Urteil Lohmeyers aufgrund solcher Parallelen erschöpft die Sache nur teilweise. Es ist, wie in den zitierten Kommentaren mehr oder weniger erkannt, vor allem jüdische Auslegung des Gottesverhältnisses, die hier wie da zu Worte kommt.

»Sie ist wie eine, die ihr Leben dargebracht hat.« Unzählbar oft ist der Vergleich entfallen, ist diese Frau in Gestalt vieler anderer nicht mit Liebe bedacht, sondern mit Haß verfolgt worden und hat ihr Leben hingegeben – in »jener stillen, selbstverständlichen und ganzen Hingabe, die von ihrer Tat keine Geschichte macht . . .«. Von der Geschichte, die dennoch von ihr erzählt wird, weiß sie nichts. Sie ist auch nicht um ihret-, sondern um der anderen, der Jünger willen berichtet.

Gemessen an den Aussagen einer enggeführten Dogmatik gehört

das jüdische Mütterchen zu denen, die das fleischgewordene Wort nicht aufgenommen haben. Sie hat es noch nicht einmal bemerkt. Am Weg Jesu hat sie allein in der Weise teil, daß sie unbemerkt betrachtet, daß von ihr erzählt wird. Jesus läßt sie, wie sie ist. Sie bedarf seiner nicht oder doch nur so, daß mit solcher Liebe von ihr berichtet wird, den Jüngern als Beispiel. Nicht vom Dogma her ist Schatten aufs Detail zu werfen – Haenchen läßt Markus »eine Musterfromme« schildern –, sondern vom Detail her erhellendes Licht aufs Dogma. Es gibt nach Jesus Menschen, die sind bereits dort, wohin das Dogma sie erst durch das Bekenntnis zu ihm gelangen lassen will.

Zitierte Kommentare (Zitate jeweils z. St.):

P. Billerbeck, Das Evangelium nach Markus, Lukas und Johannes und die Apostelgeschichte, erläutert aus Talmud und Midrasch, 1961[3] (= Billerbeck I).

J. Gnilka, Das Evangelium nach Markus, 2. Teilband, 1979.

H. Gollwitzer, Die Freude Gottes. Einführung in das Lukasevangelium, 1951[2].

E. Haenchen, Der Weg Jesu. Eine Erklärung des Markus-Evangeliums und der kanonischen Parallelen, 1968[2].

E. Lohmeyer, Das Evangelium des Markus, 1967[8].

E. Schweizer, Das Evangelium nach Markus, 1967.

Ferner:

G. Stählin, Artik. *chēra*, in: ThWbNT IX (1973), 438.

Literaturverzeichnis

Nicht aufgenommen sind Beiträge, die nur in einer einzigen Anmerkung oder in ununterbrochener Folge in mehreren Fußnoten nacheinander erscheinen. Anders als diese dort vollständig bibliographierten Arbeiten werden die nachstehend aufgeführten in den Anmerkungen lediglich mit einem Titelwort genannt.

Amir, Y., Jüdisch-theologische Positionen nach Auschwitz, in: Ginzel, Auschwitz, 439–455.

Aring, P. G., Christliche Judenmission. Ihre Geschichte und Problematik dargestellt und untersucht am Beispiel des evangelischen Rheinlandes, 1980.

Aschkenasy, Y., Geliebt ist der Mensch, in: Klappert/ Starck, Umkehr, 191–206.

Awerbuch, Marianne, Christlich-jüdische Begegnung im Zeitalter der Frühscholastik, 1980.

Barth, M., Israel und die Kirche im Brief des Paulus an die Epheser, 1959.

– (u.a.), Paulus – Apostat oder Apostel? Jüdische und christliche Antworten, 1977.

Bass, M. L., Der jüdische Christ in der Gemeinde Christi, in: FüI 52 (1969), 165–178.

Baumann, A. H., Christliches Zeugnis und die Juden heute. Zur Frage der Judenmission, 1981.

Berkovits, E., Faith after the Holocaust, New York 1973.

Bethge, E., Dietrich Bonhoeffer. Eine Biographie, 1970[3].

Billerbeck, P., Kommentar zum Neuen Testament aus Talmud und Midrasch I/II/IV, 1922/1924/1928.

Blank, J., Paulus – Jude und Völkerapostel. Als Frage an Juden und Christen, in: M. Barth, Paulus, 147–172.

Bloch, J., Der historische Jesus und Paulus, ebd., 9–30.

Bonhoeffer, D., Widerstand und Ergebung. Briefe und Aufzeichnungen aus der Haft, hg. v. E. Bethge, 1959.

Buber, M., Kirche, Staat, Volk, Judentum. Aus dem Zwiegespräch mit Karl Ludwig Schmidt im jüdischen Lehrhaus zu Stuttgart (14. Januar 1933), in: ders., Der Jude und sein Judentum. Gesammelte Aufsätze und Reden, 1963, 558–570.

Bultmann, R., Theologie des Neuen Testaments, 1968[6].

Buren, P. van, Discerning the Way. A Theology of the Jewish-Christian Reality, New York 1980.

Cohen, A., Everyman's Talmud (1949[2]), Nachdr. New York 1978.

Conzelmann, H., Die Apostelgeschichte, 1972[2].

–, Heiden – Juden – Christen. Auseinandersetzungen in der Literatur der hellenistisch-römischen Zeit, 1981.

Eckardt, A. R., Elder and Younger Brothers. The Encounter of Jews and Christians (1967), Nachdr. New York 1973.

Eckert, W. P./Henrix, H. H. (Hg.), Jesu Jude-Sein als Zugang zum Judentum. Eine Handreichung für Religionsunterricht und Erwachsenenbildung, 1976.

Fackenheim, E. L., God's Presence in History. Jewish Affirmations and Philosophical Reflections (1970), Nachdr. New York 1972.

Fiebig, P., Altjüdische Gleichnisse und die Gleichnisse Jesu, 1904.

Flusser, D., Jesus, 1968.

–, Bemerkungen eines Juden zur christlichen Theologie des Judentums, in: Thoma, Theologie, 6–32.

Geis, R.R., Gottes Minorität. Beiträge zur jüdischen Theologie und zur Geschichte der Juden in Deutschland, 1971.

–, Der Auftrag Israels an die Völker, ebd., 199–205.

Gerlach, W., Zwischen Kreuz und Davidstern. Bekennende Kirche in ihrer Stellung zum Judentum im Dritten Reich, Ev.-theol. Diss. Hamburg 1970.

Gese, H., Psalm 22 und das Neue Testament, in: ZThK 65 (1968), 1–22.

Ginzel, B. (Hg.), Auschwitz als Herausforderung für Juden und Christen, 1980.

Goldberg, A. M., Untersuchungen über die Vorstellung von der Schekhinah in der frührabbinischen Literatur, 1969.

Gollwitzer, H., Das Judentum als Problem christlicher Theologie, in: Osten-Sacken, Treue, 162–173.

Goppelt, L., Theologie des Neuen Testaments I, 1975.

Greenberg, J., Cloud of Smoke, Pillar of Fire: Judaism, Christianity, and Modernity after the Holocaust, in: Fleischner, Eva (Hg.), Auschwitz: Beginning of a new era? Reflections on the Holocaust, New York 1977, 7–55.

Gunneweg, H., Vom Verstehen des Alten Testaments. Eine Hermeneutik, 1977.

Gutteridge, R., Open Thy Mouth for the Dumb, Oxford 1976.

Guttmann, M., Das Judentum und seine Umwelt I, 1927.

Hegermann, H., Artik. *diathēkē* Bund, Testament, in: EWNT I (1980), 718–725.

Heinemann, J., Prayer in the Talmud, Berlin/New York 1977.

Henrix, H. H./Stöhr, M. (Hg.), Exodus und Kreuz im ökumenischen Dialog zwischen Juden und Christen, 1978.

Heschel, A. J., Gott sucht den Menschen. Eine Philosophie des Judentums, 1980.

Hesse, F., Einige Anmerkungen zum Wort der rheinischen Landes-Synode über das Verhältnis von Christen und Juden, in: Klappert/Starck, Umkehr, 283–286.

Immer, K. (Hg.), Zur Erneuerung des Verhältnisses von Christen und Juden. Handreichung für Mitglieder der Landessynode, der Kreissynoden und der Presbyterien in der Evangelischen Kirche im Rheinland (Nr. 39), 1980.

Isaac, J., Hat der Antisemitismus christliche Wurzeln?, in: EvTh 21 (1961), 339–354.

–, Jesus und Israel, Wien/Zürich 1968.

Jasper, J., Der Judenchrist als das Zeichen Gottes für Israel und Kirche. Eine Besinnung zur Frage nach der Judenchristenheit, in: Jud 11 (1955), 134–178.

Jepsen, A., Berith. Ein Beitrag zur Theologie der Exilszeit, in: ders., Der Herr ist Gott. Aufsätze zur Wissenschaft vom Alten Testament, 1978, 196–210.

Jeremias, J., Abba. Studien zur neutestamentlichen Theologie und Zeitgeschichte, 1966.

–, Abba, ebd., 15–67.

–, Das Vater-Unser im Lichte der neueren Forschung (1962), ebd., 152–171.

–, Neutestamentliche Theologie I. Die Verkündigung Jesu, 1971.

Käsemann, E., Das Problem des historischen Jesus (1954), in: ders., Exegetische Versuche und Besinnungen I, 1970[6], 187–214.

–, Erwägungen zum Stichwort »Versöhnungslehre im Neuen Testament«, in: E. Dinkler (Hg.), Zeit und Geschichte. Festschr. f. R. Bultmann, 1964, 47–59.

–, Paulinische Perspektiven, 1972[2].

–, Die neue Jesus-Frage, in: Dupont, J. (Hg.), Jésus aux origines de la christologie, Gembloux 1975, 47–57.

Klappert, B., Israel und die Kirche. Erwägungen zur Israellehre Karl Barths, 1980.

–, Erinnerung und Hoffnung (Hebr. 11,32–40), in: Osten-Sacken, Gottesdienst, 192–205.

–/Starck, H. (Hg.), Umkehr und Erneuerung. Erläuterungen zum Synodalbeschluß der Rheinischen Landessynode 1980 »Zur Erneuerung des Verhältnisses von Christen und Juden«, 1980.

–, Jesus Christus zwischen Juden und Christen (Gegen eine Christologie der Trennung vom Judentum), ebd., 138–166.

Klausner, J., Jesus von Nazareth, 1930.

Kogon, E. (u.a.), Gott nach Auschwitz. Dimensionen des Massenmords am jüdischen Volk, 1979.

Kolitz, Z., Jossel Rackower spricht zu Gott, in: Almanach für Literatur und Theologie 2 (1968), 19–28.

Kraus, H.-J., Freude an Gottes Gesetz. Ein Beitrag zur Auslegung der Psalmen 1,19B und 119, in: EvTh 10 (1950/51), 337–351.

–, Reich Gottes: Reich der Freiheit. Grundriß Systematischer Theologie, 1975.

–, Jüdisches und christliches Verständnis der Bibel, in: Christlich-jüdisches Forum Nr.52 (1980), 1–12.

Krolenbaum, A., Der Judenchrist und sein Volk, in: FüI 50 (1967), 8–13.

Kutsch, E., Artik. b*erit* Verpflichtung, in: Theologisches Handwörterbuch zum Alten Testament (1971), 339–352.

Lapide, P., Hebräisch in den Kirchen, 1976.

–, Der Messias Israels? Die Rheinische Synode und das Judentum, in: Klappert/Starck, Umkehr, 236–246.

Lasker, D. J., Jewish Pilosophical Polemics against Christianity in the Middle Ages, New York 1977.

Lenhardt, P., Auftrag und Unmöglichkeit eines legitimen christlichen Zeugnisses gegenüber den Juden. Eine Untersuchung zum theologischen Stand des Verhältnisses von Kirche und jüdischem Volk, 1980.

Leuner, H. D., Zwischen Israel und den Völkern. Vorträge eines Judenchristen, 1978.

Levinson, N. P., Nichts anderes als Jude. Jesus aus der Sicht eines heutigen Juden, in: ThJb 22 (1980), 193–204.

Lindeskog, G., Die Jesusfrage im neuzeitlichen Judentum, 1973[2].

Littell, F. H., The Crucifixion of the Jews, New York 1975.

Luz, U., Das Geschichtsverständnis des Paulus, 1968.

Maier, J., Jesus von Nazareth und sein Verhältnis zum Judentum. Aus der Sicht eines Judaisten, in: Eckert/Henrix, Jude-Sein, 69–113.

Majer-Leonhard, F., Artik. Judenchristentum II, RGG (1959[3]), 972–976.

Marquardt, F.-W., Die Juden und ihr Land, 1975.

–, Hermeneutik des christlich-jüdischen Verhältnisses. Über Helmut Gollwitzers Arbeit an der Judenfrage, in: Richte unsere Füße, 138–154.

–, Verwegenheiten. Theologische Stücke aus Berlin, 1981.

–, »Feinde um unsretwillen«. Das jüdische Nein und die christliche Theologie (1977), ebd., 311–336.

–, Die Freiheit Israels (1960), ebd., 152–164.

–, Was haltet ihr von Jesus? – Jesus zwischen Juden und Christen, in: epd – Dokumentation Nr.31/1981 (Kirchentag Hamburg 81), 67–76.

–/Friedlander, A. H., Das Schweigen der Christen und die Menschlichkeit Gottes. Gläubige Existenz nach Auschwitz, 1980.

Mayer, R., Judentum und Christentum. Ursprung, Geschichte und Aufgabe, 1973.

Metz, J. B., Ökumene nach Auschwitz. Zum Verhältnis von Christen und Juden in Deutschland, in: Kogon, Gott, 121–144.

Miskotte, H., Wenn die Götter schweigen, 1963.

Mosis, R. (Hg.), Exil-Diaspora-Rückkehr. Zum theologischen Gespräch zwischen Juden und Christen, 1978.

Mußner, F., Traktat über die Juden, 1979.

Osten-Sacken, P. von der, Römer 8 als Beispiel paulinischer Soteriologie, 1975.

–, Leistung und Grenze der johanneischen Kreuzestheologie, in: EvTh 36 (1976), 154–176.

–, Das paulinische Verständnis des Gesetzes im Spannungsfeld von Eschatologie und Geschichte. Erläuterungen zum Evangelium als Faktor von theologischem Antijudaismus, in: EvTh 37 (1977), 549–587.

–, Befreiung durch das Gesetz, in: Richte unsere Füße, 349–360.

–, Die paulinische theologia crucis als Form apokalyptischer Theologie, in: EvTh 39 (1979), 477–496.

–, »Bist du, der da kommen soll?« Jesus - Messias Israels?, in: epd-Dokumentation Nr.31/1981 (Kirchentag Hamburg 81), 17–25.

–, Anstöße aus der Schrift. Arbeiten für Pfarrer und Gemeinden, 1981.

–, (Hg.), Treue zur Thora. Beiträge zur Mitte des christlich-jüdischen Gesprächs. Festschr. f. G. Harder, 1979[2].

–, (Hg.), Israel im christlichen Gottesdienst. Predigten, Ansprachen, Begegnungen, 1980.

Parkes, J., The Conflict of the Church and the Synagogue. A study in the origins of antisemitism (1934), Nachdr. New York 1974.

Pines, S., The Jewish Christians of the Early Centuries of Christianity According to a New Source, Jerusalem 1966.

Rendtorff, R./Stegemann, E. (Hg.), Auschwitz – Krise der christlichen Theologie, 1980.

Rendtorff, R., Die jüdische Bibel und ihre antijüdische Auslegung, ebd., 99–116.

Richardson, P., Israel in the Apostolic Church, Cambridge 1969.

Richte unsere Füße auf den Weg des Friedens. H. Gollwitzer zum 70. Geburtstag, hg. v. A. Baudis/D. Clausert/V. Schliski/B. Wegener, 1979.

Rost, G., Jesus Christus – Der wahre Tempel, in: FüI 64 (1981), 57–61.

Ruether, Rosemary R., Nächstenliebe und Brudermord. Die theologischen Wurzeln des Antisemitismus, 1978.

Schechter, S., Aspects of Rabbinic Theology. Major Concepts of the Talmud. Introduction by L. Finkelstein (1909), Nachdr. New York 1961.

Schmid, H., Die christlich-jüdische Auseinandersetzung um das Alte Testament in hermeneutischer Sicht, Zürich 1971.

Schnider, F., Die verlorenen Söhne. Strukturanalytische und historisch-kritische Untersuchungen zu Lukas 15, 1977.

Schoeps, H.-J., Jüdisch-christliches Religionsgespräch in neunzehn Jahrhunderten, 1949².

Schottroff, Luise, Der Glaubende und die feindliche Welt, 1970.

Schweikhart, W., Zwischen Dialog und Mission. Zur Geschichte und Theologie der christlich-jüdischen Beziehungen seit 1945, 1980.

Sidur Sefat Emet. Mit deutscher Übersetzung v. S. Bamberger, Basel 1978.

Stegemann, E., Alt und Neu bei Paulus und in den Deutero-Paulinen (Kol-Eph), in: EvTh 37 (1977), 508–536.

–, Der Jude Paulus und seine antijüdische Auslegung in: Rendtorff/Stegemann, Auschwitz, 117–139.

Steiger, L., Schutzrede für Israel. Römer 9–11, in: Sundermeier, T. (Hg.), Fides pro mundi vita. Missionstheologie heute. Festschr. f. H. Gensichen, 1980, 44–58.

Stendahl, K., Der Jude Paulus und wir Heiden, 1979.

Tal, U., Christians and Jews in Germany. Religion, Politics and Ideology in the Second Reich, 1870–1914, Ithaca/London 1969.

Talmon, S., Towards World Community. Resources and responsibilities for living together. A Jewish view, in: The Ecumenical Review 26 (1974), 605–618.

–, Kritische Anfrage der jüdischen Theologie an das europäische Christentum, in: G. Müller (Hg.), Israel hat dennoch Gott zum Trost. Festschr. f. S. Ben-Chorin, 1978, 139–157.

Terray, L. G., Evangelisch-Lutherische Gemeinden messianischer Juden in Israel, in: FüI 64 (1981), 62–72.

Thoma, C., Christliche Theologie des Judentums. Mit einer Einführung v. D. Flusser, 1978.

Thyen, H., »Das Heil kommt von den Juden«, in: Lührmann, D./Strecker, G. (Hg.), Kirche. Festschr. f. G. Bornkamm, 1980, 163–184.

–, Exegese des Neuen Testaments nach dem Holocaust, in: Rendtorff/Stegemann, Auschwitz, 140–158.

Urbach, E., E., The Sages. Their Concepts and Beliefs I/II, Jerusalem 1975.

Werblowsky, Z., Tora als Gnade, in: Kairos 15 (1973), 156–163.

Willi-Plein, Ina/Willi, T., Glaubensdolch und Messiasbeweis. Die Begegnug von Judentum, Christentum und Islam im 13. Jahrhundert in Spanien, 1980.

Abkürzungen
(Zeitschriften und Lexika)

CJR	–	Christian Jewish Relations
CNI	–	Christian News from Israel
EvTh	–	Evangelische Theologie
EWNT	–	Exegetisches Wörterbuch zum Neuen Testament
FrRu	–	Freiburger Rundbrief
FüI	–	Friede über Israel
JES	–	Journal of Ecumenical Studies
Jud	–	Judaica
LM	–	Lutherische Monatshefte
NTS	–	New Testament Studies
RGG	–	Die Religion in Geschichte und Gegenwart
ThJb	–	Theologisches Jahrbuch (Leipzig)
ThViat	–	Theologia Viatorum
ThWBNT	–	Theologisches Wörterbuch zum Neuen Testament
ThZ	–	Theologische Zeitschrift (Basel)
ZThK	–	Zeitschrift für Theologie und Kirche

Begriffs- und Sachregister
(Einschließlich vorneuzeitlicher Autoren bzw. Personen/Auswahl)

Verzeichnis neuzeitlicher Autoren

Stellenregister